中华优秀传统文化概论

主编◎冯文娟　翟存祥　何　毅

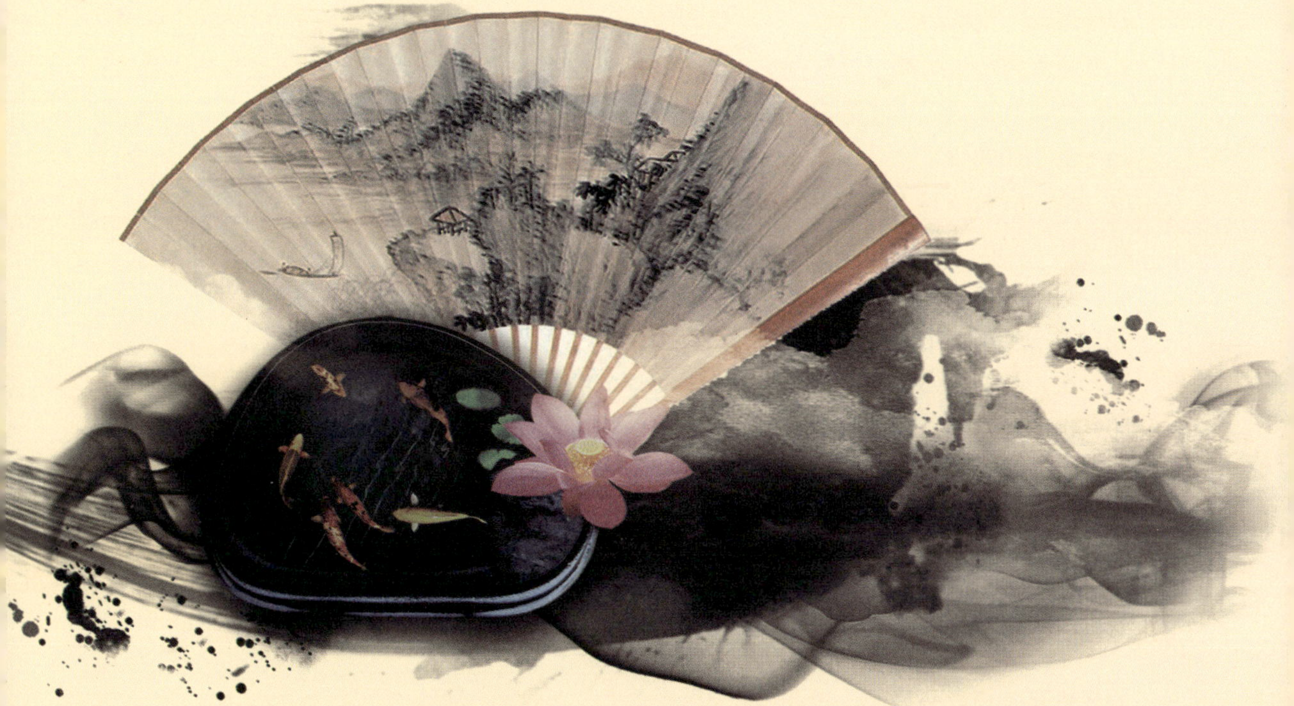

图书在版编目（CIP）数据

中华优秀传统文化概论 / 冯文娟，翟存祥，何毅主编. —北京：首都师范大学出版社，2024. 3

ISBN 978-7-5656-7888-2

Ⅰ. ①中… Ⅱ. ①冯… ②翟… ③何… Ⅲ. ①中华文化－概论 Ⅳ. ①K203

中国国家版本馆 CIP 数据核字（2024）第 060901 号

ZHONGHUA YOUXIU CHUANTONG WENHUA GAILUN

中华优秀传统文化概论

冯文娟 翟存祥 何 毅 主编

责任编辑 刘群伟

首都师范大学出版社出版发行

地 址 北京西三环北路 105 号

邮 编 100048

电 话 68418523（总编室） 68982468（发行部）

网 址 http://cnupn.cnu.edu.cn

印 刷 北京佳艺丰印刷有限公司

经 销 全国新华书店

版 次 2024 年 3 月第 1 版

印 次 2024 年 3 月第 1 次印刷

开 本 787mm × 1092mm 1/16

印 张 15

字 数 336 千

定 价 49.80 元

主　编：冯文娟　翟存祥　何　毅

副主编：张　曦　陈　岩　冯艳军

编　委：张静文

在线课程学习指南

本书配套职业教育国家在线精品课程“中华优秀传统文化”，读者可在国家职业教育智慧教育平台在线学习。

一、搜索课程

进入国家智慧教育公共服务平台（https://www.smartedu.cn/），点击“智慧职教”，进入“国家职业教育智慧教育平台”，在该页面搜索“中华优秀传统文化”，单击搜索后在搜索结果中选择对应课程——中华优秀传统文化，授课教师为冯文娟，开课平台为超星学银在线。

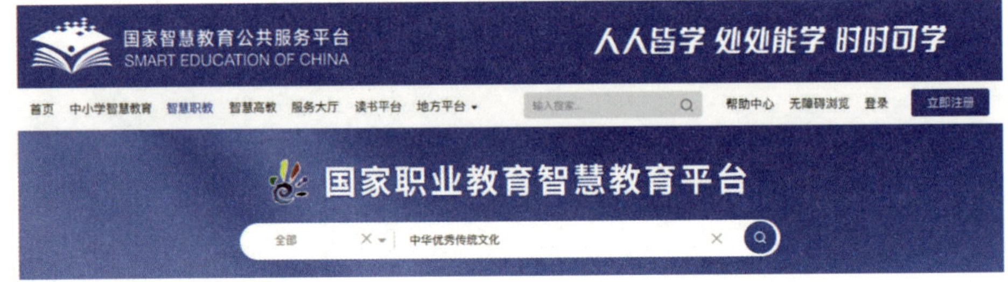

二、在线学习

选择对应课程后进入课程界面，单击“现在去学习”，即可进行学习。

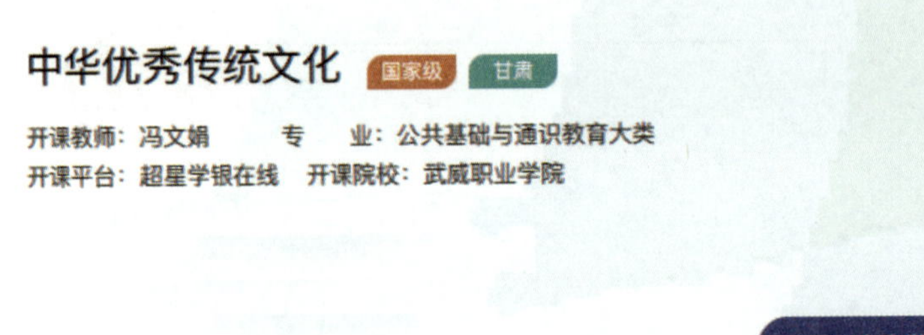

前言

“求木之长者，必固其根本；欲流之远者，必浚其泉源。”文化是民族的血脉，是人民的精神家园，文化影响着人们的思维方式、行为方式、生活方式，也关系着国家和民族的发展方向，是国家核心竞争力的重要因素。中华优秀传统文化是中华民族上下五千年的文明结晶，凝聚着中华民族最深沉的精神追求，是中华民族历经磨难而经久不衰、披荆斩棘、奔向未来的底气和不竭源泉，也是中华民族在世界文化激荡中站稳脚跟的根基。

党的二十大报告指出，“中华优秀传统文化源远流长、博大精深，是中华文明的智慧结晶。”任何国家和民族文化的发展都离不开一定的文化传承，都是在既有文化传统基础上进行变革、创新与发展的。我们必须坚定历史自信、文化自信，坚持古为今用、推陈出新，不断对中华优秀传统文化进行创造性转化和创新性发展。

本教材既着眼于中华优秀传统文化的传承与弘扬，又注重职业教育特点，以立德树人为根本，以智慧人生为核心，以学生成长成才为基础，分为“文化溯源”“思想律动”“文学瑰宝”“艺术光辉”“科技闪耀”“非凡技艺”“多彩生活”七个模块，内容涵盖了中华优秀传统文化的各个方面，涉及中国古代哲学、文学、艺术、科技、技艺、民俗等领域，旨在帮助学生全面了解中华优秀传统文化的内涵和特点。通过丰富的知识内容、多样化的模块设计、“教与学”全过程的数字化资源，将中华优秀传统文化核心思想理念、中华传统美德、中华人文精神与爱国主义、集体主义、社会公德等价值观念结合在一起，并贯穿于教材内容的始终。

教材在编写上体现出以下特点。

第一，科学建构知识体系，注重实践体验。本教材涵盖了思想观念、价值取向、道德规范、文学艺术、科学技术、民族精神等多个方面，既有以弘扬爱国主义精神为核心的精神内涵，又有天下兴亡、匹夫有责的家国情怀教育，更有与社会主义核心价值观相对应的“仁、义、礼、智、信”的人格修养教育，共同构筑了中华优秀传统文化的知识体系。

第二，挖掘思政元素，实现课程思政全覆盖。本课程为教育部课程思政示范课程，团队教师为教育部课程思政示范课教学名师和团队成员，对本课程思政案例进行挖掘、梳理，根据不同章节内容，有机融入思政元素，构建课程思政教学资源。深入推进党的二十大精神进教材、进课堂、进头脑，培根铸魂，启智增慧，着力坚定文化自信，厚植爱国情怀。

第三，数字化资源丰富，实现线上线下深度融合。本教材依托职业教育国家在线精品课程，线上资源丰富，能够满足不同学生、多种学习方式的需要，提供一系列教学资源，为“教与学”提供解决方案。

第四，本教材还注重呈现不同地域、不同民族的文化特色，增加了“文化漫谈”“文化典藏”“文化视野”“文化强国”等栏目，以增强学生的文化包容性和视野开阔性，将文化传承保护与创新相结合，传承和弘扬中华民族的优秀传统和精神，为民族文化的繁荣和发展贡献力量。

本教材由主编冯文娟完成编写体例设计、内容选定和模块一、模块二和模块四的初稿撰写及统稿等工作，翟存祥、何毅负责教材的设计、指导及“文化漫谈”“文化典藏”“文化视野”“文化强国”内容的选择，陈岩负责模块三，冯艳军负责模块五，张静文负责模块六，张曦负责模块七的初稿撰写和资源库、题库建设。

本教材编写过程中，得到了多位专家的鼓励和指教。由于编者水平有限，编写时间仓促，教材中难免存在疏漏及不足之处，敬请各位专家、同行、各地使用本教材的师生批评指正，以便进一步补充、改进。此外，编者还为广大一线教师提供了服务于本教材的教学资源库，有需要者可致电 13810412048 或发邮件至 2393867076@qq.com。

目录

模块一 文化溯源

模块二 思想律动

模块三 文学瑰宝

模块四 | 艺术光辉

模块五 | 科技闪耀

模块六 | 非凡技艺

模块七 | 多彩生活

模块一　文化溯源

文化导航

在五千多年的文明进程中，中华民族不仅创造出了极其灿烂辉煌的物质文化，还孕育了丰富多彩的精神文化，并由此形成了中华民族博大精深的传统文化。这些物质文化和精神文化，体现了中华民族对自然和社会的认识，展现了中国古代的社会生产和生活面貌，表现了中华民族对物质生活和精神生活的追求，更展示了中华民族的精神风貌。因此，要继承和弘扬中华民族在五千余年的文明进程中形成的优秀文化，就必须清楚地认识和理解传统文化的内涵，揭示和诠释传统文化中蕴含的思想和人文精神。

目标指引

‖ 知识目标 ‖

1. 明确文化、中华文化、中华传统文化、中华优秀传统文化的区别与联系。

2. 了解中华优秀传统文化的特征及其与马克思主义的契合点。

3. 了解中华优秀传统文化的生成背景和发展脉络。

‖ 能力目标 ‖

1. 能够运用从中华优秀传统文化中学习到的智慧，处理人与人、人与社会、人与自然的关系。

2. 能从中华优秀传统文化创造性转化和创新性发展的角度，分析和解读当代社会现象。

‖ 素养目标 ‖

1. 体会中华优秀传统文化的源远流长和博大精深，增强民族自豪感。

2. 坚持“知行合一”的观点，推动中华优秀传统文化得到创造性转化、创新性发展。

文化脉络

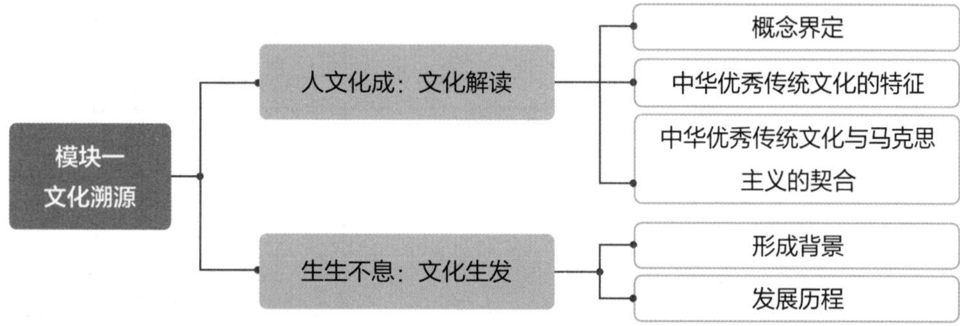

单元一

人文化成：文化解读

微课视频：走进历史

自从有了人类就有了文化。原始社会的自然崇拜、钻木取火、石器技术、石刻岩画等都是原始人的文化杰作。随着人类社会的进步，文化呈现出新的形态，并不断发展变化。文化不是独立存在的，而是融入制度、思想、器物等各个方面。那么，究竟什么是文化？想要认识中华优秀传统文化，首先要学懂弄通“文化”。

一、概念界定

“文化”不是一种具象化的事物，它附着在器物、制度、行为、语言等这些载体上，是一个整体。文化现象也不是孤立存在的，每一种文化现象都体现了所属文化的整体烙印。

（一）文化

“文化”一词在中国古代原本是“文治教化”的意思。《周易·贲卦·彖传》（图 1-1-1）记载：“观乎天文，以察时变；观乎人文，以化成天下。”意思是说，观察天道运行的规律，用来了解时序的变化；观察社会的人伦秩序，用来教化天下。孔颖达在《周易正义》中解释说：“观乎人文以化成天下者，言圣人观察人文，则诗、书、礼、乐之谓，当法此教而化成天下也。”可见，“文”就是“文治”，“化”就是“教化”。西汉之后，“文”与“化”合成一个词，如刘向在《说苑·指武》

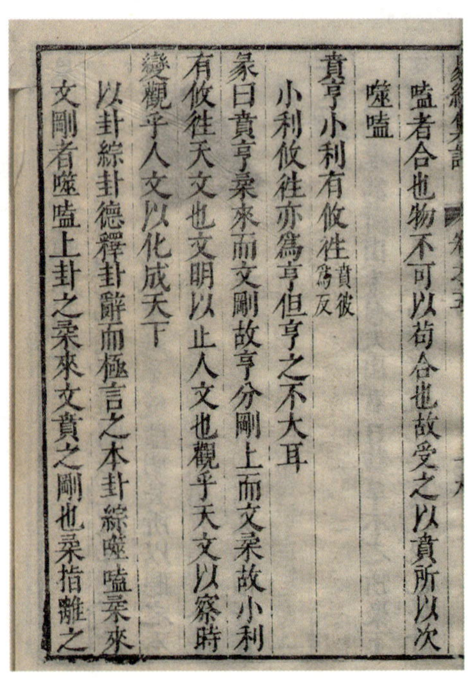

嗑者合也物不可以苟合也故受之以賁所以次
噬嗑
賁亨小利有攸往賁彼為反
小利攸往亦爲亨但亨之不大耳
彖曰賁亨柔來而文剛故亨分剛上而文柔故小利
有攸往天文也文明以止人文也觀乎天文以察時
變觀乎人文以化成天下
以卦綜卦德釋卦辭而極言之本卦綜噬嗑柔來
文剛者噬嗑上卦之柔來文賁之剛也柔指離之

图 1-1-1 《周易·贲卦·彖传》

中云：“圣人之治天下也，先文德而后武力。凡武之兴为不服也。文化不改，然后加诛。”这里的“文化”是“以文德、以文治教化”的意思，是与“武力”相对应的概念。

然而，今天我们所说的“文化”与“以文德、以文治教化”的意思相差甚远。“如今说的“文化”本义为耕种、居住、加工、修养、教育或培育等，包括物质和精神两方面。此后意义延伸，进而涵盖了神明祭祀、道德法律、精神修养等领域。1871 年，号称“人类学之父”的英国学者爱德华·伯内特·泰勒在《原始文化》中指出：“所谓文化或文明，乃是包括知识、信仰、艺术、道德、法律、习俗和任何人作为一名社会成员而获得的能力、习惯在内的复杂整体。”这一定义被认为是关于“文化”最经典的解释，影响巨大。

现在，人们一般认为“文化”可以从狭义和广义两种角度进行解释。狭义的文化主要指的是人类精神活动的产物，包括哲学、宗教、科学、技术、文学、艺术、道德、风尚以及它们的物质载体等方面的内容。泰勒对文化下的定义，基本上属于狭义的文化范畴。

广义的文化则是指人类在长期的历史发展中共同创造并赖以生存的一切精神文明与物质文明的总和。广义的文化涵盖的内容十分广泛，主要着眼于人类与一般动物、人类社会与自然界的本质区别。从文化内在结构层次和逻辑顺序上来看，可以分为物质文化、制度文化、行为文化和心态文化四个层次。物质文化又被称为器物文化，由物化的知识构成，是人类物质生产活动及其产物的总和，是可感知的、具有物质实体的事物；制度文化是人类在社会实践活动中创立的规范自身行为和调节相互关系的各种社会规范及准则，包括经济制度、政治法律制度、教育制度、军事制度、婚姻制度、宗教民族制度、家族制度以及个人活动、团队组织等各方面的制度；行为文化主要由人类在社会实践尤其是在人类交往中约定俗成的行为规范构成，多数以民风民俗的形态出现，常见于日常生活之中，具有鲜明的民族、地域特色；心态文化是人类在社会实践和意识活动中，经过长期孕育而形成的思维方式、价值取向、伦理观念、心理状态、理想人格、审美情趣等精神成果的总和，是属于精神、思想、观念范畴的文化，所以又被称为观念文化、精神文化，这是文化中最核心的部分。

（二）中华文化

一个民族的文化是在长期的历史发展过程中形成和发展的、能够反映民族特质和民族风貌的具有稳定形态的文化，是这个民族的物质文化、制度文化、行为文化和心态文化的总和。我们所说的“中华文化”“中国文化”“华夏文化”，就是千百年来生活在这片土地上的中华民族拥有的文化。中华文化是世界文化的一部分，也是最闪耀的一部分。中华民族历经五千多年的发展孕育了灿烂夺目的中华文化。

中华文化博大精深，这是因为中华文化是中华文明历经五千多年的岁月，逐步积淀而成的。从中华文化涵盖的内容来看，其主要包括独具美感、韵律与内涵的文学，涵养性情、自成一派的艺术，走在世界前沿的科技，见证中华文明进程的技艺，以及丰富多彩的民俗文化，等等。从文化体系的基本构成来看，中华文化是以黄河与长江两大流域或流经区域为主体形成的地域文化圈，包含中原文化、齐鲁文化、三晋文化、吴越文化、巴蜀文化、荆楚文化、燕赵文化等。从民族的角度讲，中华文化是以汉民族文化为主体，各民族文化多元共存的文化体系。在长期的历史发展过程中，各族人民用自己的智慧和劳动创造了各自的文化，这些各具民族特色的文化相互交流、相互借鉴，不断丰富和完善，最终融入中华文化的主流之中，形成了中华文化大河奔流般的气势。

（三）中华传统文化

文明是不断延伸和向前发展的，一个民族在其生存发展的不同历史阶段，所创造和形成的文化也不同。传统文化是对应当代文化而言的，传统文化是经由历代传承延续下来的文化；当代文化指产生于当代并正在流行的文化。中华传统文化指的就是中华民族在历史上各种思想文化、观念形态的总体表现，其内容为历代存在过的种种物质、制度和精神层面的文化实体和文化意识。

2002 年，国家科技攻关项目“中华文明起源与早期发展综合研究”（以下简称“探源工程”）正式立项。据 20 多年的勘探研究，探源工程提出：在距今 5100 年到 4300 年前，一些文化和社会发展较快的地区相继出现了早期国家，跨入了文明阶段；距今 4300 年至 4100 年前，中原地区持续崛起，在汇聚吸收各地先进文化因素的基础上，政治、经济、文化持续发展，为进入王朝文明奠定了基础；夏王朝建立后，经过约 200 年的发展，在河南偃师二里头建造都邑，形成择中立宫和中轴线的宫室布局理念，形成以范铸法铸造青铜器的工艺技术，以青铜器、玉礼器、铃和磬等为物质载体的礼乐制度，形成了王朝气象。这些礼器及其蕴含的观念向四方辐射，形成面积辽阔的中华文化影响圈。中华文明从各区域文明各自发展、交流共进，转向以中原王朝为引领的一体化新进程。

文化漫谈

黄河文化

黄河文化是指在黄河流域产生和发展的物质文化和精神文化的总和。黄河流域涵盖了从源头巴颜喀拉山北麓至青海、四川、甘肃、宁夏、内蒙古、山西、陕西、河南、山东九个省、自治区，以及黄河多次改道变迁涉及的河北、天津、安徽、江苏等地区。黄河贯通我国的东中西部地区，其流域大多地势平坦、气候温暖，为早期人类生活、放牧耕种提供了便利条件，进而为我国的文化发展提供了丰厚的物质基础，也使黄河成为连接华夏文明融合发展、凝聚中华民族共同精神的天然纽带。

黄河文化最早孕育于石器时代，从一百多万年前的旧石器时代开始，黄河流域就已经有人类居住了。进入新石器时代，早期有河南新郑的裴李岗文化、河北安磁的磁山文化，中期有河南渑池的仰韶文化，晚期有山东济南的龙山文化、甘肃临洮的马家窑文化、甘肃和政的齐家文化和山东泰安的大汶口文化等。集中在黄河流域的众多史前文化共同反映出黄河沿岸地区农耕文明的发达，原始农业的稳固发展也奠定了中华民族最早进入文明社会的重要基础。

探源工程以大量的数据，证实了中华文明五千年的历史是有严密的科学依据的。在历史学的研究中，通常将 1911 年辛亥革命作为节点区分传统社会和现代社会，从而区分传统文化和现代文化。不过无论节点是哪个，传统文化与当代文化都不应是割裂的、严格区分的，而是连续的、一脉相承的，文化的发展应该是一个连续的、渐进的过程。

（四）中华优秀传统文化

中华传统文化是一个博大精深、包罗万象的体系，具有多层次、多方面的内容。在这个如此庞大的体系中，其内容自然是繁多的、良莠不齐的，包含着优秀文化和非优秀文化。而我们要学习、传承、弘扬的中华优秀传统文化正是中华传统文化的主流，是中华传统文化中经过实践被证明为“优秀”的成分，是中华传统文化中的精华。党的二十大报告指出，“中华优秀传统文化源远流长、博大精深，是中华文明的智慧结晶，其中蕴含的天下为公、民为邦本、为政以德、革故鼎新、任人唯贤、天人合一、自强不息、厚德载物、讲信修睦、亲仁善邻等，是中国人民在长期生产生活中积累的宇宙观、天下观、社会观、道德观的重要体现，同科学社会主义价值观主张具有高度契合性。”①

对于中华传统文化，我们的态度应是取其精华、去其糟粕，有选择性地接受、传承和发展。对于中华优秀传统文化，我们应该不断学习、传承，推动中华优秀传统文化创造性转化、创新性发展，不断增强中华优秀传统文化的生命力和影响力，铸就中华文化新辉煌。

① 2022年10月16日，习近平在中国共产党第二十次全国代表大会上的报告。

二、中华优秀传统文化的特征

中华优秀传统文化是中华民族的根和魂，是中华民族的命脉。与世界历史上的其他文化形态相比，中华优秀传统文化有着自己的鲜明特色，集中体现在以下四个方面。

（一）源远流长，博大精深

伟大的民族必然具有伟大的文化。中华民族是一个具有悠久历史的伟大民族，中华优秀传统文化是一个源远流长、博大精深、生生不息的文化体系，是一座规模宏大的文化殿堂。

世界上有四大文明古国，即古巴比伦、古埃及、中国、古印度。然而，时至今日，其他三大文明古国已经湮没在历史的长河中，只有中国一直延续下来，一脉相承的文字、浩如烟海的古代典籍清楚而明确地记录着中国历史的发展、中华文明的演进，标志着中华文明的延续性。这是世界上任何其他文明都不具备的，是值得我们骄傲和自豪的。

四大文明古国

所谓“四大文明古国”指的是诞生于亚非大河流域的四大文明古国。“四大文明古国”这一说法最早由梁启超提出。1900年，梁启超在《二十世纪太平洋歌》中首次使用这个定义，并自注，“地球上古文明祖国有四：中国、印度、埃及、小亚细亚是也”。“小亚细亚”后来被称作“古巴比伦”。这四大文明古国分别处于四大文明发源地，黄河流域、恒河流域、尼罗河流域和两河流域是世界上最早出现文明的地域。

随着考古的新发现和历史科学的发展，人们对世界历史的了解越来越多，这一传统说法已经不太符合历史实际。但不管说法如何变更，中华文明始终是“文明古国”之一，并且也是历史和文化传承从未断绝的文明之一。

中华文明历经五千年的岁月，在器物、制度、文学、艺术、科技等多个方面都有着中华文明的特质。同时，中华文化在演进的过程中不仅深深影响着本国，也不断地向外扩张，最终形成了以中国为中心的东亚文化圈，这是中华文明魅力的象征和体现。积淀了千年岁月的中华文明是我们的宝贵财富和精神支柱，从中华文化宝库中汲取营养和力量并继续前行是我们每一个中国人的历史使命。

（二）自强不息，刚健有为

自强不息、勤奋刻苦、刚健有为、坚韧不拔是中华优秀传统文化的又一基本特征，也是对中国人积极进取的人生态度最集中的理论概括和价值提炼。《周易·乾卦》对此有最经典性的表述：“天行健，君子以自强不息。”天道运行是刚健有为、生生不息的，那么人的活动也应该效法天道、自强不息。也就是说，我们应该充分发挥人的主观能动性，发扬奋斗拼搏、积极向上的精神，努力克服一切苦难和障碍。

自强不息、刚健有为是人们对自身力量有坚定信心的表现，是对自身价值和追求目标的高度肯定。“三军可夺帅也，匹夫不可夺志也”和“虽千万人吾往矣”，强调的就是人要有坚定、自由的意志，要有担当道义、百折不屈的社会责任感和正直的独立人格。孔子的弟子曾参说：“士不可以不弘毅，任重而道远。仁以为己任，不亦重乎？死而后已，不亦远乎？”指出知识分子要有神圣的责任感和使命感，要为了实现自己的远大目标而刚毅进取、矢志不渝。为了坚守自己的原则，甚至要勇于牺牲自己的生命，所谓“志士仁人，无求生以害仁，有杀身以成仁”。“富贵不能淫，贫贱不能移，威武不能屈”，就是这种自立自强、无所畏惧的刚健精神的极致表现。

自强不息、刚健有为还包含着积极入世、关心社会现实的人生态度和实现个人价值、为世人谋取利益的主动创造精神。以儒家思想为主的中华传统文化，整体上是积极入世的。不论是先秦的孔孟之道，还是两汉以后的儒学，乃至程朱理学，其主旨都是经世致用、教民化俗、兴邦治国。

中华文化中这种自强不息、刚健有为的特征，凝聚、增强了民族的向心力，塑造了中国传统的理想人格，成为中华精神的写照。在两千多年的历史中，一直激励着中华人民奋发向上、勇往直前，坚持与内部恶劣势力和外来侵略压迫作不屈不挠的斗争，支持着人民赢得了最后的胜利，成为中华民族数千年屹立不倒的重要支柱。它表现出来的坚持独立人格和高贵气节，不为物质利益或暴力诱惑、屈服的顶天立地的精神，成为烛照中华民族奋然前行的精神力量。

（三）兼容并蓄，和而不同

在世界四大文明体系中，中华文化是唯一没有中断的文化体系。中华传统文化之所以绵延不绝、生生不息，一个十分重要的原因是中华文化具有兼容并蓄的特征，具有同一性和多样性相结合的发展态势，因此具备了强大的同化力和顽强的生命力。

中华传统文化的包容性首先体现在“厚德载物”的思想上。“厚德载物”出自《周易·坤卦》：“地势坤，君子以厚德载物。”意思是说，一个有道德的人，应当像大地那样宽广厚实，像大地那样载育万物和生长万物。中华文化是以儒家文化为代表、为主体的文化。在中华文化中，儒家对自然的理解是“天地合而万物生”（《荀子·礼论》）。俗语说：“沧海不遗点滴，始能成其大；泰岱不弃拳石，始能成其高。”中华文化绵延不绝，正是中华传统文化本身包容万物、吸纳百川的结果。

中华传统文化兼容并蓄的特征还体现在儒家文化多元开放的文化理念上。《论语·子路》中的“君子和而不同”,《周易·系辞下》中的“天下同归而殊途，一致而百虑”都是主张思想文化的多元开放。这种多元开放的文化理念，一方面，使儒学不断吸收和融合其他各家各派的思想，成为一种绵延不绝的思想体系；另一方面，这种多元开放的文化理念也极大地影响了中国文化，使之形成了兼容并蓄的特征和传统，维系了中华文化脉络，哺育出伟大的中华民族精神，是中华民族生生不息的力量源泉。

中华传统文化的包容性不仅仅存在于文化本身的演变中，还体现在面对外来文化时能够对其进行有选择地借鉴和吸收，使自己焕发出新的生命力。

中华文化本身是由多元文化长期融汇而形成的。它的连续性和稳定性对于中华民族的团结和国家的统一具有强大的作用。它的多元融汇进程对于我们接纳和吸收异质文化也具有重要的启迪作用。

（四）与时俱进，继往开来

中华优秀传统文化不是一成不变的“历史尘埃”，它是有生命力的。中华优秀传统文化具有创新性和时代性，例如其历来主张“穷则变，变则通，通则久”(《周易·系辞下》)。

传统文化在其形成和发展的过程中，不可避免地会受到当时人们的认识水平、时代条件、社会制度的制约和影响，因而也不可避免地会存在陈旧过时或已成为糟粕的东西。中华优秀传统文化之所以成为优秀文化，正是因为它能够进行自我革新、与时俱进。我们在传承中华优秀传统文化时，要坚持不忘本来、吸收外来、面向未来和古为今用、推陈出新的态度，有鉴别地加以对待，有扬弃地予以继承，使中华民族最基本的文化基因与当代文化相适应、与现代社会相协调，绽放出新的时代光彩。我们要按照时代特点和要求，对那些至今仍有借鉴价值的内容加以改造，赋予其新的时代内涵和现代的表达形式，激活其生命力；要按照时代的新进步新进展，对中华优秀传统文化的内涵加以补充、拓展、完善，增强其影响力和感召力。

中华优秀传统文化蕴含着中国人的智慧和思想，体现着中国人的精神和理念。独树一帜的中华优秀传统文化是我们实现中华民族伟大复兴的精神支撑。

三、中华优秀传统文化与马克思主义的契合

党的二十大报告指出：“坚持和发展马克思主义，必须同中华优秀传统文化相结合。只

有植根本国、本民族历史文化沃土，马克思主义真理之树才能根深叶茂。”[①] 这正是因为中华优秀传统文化源远流长，博大精深，是中华文明的智慧结晶，其中蕴含中国人民在长期生产生活中积累的宇宙观、天下观、社会观、道德观，同马克思主义具有高度契合性。这种契合主要体现在以下几个方面。

（一）大同理想

“大同”是中国古代对理想社会的一种畅想，代表了中华民族对理想社会的追求。这个理想社会的基本特征为人人友爱互助、家家安居乐业，没有贫富差距，没有战争。“大同”的概念出自《礼记·礼运》中的《大道之行也》：“大道之行也，天下为公，选贤与能，讲信修睦，故人不独亲其亲，不独子其子，使老有所终，壮有所用，幼有所长，鳏寡孤独废疾者皆有所养；男有分，女有归，货恶其弃于地也不必藏于己，力恶其不出于身也不必为己，是故谋闭而不兴，盗窃乱贼而不作，故外户而不闭，是谓大同。”大同理想是中国古代社会的基本思想框架，也是中华优秀传统文化的思想底层结构。

马克思主义这一科学理论体现了人们对理想社会的追求。马克思主义第一次站在人民的立场上探求人类自由解放的道路，以科学的理论为最终建立一个没有压迫、没有剥削、人人平等、人人自由的理想社会指明了方向。马克思、恩格斯指出：“代替那存在着阶级和阶级对立的资产阶级旧社会的，将是这样一个联合体，在那里，每个人的自由发展是一切人的自由发展的条件。”马克思主义对理想社会的追求与中华优秀传统文化中的大同理想相契合，这种契合也是中国人民选择马克思主义的重要思想基础。

随着时代的发展，大同思想和马克思主义在与时代精神的结合中，形成了“人类命运共同体”思想。从 2012 年党的十八大明确提出“要倡导人类命运共同体意识，在追求本国利益时兼顾他国合理关切”开始，到 2022 年党的二十大报告指出“中国始终坚持维护世界和平、促进共同发展的外交政策宗旨，致力于推动构建人类命运共同体”[②]，习近平总书记深刻把握人类社会的历史经验和发展规律，汲取中华优秀传统文化中的思想智慧，从统筹中华民族伟大复兴战略全局和世界百年未有之大变局的战略高度，创造性地提出并不断丰富发展构建人类命运共同体的重要思想，为人类社会实现共同发展、长治久安、持续繁荣的目标指明了方向、绘制了蓝图。

大同理想和人类命运共同体思想都一以贯之地体现了中国人民对和平世界和美好生活的构想，其中不仅蕴含着中华优秀传统文化的智慧，更是对中国特色社会主义前途命运的深度思考，是对人类命运的一种前瞻性规划。

---

① 2022年10月16日，习近平在中国共产党第二十次全国代表大会上的报告。
② 同上。

（二）唯物主义传统

唯物论是马克思主义理论的基石，马克思主义唯物论认为：物质是第一性的，精神是第二性的；事物的发展变化以及社会上层建筑、意识形态的形成和演变，有其客观规律；社会存在决定社会意识，社会意识对社会存在具有反作用。中华优秀传统文化中也蕴含着丰富的唯物主义思想资源，从先秦到近代形成了优良的唯物主义传统。比如，《荀子·天论》中指出"天行有常，不为尧存，不为桀亡"，认为自然的运行有其自身规律，不以人的意志为转移。《管子·牧民》中提出"仓廪实而知礼节，衣食足而知荣辱"，认为人的思想观念、社会的道德礼制建立在一定的物质生产水平上。17 世纪初，思想家顾炎武、王夫之、黄宗羲等人提倡"经世致用"思想，倡导学术要对国家和社会的治理发挥实际效用。

（三）辩证法思想

唯物辩证法是马克思主义研究自然、社会、历史和思维的科学方法，其核心内容是对立统一规律、量变质变规律、否定之否定规律，主张坚持发展地而非静止地、全面地而非片面地、普遍联系地而非孤立地观察事物、看待问题，主张人们在认识和实践活动中，要一切从实际出发，按客观规律办事。中华优秀传统文化中的朴素的辩证法思想丰富而深邃，比如，《周易·系辞下》中倡导"穷则变，变则通，通则久"，深刻总结了在困厄中奋斗才能开辟新境界的道理。《老子》中提出"祸兮，福之所倚；福兮，祸之所伏"，深刻揭示事物对立统一的规律。《左传·昭公三十二年》中记载，史墨曾言"故《诗》曰：'高岸为谷，深谷为陵。'三后之姓，于今为庶。"论述了世界万物和社会现象的运动、变化是永恒的。

文化漫谈

中华优秀传统文化中的辩证思维——"孤阴不生，独阳不长"

"孤阴不生，独阳不长"是中华优秀传统文化中的辩证思维。与西方的思维模式不同，中华优秀传统文化中蕴含的思维模式是矛盾辩证式的。中华优秀传统文化推崇的也是被称为"中华第一图"的阴阳鱼太极图。"一阴一阳之谓道"，在中华优秀传统文化的思维深处，总是有两个对立统一的因素彼此关联，这两个因素共存共生、相辅相成，彼此之间相互作用，只有在一个整体的结构中才能显示自身的意义和价值。所以，中华优秀传统文化更侧重一种整体性的思维。

正是受这种整体性思维的引导和影响，中华民族向来以和谐为美，以和合为主流。这种和谐是一种宽容，是一种对多元性、差异性的包容。特别是在全球化、国际化的今天，这种"和合观"越来越显示出深刻的智慧和魅力。

（四）“知行合一”思想

马克思主义实践观认为实践决定认识，实践是认识发展的动力和检验认识正确与否的标准，而认识对实践也具有反作用。在中华优秀传统文化中，对“知行”关系的探讨始终是一个焦点问题，老子主张“知先行后”，荀子主张“先行后知”，明代王阳明首次提出“知行合一”的观点，强调言行一致、身体力行的知行互动。在“知行合一”的哲学思想中，“知”和“行”是一体两面，“知”不是简单的认知，而是深入实践获得的真知。

马克思主义实践观和中华优秀传统文化中的“知行合一”观点都是哲学思想。“知行合一”为马克思主义实践观的中国化发展在哲学上提供了借鉴，阐明了由充分认识发展到真知的过程必须通过实践活动来完成。

马克思主义实践观和中华优秀传统文化中的“知行合一”观点都包含着对人格修养的要求，为新时代的思想政治建设提供了启示与借鉴。知是行之始，行是知之成。“知”是基础、前提，“行”是重点、关键，必须以“知”促“行”，以“行”促“知”，才能做到知行合一。党的十八大以来，关于知行关系的重要论述一方面吸收了中国古代知行观关于道德意识和道德行为相统一的观点，并将之运用于道德建设，特别是培育和践行社会主义核心价值观中去；另一方面又对中国古代知行观进行了创造性转化和创新性发展，突破了单纯道德实践的束缚，拓展到治国理政的方方面面，实现了知与行、理论与实践的辩证统一，标志着在传承中华优秀传统文化中推进文化创新的自觉性达到了新高度。

文化典藏

1.《中华优秀传统文化何以通向马克思主义》，陈其泰著，北京：研究出版社，2023 年。

2.《中华优秀传统文化干部读本》，吴杰明编，上海：上海人民出版社，2020 年。

单元二

生生不息：文化生发

任何类型的文化都是在一定类型的文化土壤上成长起来的，不同的文化土壤繁育着不同的文化。同时，文化在发展的过程中也在不断传播、交流、融合，并逐渐形成一个稳固的形态。

一、形成背景

与世界上的其他文明一样，中华文明的形成也受到自然地理环境、经济发展模式和社会制度等多方面的影响。中华文化的生成背景体现在以下几个方面。

（一）相对封闭的地理环境

微课视频：背景透视

从整体地理环境来看，人类可以粗分为大陆民族与海洋民族。希腊、英国、日本都是典型的海洋民族，而中华民族的诞生地则是一块半封闭的大陆。我们的先民自古生活在东亚大陆上，这里东濒茫茫沧海，西北横亘漫漫戈壁，耸立着青藏高原。这种半封闭式的自然环境使得交通极不便利，形成了一种内部回旋而与外部隔绝的状态。

中华文化从半封闭的地理环境中获得了比较完善的隔离机制，这对中华文化的形成和延续具有十分重要的意义。在人类历史上，曾多次出现因为异族入侵而导致文化中断的悲剧，如印度文化因雅利安人的入侵而雅利安化，埃及文化因亚历山大大帝的占领而希腊化。中华文化持续至今而未中辍，其中缘由之一，就是东亚大陆特殊的地理环境。

正因中华文化是在这样一种半封闭状态下产生的，所以它是一种自发的文化，独立成为一个系统，而且具有强烈的延续性和一贯性。一方面，中华文化不容易出现由于其他国家文化的传入而造成自身文化发展“断层”的现象；另一方面，受文化内陆性的影响，整个民族在坚持、保留自己的文化传统上的决心也比海洋民族更加坚决。

（二）农耕型经济模式

由于中国是封闭式的大陆国家，黄河、长江流域的自然地理条件非常适合农业发展，这导致了近代以前中国都以农业经济为主体（图 1-2-1），工商经济在社会经济生活中占的份额极小。

图 1-2-1　农业经济

中国很早就从采集野生植物果实进入到锄耕农业阶段。据考古研究，早在七千年前的新石器时代，黄河、长江流域就出现了典型的农耕文明，它们分别是兴起于黄河中游的“仰韶文化”和兴起于长江流域的“河姆渡文化”。但由于黄河流域细腻而疏松的黄土更适合于远古木石铜器农具的运用和粟、稷等旱作物的生产，所以农业首先在黄河下游达到较高水平。黄河中下游自然地成了中国上古时代的政治、经济和人文中心，夏、商、周都在黄河中下游建都立国，因此人们常说“黄河是中华民族的摇篮”。随着农业生产力的发展，特别是铁制农具和牛耕的普及，中国的农耕区域逐渐向土肥水美的长江流域扩展。

中国向来以农业立国，历代王朝都非常重视农业生产，帝王们也都会举行和推行耕籍、求雨、劝农的仪式和措施。中国的农业技术也较为发达，农具的制作、牛耕的发明、农书的刊行以及与农业有关的天文历法的形成都领先于世界。

以农业经济为主的经济模式对中华传统文化有着巨大的影响，在一定程度上，中华传统文化就是农业文化。农业经济最显著的特点就是对自然条件有很强的依赖性。在人与自然的关系方面，人依赖自然、被动地适应自然多于对自然的抗争，也因此逐渐形成了“天人合一”“天人协调”的哲学观念。同时，农业生产的这种特点也培养了中国人乐天知命的特性，以及吃苦耐劳、勤俭持家的美德。

（三）宗法制伦理社会

一个民族文化的发展除了受特定的地理环境、经济状况的制约外，社会组织结构对它的影响也是至关重要的。中国古代社会组织结构的特点在于特别重视血缘家族关系，这给中华文化打上了深刻的烙印。

一般而言，社会人群的结合有血缘、地缘、业缘三种方式。血缘即宗族亲戚，地缘关系即乡里邻党，业缘则是指以人的广泛的社会分工为基础而形成的复杂的社会关系。血缘关系是人类社会最初的一种社会关系，以血缘关系为纽带组成的氏族公社是人类社会最初的社会共同体。世界各民族文化在原始社会时期都有过这种氏族公社组织。但是其他早期文明在由原始社会向奴隶制社会转变时，血缘关系的重要性就逐渐降低了。而在中国，血缘家族组织由原始社会经奴隶社会、封建社会一直保持下来。恩格斯用“家族、私产、国家”三项作为人类社会发展的路径。中国氏族公社的解体和进入文明社会的方式与其他文明不同，其他文明是从家族到私产再到国家，国家代替了家族；中国是由家族到国家，形成这种独特演进过程的原因便在于中国独特的农业文明。

在原始社会及之后的奴隶社会、封建社会中，农业文明始终是以家庭为单位展开的。同时，由于农业受自然条件的约束和限制较大（如自然灾害会严重影响农业的发展），所以农业生产中必然需要依靠群体的力量来战胜自然灾害。此时，家族作为一个天然的群体力量成为农业发展的主导。并且，农业文明使得古代人们安土重迁，往往祖祖辈辈都定居于同一个村落。一个宗族长期生活在一个地区，世代繁衍，为了自助自卫，血缘关系的纽带很自然地把他们连接起来，形成一种宗族自治体。这种血缘关系不仅是一种社会关系，还是一种组织形式，随之诞生的是维护这种组织形式的一套规范，即宗法制度。宗法制度是一种严格规定辈分、嫡庶、长幼、主从的等级秩序。

血缘家族和宗法制度对中华文化有着很深的影响，中华文化在政治、思想、民俗等众多方面都有宗法制度的痕迹。

二、发展历程

中华传统文化从孕育产生到繁盛强大，直至最后衰落转型，是一个漫长而曲折的发展历程。大致分为以下几个时期。

（一）先秦时期——萌芽期

夏商周之前，即传说中的三皇五帝时期，人们一般称之为上古时期，基本上等同于考古学上所称的新石器时代。三皇，一般指的是燧人、伏羲、神农，五帝指的是黄帝、颛顼、帝喾、尧、舜。在上古时期，中华文化便已开始萌芽。《周易·系辞下》说：“古者庖牺氏之王天下也，仰则观象于天，俯则观法于地，观鸟兽之文与地之宜，近取诸身，远取诸物，于是始作八卦，以通神明之德，以类万物之情，作结绳而为罔罟，以佃以渔。……包牺氏没，神农氏作，斫木为耜，揉木为耒，耒耜之利以教天下……神农氏没，黄帝尧舜氏作，通其变，使民不倦，……垂衣裳而天下治。”这段话反映出当时的畜牧文化、农耕文化已经有了初步发展，政治制度也已经有了初步的制定。

再从现代的考古实证来看，这一时期发现的仰韶文化、大汶口文化、红山文化、良渚文化、马家窑文化、龙山文化、屈家岭文化等遗址，其中出土的石器、陶器、壁画等，不但反映出这一时期的物质文化发展情况，而且反映出原始宗教、艺术等精神文化情况。这些文化遗址，分属于华夏、东益、苗蛮三大文化集团，呈现出以华夏文化为主的多元化文化状态。在这一时期，虽然中华文化开始发端，但面貌还不够清晰，特征还不够明显，其社会组织结构、婚姻方式、经济生活，以及包括图腾崇拜、灵魂崇拜、生殖崇拜、祖先崇拜等在内的精神文化和其他民族的原始文化基本一致。

文化强国

齐家文化的守护者

齐家文化是举世闻名的文化遗存，是中国最早的青铜时代文化，也是华夏文明的重要源头之一，更是人类灿烂的文化瑰宝。齐家文化博物馆建成于2007年并实行免费开放，是全国唯一以齐家文化命名的博物馆。多年来，为保护好、传承好齐家文化，以马晓兰为代表的博物馆人兢兢业业、恪尽职守，让这座“年轻”的博物馆承载起了厚重的历史文化。

齐家文化博物馆展示的藏品最早可追溯到4000多年前的新石器时代，历史价值极高，涵盖陶器、玉器、铜器、骨器、石器等多个类型，仅陶器类就有200余件，有“马家窑文化”的马家窑类型、半山类型、马厂类型及“辛店文化”等。藏品类型丰富、材质多样，在让广大文物爱好者大饱眼福的同时，也给博物馆日常管理工作带来了一定的难度。为规范文物的存放，马晓兰和工作人员集中利用了2个月时间，对1820件馆藏文物进行了系统整理，使文物的提取和存放更加方便、快捷、安全。同时，她还带领工作人员健全完善了文物库房的管理制度，严格执行文物出入库记录，定期排查隐患，确保了馆藏文物的安全。

作为连接过去与未来的载体，近年来，博物馆快速融入社会和人们的日常生活。如何让文物回归社会，更好地服务人民，成了众多博物馆工作者正在思考的问题。“作为一名文物工作者，我有义务和责任去探索研究提高文物保护效果和管理工作效率的新方法。”马晓兰告诉记者。

为强化工作人员的专业素养，拓展思路、寻找差距，使博物馆在基本陈列、管理运行等方面更好地运行，马晓兰组织相关人员先后赴敦煌博物馆、和政古动物化石博物馆、瓜州县博物馆等进行馆际交流学习，出色完成了与敦煌瓜州县博物馆联合举办的“大河遗韵抟土为陶——七馆馆藏精品陶器文物联展”艺术展览及在康乐县举办的“史海撷珍玉曜千年——玉器临展”的借展文物备案、运送、交接及布展工作，为宣传和推广齐家文化做出奉献。

“这虽然是一座年轻的博物馆，但她有着丰富的历史文化资源。让珍贵文物传下去、活起来，是我们博物馆人矢志不渝的初心和使命。”谈及博物馆未来发展，马晓兰信心满满。

（资料来源：《民族日报》，2022 年 5 月 6 日 01 版，有删改）

夏商周三代是中华传统文化的形成期。夏王朝建立，国家政权形成，世袭制代替了禅让制，政治、经济得到了进一步的发展，中国最早的历法——夏历产生，青铜器开始出现，中国进入青铜器时代。商朝的青铜器制造技术更加成熟，保存至今的商代青铜器，其精美程度仍令后人赞叹。甲骨文的出现，标志着中国文字进入了成熟阶段，特别是商代的甲骨文，其形态已经很繁复了，同时产生了中国最早的一批文献。夏商之后，西周“制礼作乐”，实行宗法制、分封制以及以“亲亲”“尊尊”为主要内容的礼制，集中体现了周代的制度文化、行为文化和观念文化。周代的礼仪制度繁复而完备，既是典章制度的总汇，又是政治生活、经济生活、社会生活、家庭生活等各种行为规范的准则。这种礼乐文化具有很强的道德伦理约束性，对后世有着深远的影响。周王朝在总结夏亡殷灭的历史教训的基础上，提出了“天命靡常，惟德是辅”“以德配天、敬德保民”“敬天命而重人事”等重要思想，具有鲜明的人本文化特点。中华传统文化中的德治主义、民本主义、忧患意识乃至“天人合一”的致思趋向，皆肇始于此。

春秋战国时期是中国历史上的社会大变革时代，在这一时期中华文化奏出了无比辉煌的乐章。这一时期，士阶层崛起，私学出现，为文化的蓬勃发展创造了条件。其中最突出的就是诸子百家的出现，如以“仁”为核心的儒家、以尊“天道”尚“自然”为主的道家、以强化法令刑律为主的法家、以“兼爱”“非攻”为主张的墨家、以“阴阳五行”为理论核心的阴阳家等。他们宣扬各自的思想学术观点，以“救时之弊”。《周易》《礼记》《诗经》《尚书》《论语》《孟子》《荀子》《老子》《庄子》《墨子》《韩非子》《春秋》《左传》《楚辞》等大批著作成为中华文化的原典，哲学、文学、史学全面繁荣，气势恢宏，凌驾百代，呈现出中华文化史上最蔚为壮观的局面。天文学、算学、医学、农学也都有一定的发展，中华文化的各个层面得到充分的展开和体现，中华民族的文化走向大致确定。“百家争鸣”有力地推动了华夏民族的最终形成。因此，这一时期可以称为中华文化的形成期，也是中华文化的“轴心时代”。

（二）秦汉魏晋——融合期

秦汉时期，封建专制主义的中央集权制度初步形成，这一时期最突出的特点就是“大一统”，在经济、政治、思想、文化各方面都实行统一。秦汉文化奠定了中华大一统文化的雄厚基础。秦始皇统一六国后，实现了“地同域”“书同文”“车同轨”“度同制”，同时在大一统的政策下，多民族之间的政治经济加强了联系。到了汉代，一个统一的民族——汉族最终形成，以汉文化为代表的华夏文化从此成为中华传统文化的主流和主要内容。汉武帝时期，推行“罢黜百家，独尊儒术”的文化政策，儒学取得“定于一尊”的显赫地位，此后长达两千年的时间里，儒家文化在中华传统思想文化结构中始终占据主导地位，成为中华文明的核心和华夏民族文化的主干。汉代设“五经博士”，推行“以经取士”的选官制度，传经之学和注经之学成为专门学问，经学于是成为两汉思想学术的代表。

这一时期，史学、文学、医学成就辉煌。其中，以司马迁的《史记》为代表的历史著作，以司马相如、杨雄为代表的汉赋作品，以《古诗十九首》为代表的汉代诗歌，无不体现出宏大的文化精神。这些作品视野宏阔、情感深广，可被称为汉代文学艺术的典范，体现出大、重、雄、厚的汉代文化特色。

魏晋南北朝时期，社会混乱，朝代更迭频繁。西汉以来，以“儒家独尊”为内核的文化模式被打破，人们的思想自由而活跃，从政治强迫和集体约束中解脱出来，进入了“人的自觉”和“文学的自觉”时代，思想文化得到多元发展，人的独立意识、审美意识和自主意识得到真正解放。这一时期，玄学崛起，玄学以老庄思想为本源，以探求理想人格为中心课题，着重于对个体人生意义价值的思考，成为魏晋文化思潮的主流。其旷达、洒脱的个性自由精神对中国人的人生态度和生活情趣具有深远的影响。这一时期的文学艺术如书法、绘画、音乐、诗歌等，也都深受玄学的浸染，表现出对山水之美、艺术之美、人物风度之美的高度追求。这一时期也成为中国文化史上唯一沉迷追求美和艺术的时代，体现了中华文化唯美、唯艺术的一面。

这一时期，东汉末年创立的道教和西汉末年传入中国的佛教得到广泛传播，渗透进了中国社会文化中，形成了二学（儒学、玄学）、二教（道教、佛教）相互对抗、相互融合的多元格局，造成意识形态结构的激烈动荡，对丰富中华文化、扩展中华文化内涵具有重要作用。这一时期因匈奴、鲜卑、羯、氐等北方少数民族入主中原而引发的胡汉文化的大规模冲突，也使魏晋南北朝的文化呈现出更加多样、丰富的面貌。在文化的多重碰撞与融合中，中华文化得到了多方向的发展和深化。

（三）隋唐宋元——鼎盛期

隋唐以来，社会结构发生巨大变动，占据统治阶层数百年的门阀士族衰落。科举选士的推行，使大批来自中下层地主阶级的精英知识分子逐渐登上中国政治文化舞台，他们对自己的前途与未来充满自信和热情。唐朝政治开明，经济繁荣，国力强盛，唐文化因而展现出一种明朗、昂扬、热烈、奔放、朝气蓬勃的时代气质。唐文化敢于创新，不断吸收外域文化，形成了一种兼容并包的宏大气派。隋唐文化对外域文化的大规模吸收，不仅在中国文化史上影响深远，在世界文化史也可称卓越范例。同时，唐文化还积极向外辐射，扩大了中华文化在世界各地的影响。这一时期，哲学、史学、文学、书法、音乐、美术、历法等领域全面发展，儒道释三学并行不悖，互相吸收营养，丰富各自的理论体系。修史之风兴盛，史学著作的体例和数量显著增加。特别值得一提的是唐代的诗歌创作空前活跃，出现了一大批天才诗人，唐诗佳作多如繁星，诗歌艺术成就“前无古人，后无来者”。此外，唐代还是书法的黄金时代、绘画的极盛时期和音乐的融合创新时期。可以说，唐代是中华文化发展的一个全盛时代，在各方面都取得了空前成就，显示出一种阶段性的集大成的灿烂风采，其辉煌令后世追慕不已。

隋唐之后，中华传统文化进一步向前发展，至两宋时期达到顶峰。这一时期国家经济更加发达，政治体制更加完备，教育更加普及，科学规模不断扩大，更多的中下层知识分子走上历史舞台。理学开始兴起，理论思辨更加深微精密，标志着中国学术思想达到新的境地。理学强调通过道德自觉来成就理想人格，也强化了中华民族注重气节和德操，注重社会责任与历史使命的文化性格。诗歌、书法、绘画等传统高雅文学艺术的发展和成果都足以媲美隋唐，并体现出了新的特色。由于市民阶层的快速发展，这一时期市民文化蓬勃兴起，出现了话本小说、杂剧这样的通俗文学。特别是杂剧，发展到元代已经具有相当的水平，元杂剧标志着传统戏曲艺术的成熟。除此之外，宋代在天文学、地理学、地质学、医药学、造船术、纺织术、制瓷术等方面也都有令人瞩目的成就。在其他任何一个朝代，无论是科学理论研究，还是技术的推广应用，与两宋相比都大为逊色。陈寅恪先生说：“华夏民族之文化，历数千载之演进，造极于赵宋之世。”精辟地指出了宋文化在中国文化史上的重要地位。

两宋之后，北方游牧文化与中原农耕文化产生激烈冲突，游牧民族从汉文化中吸收营养，丰富了华夏文化。隋唐时代那种开放、热烈的文化类型已不可复见，而是呈现出一种相对克制、内倾、理性的文化类型。这一时期的各种文化样式无论是哲学、文学、艺术乃至汉民族的性格、社会风气，都在不同程度上体现出内省、精致、婉约的风貌。

这一时期，中外文化交流程度进一步深入，大批阿拉伯、波斯和中亚人迁居中国，伊斯兰教、基督教等宗教也传入中国。同时，中国四大发明中的火药、印刷术传入中亚、欧洲，中国历法、数学、绘画、瓷器、茶、丝绸等也通过不同途径在俄罗斯、阿拉伯与欧洲广为传播。中华文化与世界文化相互影响，但民族文化特色没有发生重大变化。

文化漫谈

古丝绸之路与“一带一路”建设

古丝绸之路包括陆上丝绸之路和海上丝绸之路，是自古以来联系东方与西方、贯通亚非欧及拉美许多国家和地区的主要通道。陆上丝绸之路起源于西汉，汉武帝派张骞出使西域开辟以首都长安（今西安市）为起点，经甘肃、新疆，到中亚、西亚，并连接地中海各国的陆上通道。海上丝绸之路形成于秦汉时期，发展于三国至隋朝时期，繁荣于唐、宋、元、明时期，是已知的最古老的海上航线。

古丝绸之路绵亘万里、延续千年，积淀了以和平合作、开放包容、互学互鉴、互利共赢为核心的丝路精神。2013 年秋天，习近平主席在出访哈萨克斯坦和印度尼西亚时先后提出共建“丝绸之路经济带”和“21 世纪海上丝绸之路”，即“一带一路”倡议。这一倡议提出后，得到了“一带一路”沿线的亚洲、非洲、欧洲国家和地区以及世界其他国家和地区的广泛响应与支持。当前，共建“一带一路”正在向落地生根、持久发展的阶段迈进。研究和总结古丝绸之路上经济、政治、文化交往和不同文明互学互鉴的历史经验，对于推动“一带一路”建设走深走实、促进不同文明交流互鉴、构建人类命运共同体具有重要意义。

（四）明清时期——衰落期

明清时期是中国漫长的封建社会的晚期，在这几百年间，中国社会的结构发生了缓慢而又重大的变化，新的资本主义生产关系的萌芽在封建制度母体内开始出现。即使没有西方的殖民入侵，中国社会自身也将会在生产关系、政治制度等方面发生深刻转变，开启新的时代。这一时期是封建君主专制制度登峰造极的时代，也是思想文化剧烈动荡的时代。明中期以后，王阳明心学兴起，高扬人的主体性，对程朱正宗统治思想造成强烈冲击，成为晚明人文思潮的哲学基础。明末清初，以三代思想家——黄宗羲、顾炎武、王夫之为代表，批判封建专制。在文化交流的过程中，西方自然科学和社会科学传入中国，启蒙思潮的曙光出现，但是在清朝统治阶级残酷的文化专制下最终湮灭，直至鸦片战争以后，这些思想文化才得以复兴。

这一时期既是中华传统文化的衰落期，同时又是中华传统文化的总结时期。在学术文化方面，清代乾嘉时期的学者对中国古代文献展开了规模空前的整理与考据，考据学成为清代学术的代表。在图书典籍方面，明清统治者调动了巨大的人力物力，对几千年浩如烟海的典籍文物进行收集、钩沉、考证、考辨，编纂了大型类书《永乐大典》《古今图书集成》、大型字典《康熙字典》、大型丛书《四库全书》等，这些大型图书的编纂是古典文化成熟的象征，也包含着文化大总结的意蕴。《本草纲目》《农政全书》《天工开物》《河防一览》等书籍也都是各自领域的总结性的著作，标志着封建社会晚期的科学成就的高峰。文学艺术方面，雅文学的诗歌、散文继续得到重视，作者、流派众多，传统的各种风格、理论主张都得到发掘和提倡，但基本上围绕着尊唐与尊宋、拟古与反拟古这两种思潮展开，也可以将其看作对传统诗歌、散文的一种总结。俗文学方面，明清传奇成就突出，明清成为古代戏曲的又一繁盛时期，明清小说更是达到了通俗文学的顶峰，占据了此时期文化艺术的中心地位。通俗文学的兴盛和繁荣，意味着中国传统文学开辟了一个全新的时代。

鸦片战争以后，随着社会制度的激烈变化和政治经济的剧烈动荡，思想文化方面也开始了前所未有的大变革，中华传统文化从此进入转型期。

文化典藏

1.《中国文化史》，陈登原著，北京：商务印书馆，2017 年。

2.《中国文化史》，吕思勉著，北京：中国言实出版社，2020 年。

文化视野

数字技术助推中华优秀传统文化传承创新

站在历史的新起点，深入挖掘根植于中华民族传统文化中的优秀文化基因，对之进行创造性转化、创新性发展，不仅能够展示中华民族独特的精神标识，彰显中华民族的文化自信，而且能够为中华民族伟大复兴立根铸魂，增强各族人民的凝聚力、战斗力。

一、数字化技术丰富了中华优秀传统文化传承保护的新载体

2022 年，中共中央办公厅、国务院办公厅印发的《关于推进实施国家文化数字化战略的意见》中明确提出，要统筹利用文化领域已建或在建数字化工程和数据库所形成的成果，关联形成中华文化数据库。

在中华优秀传统文化资源中，有许多弥足珍贵的历史文化遗产。文化遗产作为不可再生资源，往往容易被损坏，留存保护困难，不便于长期以实物形态示人。数字化储存能够打破这一局限，借助现代数字信息技术，可以完整科学地记录留存文化遗产信息，将实物形态转化为数字信息进行存储，构建数字化档案，进行永久性保存和活态化传承，让收藏在博物馆里的文物、陈列在广阔大地上的遗产、书写在古籍里的文字“活起来”。

二、数字化叙事革新了中华优秀传统文化演绎呈现的新形式

数字化叙事作为信息时代特有的叙事形式，是一种利用数字化信息技术，在传统讲故事之中融入声音、图片、文字、动画、影视等多种现代媒体元素，使讲述内容可视化、形象化，以便于听众理解、感知的叙事方式。

数字化叙事与中华优秀传统文化的融合，是以中华优秀传统文化的内容价值为核心，配以多种数字媒体技术来营造真实的全身心感知的氛围，带来有温度的视听盛宴、有触摸的感官刺激和有参与的感知体验，能更好地传递中华优秀传统文化中蕴含的价值观念和人文精神。

三、数字化媒体开辟了中华优秀传统文化传播互动的新渠道

数字信息技术的发展促使各种新媒体的诞生，而新媒体的出现和迭代改变了信息呈现、传达和展示的方式，为中华优秀传统文化的传播提供了多元化的平台和渠道。在数字技术加持下，新媒体将互联网与各种电子产品的移动终端相连接，能将储存在互联网云端的数字化信息直接传递给受众，打破时空局限，实现中华优秀传统文化数字信息共享，提升传播速度，拓展传播空间。

站在新征程的起点，我们必须坚持以习近平新时代中国特色社会主义思想为指导，深入贯彻落实党的二十大精神，推动中华民族最优秀的文化基因与数字信息技术融合创新发展，与当代文化相适应、与现代社会相协调，实现中华优秀传统文化的数字化传承创新，让中华优秀传统文化在新时代焕发新的生机、呈现新的风貌，助力铸造社会主义文化新辉煌。

（资料来源：《人民网－理论频道》，2022 年 11 月 9 日，有删减）

【活动描述】

本模块带领同学们了解了中华优秀传统文化的起源与发展，请找到身边带有中华优秀传统文化要素的事物，探寻它的起源、发展历程及当代社会的呈现方式，思考如何对其进行创造性转化及创新性发展，并通过活动的形式分享给更多人。

【活动准备】

请全班自行结成 5 ～ 8 人的小组，每组选择一种中华优秀传统文化要素作为本次实践活动的主题。主题确定好后，请各组通过校园线下宣传方式，让更多大学生认识和喜爱中华优秀传统文化。

【活动过程】

（1）明确小组分工，制作具体的宣传活动内容及方案并填写以下表格。

<table>
<tr><th colspan="4">活动主题：身边的中华优秀传统文化</th></tr>
<tr><td>宣传活动名称</td><td></td><td>方案实施地点及时间</td><td></td></tr>
<tr><td rowspan="4">宣传内容</td><td colspan="3">中华优秀传统文化要素：</td></tr>
<tr><td colspan="3">起源与发展：</td></tr>
<tr><td colspan="3">当代社会呈现方式：</td></tr>
<tr><td colspan="3">未来发展的思考：</td></tr>
<tr><td>宣传活动流程</td><td colspan="3"></td></tr>
<tr><td>前期准备工作</td><td colspan="3"></td></tr>
<tr><td>其他注意事项</td><td colspan="3"></td></tr>
</table>

（2）开展校园宣传，并通过拍照、录像等形式记录下宣传过程。

（3）宣传活动复盘，小组开会并总结收获与经验，同学之间互相评价。

模块二　思想律动

文化导航

思想文化不仅是中华文化的核心内容，也是中华文化的精髓和灵魂。中国思想文化不仅影响着中国人的人生观、价值观和审美观，也影响着其他文化的思想内涵和发展方向。

中国思想文化的启蒙和杰出代表是先秦诸子的思想。诸子思想主要是指各个学派及其代表人物的思想观点和对社会、人生的哲学思考。吸收诸子思想中的有益成分，对于丰富认知、提升思想境界、提高思辨与为人处世的能力有极大帮助。

目标指引

‖知识目标‖

1. 了解先秦诸子的主要思想流派、观点及代表人物。
2. 了解中华民族的精神纽带，领会中华民族的宇宙观、天下观、社会观、道德观。

‖能力目标‖

1. 能够把握先秦诸子的思想精髓。
2. 能够在实践生活中运用先秦诸子的思想观点。

‖素养目标‖

1. 领悟中华民族精神的核心观念，并与社会主义科学价值观结合起来。
2. 培养在生活中融合中华思想文化的意识，运用哲学观点指导人生。

文化脉络

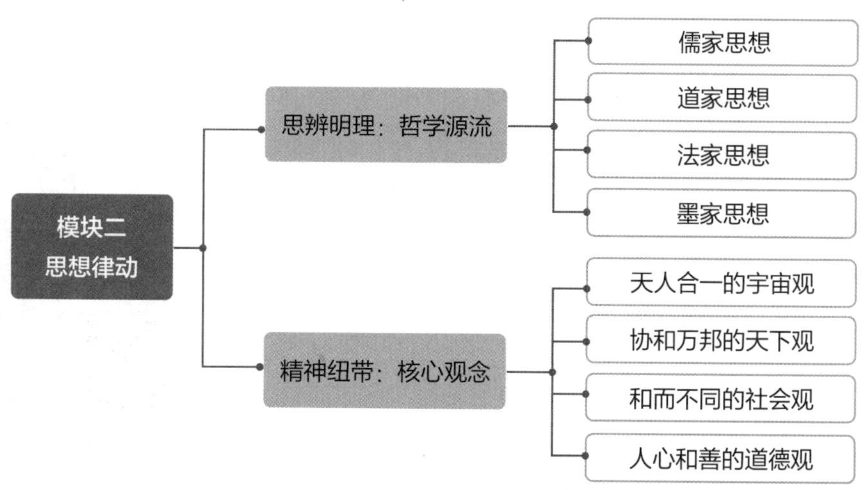

单元一

思辨明理：哲学源流

中国哲学凝聚了中华文化的基本精神，是中华民族数千年文明发展的结晶。历代哲人们对天地万物、社会、人生的各种思考和认识，展现了中华民族的无穷智慧，也塑造了中华民族的灵魂与品格。马克思主义以其关注现实的理论品质不断赋予中国哲学宇宙观、天下观、社会观、道德观以新的时代内涵，中国哲学也不断拓宽着马克思主义哲学的民族性和实践性视域。

一、儒家思想

儒家文化是中国传统文化中的重要组成部分，儒学也是我国历史发展最悠久的学派之一。儒家思想从创立起经历了两千五百余年的历史变迁，在我国古代封建文化中扮演着重要角色，并随着社会的发展、生产力的进步，不断地适应统治者的要求和普通百姓的物质文化需要。

（一）孔子

孔子（图 2-1-1），名丘，字仲尼，春秋末期鲁国陬邑（今山东省曲阜市）人。我国古代著名的思想家、教育家、儒家学派创始人。相传他有弟子三千，贤弟子七十二人。

孔子曾带领弟子周游列国 14 年，晚年则潜心致力于古文献整理，修《诗》《书》，定《礼》《乐》，序《周易》，作《春秋》。其思想以“仁”为核心，倡导推行“仁政”。“仁”即“爱人”。自西汉以后，孔子学说成为两千余年封建社会的文化正统，影响极其深远。现存《论语》一书，记载了孔子与门人的问答，是研究孔子学说的主要资料。

图 2-1-1　孔子

“仁”是孔子哲学思想的精髓所在，也是孔子政治思想、道德思想、教育思想、文献整理思想的理论基础和前提。“樊迟问仁，子曰：‘爱人。’”（《论语·颜渊》）孔子认为，“仁”是最高的道德范畴和境界，以“爱人”为基本规定。简单来说，“仁”就是对他人的爱。这种爱与其他学说倡导的爱既有相通的一面，也有其特定内涵：相通的一面是都指人与人之间的爱，即人与人之间的友好和善意；其特定内涵则是指儒家倡导的爱，是“仁爱”。

儒家“仁爱”有其明确的核心与出发点——“孝”。以这种对父母长辈的美好情感为出发点进行引申，就可以得到儒家的一切其他美德。从孝父母、敬兄长开始，进而关爱家族其他成员，才能扩大至爱全天下的人。

实现儒家“仁爱”的基本方法是“礼”。“礼”是社会秩序的总称，是用以规范个人与他人、与天地万物乃至鬼神之间的关系。“礼”通过各种有关器物、仪式、制度的规定，明确了个人特定的身份及相应的责任、权力，从而区别了个人在社会群体中长幼、亲疏、尊卑的等级，并由此达成人与人、人与天地万物之间的和谐。“颜渊问仁。子曰：‘克己复礼为仁，一日克己复礼，天下归仁焉。’”（《论语·颜渊》）“克己复礼”意为克制自己的言行以符合礼的要求。孔子认为，仁德的养成应以礼为标准。个人的言行应受到外在的礼的规范，但更重要的是通过约束自身的私欲，使自己的所见、所闻、言语、行为都符合礼的要求。在孔子看来，仁与礼是同一问题的两个方面，能够做到“克己复礼”，就达成了“仁”。

实现儒家“仁爱”的一以贯之的实践方法是“忠恕”。“曾子曰：夫子之道，忠恕而已矣。”（《论语·里仁》）简单而言，“忠”是一种尽己所能的态度，即处在某一身份或职位的人应全心全意地履行其职责，不受个人私利的影响；“恕”则表现为推己及人、将心比心。在“忠恕”之道中，孔子尤其强调“恕”，首先承认人类在精神上的根本一致，进而以此为原点，弘扬宽和、仁爱的精神，即设身处地为他人着想，以自身的所思所欲去理解别人。

己所不欲，勿施于人

仲弓问仁。子曰：“出门如见大宾，使民如承大祭。己所不欲，勿施于人。在邦无怨，在家无怨。”

——《论语·颜渊》

自己不愿意的，不要强加给别人。这是孔子所提倡的“恕道”（推己及人的原则），以自己的心意推测、理解别人的心意，亦即今之所谓设身处地，换位思考。它是儒家处理人与人关系的重要原则，其基本精神是仁爱、平等与宽容。

孔子对“恕”的强调，直到今天仍然闪烁着耀眼的光芒。1993年联合国召开国际伦理大会，将全世界著名的宗教家、伦理学家聚集一堂，讨论在全球化的格局中，是否能够找到一些放之四海而皆准的伦理准则。最后找到的只有两条：一条是康德的“人是目的，不是手段”；另一条就是孔子的“己所不欲，勿施于人”。这两句话，被镌刻在联合国总部的大楼中，被视为指导不同国家与民族间交往的“黄金伦理准则”。

（二）孟子

孟子（图2-1-2），孟氏，名轲，字子舆，战国时期邹国（今山东省邹城市）人，思想家、教育家，儒家学派的代表人物，与孔子并称“孔孟”。韩愈在《原道》中将孟子列为先秦儒家继承孔子“道统”的人物。元朝统治者追封孟子为“亚圣公”，尊称为“亚圣”。孟子的思想主要集中于《孟子》一书。《孟子》属于语录体散文集，是孟子的言论汇编，由孟子及其弟子共同编写完成。

图2-1-2　孟子

“性本善”是对孟子人性论的基本概括。孟子所说的人性，是指人天生具有的“人之所以为人”的本质属性，即人区别于禽兽的道德本性。人性构成了仁、义、礼、智等德行的内在根基或依据。仁义礼智的道德是先天的，是人区别于禽兽的本质特征，不应被后天的“恶”所影响。因此，孟子十分注重道德修养的自觉性，把恶劣的环境当作磨炼自己的手段，做到“富贵不能淫，威武不能屈”“舍生而取义”，以涵养“浩然之气”。

浩然之气

“敢问何谓浩然之气？”曰：“难言也。其为气也，至大至刚，以直养而无害，则塞于天地之间。其为气也，配义与道。无是，馁也。”

——（《孟子·公孙丑上》）

浩然之气是指盛大而充盈于生命之中的正直之气。孟子认为浩然之气是与道义相匹配的，由内而生，而非得自于外。一个人能够坚守善道，反省自身行事，能无愧于心，浩然之气就会自然发生并逐渐充盈。一旦养成浩然之气，行正义之事便能果决勇敢而无所疑虑。

浩然之气是民族精神的重要体现，涵养浩然之气，是古人对自己提出的加强修养的重要要求。浩然之气，是将高尚的道义原则内化为个人的道德品质，进而形成宏大、刚直、正义的精神状态。拥有浩然之气的人，不管处境如何，都会坚持理想不变、志向不变、原则不变，行为国为民之大道。经过几千年的传承发展，浩然之气成为支撑中华民族接续奋进的宝贵精神财富，不仅包含天下兴亡、匹夫有责的担当意识，坚持理想、淡泊名利的高尚追求，不徇私情、刚正不阿的廉洁品质，而且汇集形成了崇德向善、见贤思齐的社会风尚和精忠报国、振兴中华的爱国情怀。

“仁政”是孟子基于性善论提出的社会政治主张，也是孟子政治思想的核心。孟子认为，每个人都天生具有仁爱之心。但仁爱之心需要不断扩充，才能成就现实的仁德。执政者应该不断扩充自己的仁爱之心，并以此心照顾治下的百姓，为百姓提供生活所需的物质条件以及良好的社会秩序。基于这种仁爱之心的政治治理方式即“仁政”。为政者如果能够推行“仁政”，则可以实现民心的归附与国家的强盛。

二、道家思想

道家是中国春秋战国时期诸子百家中重要的思想学派之一，道家思想的核心是“道”，认为“道”是宇宙的本源，也是统治宇宙中一切运动的法则。中国的道家思想由先秦思想家老子开创，庄子对其思想进行了继承和发展，因而道家思想也被称为“老庄思想”。道家强调无为而治，与世无争。

（一）老子

老子（图 2-1-3），姓李名耳，字聃，春秋末年陈国苦县（今河南省鹿邑县）人，道家学派创始人。他撰述的《道德经》(亦称《老子》)，是我国古代杰出的哲学著作，与《周

图 2-1-3　老子

易》共同开启了我国古代哲学思想之先河。老子的思想和他创立的道家学派，对我国后世思想文化的发展影响十分深远。

老子思想的主要范畴是“道”，其用“道”生万物的观点，回答了世界本原问题，反映了老子的本体论。老子之“道”有如下几种含义：“道”是一种物质性的东西，既有形，又无形；“道”在万物出现之前就存在；“道”，看不见，听不到，但确实存在，万物都由它产生；“道”是按“独立不改、周行不怠”的规律运行不息的；“道”既是自然规律（“天之道”），也是社会规律（“人之道”），能够依照规律办事，就是认识了“道”。《道德经》一书就是围绕“道”而展开的，集中、系统地体现了老子朴素的唯物论思想。

老子的“道”不仅是中国文化的象征，也是中国哲学的最高范畴。春秋战国时期，王权下放，陪臣执命，政治和社会关系均发生了急剧的变化。现实社会中的氏族制度束缚着历史的发展，“天命观”和“天道观”同样也束缚着思想的发展。老子形而上学的“道”观点的提出，是从自然史的认识层面上寻找否决“天命观”“天道观”的理论根据，因而在中国古代哲学史上具有革命性和合理性。

大道至简

“大道至简”出自《道德经》。“大道至简”意为越普遍、越根本的道理、原则或方法其实越是浅易简便。“大道”指的是自然、社会的普遍法则以及人们对待自然、治理社会的根本原则，“简”即浅易、简明、简便。它用于治国理政及社会管理等方面，主要有两层含义：其一，越普遍、越根本的道理就应该越简明浅易，便于人们掌握并付诸实施；其二，“大道”并不是远离人世的某种高高在上的原理，它的道理、功用就蕴含在人们的日常之中。人们只要透过纷繁的表层现象，寻流溯源，就可以抓住事物的本质和规律，以简驭繁。

诵读：《道德经》第二章

老子的哲学思想中具有丰富的辩证法思想。老子抓住了事物之间的普遍联系，认为自然界、社会、人事等都处于相互对立的状态，矛盾是普遍存在的现象。老子提出“万物负阴而抱阳，冲气以为和”，认为一切事物都有其对立物，每一事物内部又有其对立面。老子以此为指导思想，在《道德经》一书中提出了一系列相互矛盾的概念，如刚柔、大小、多少、高低、远近、厚薄、轻重、静躁、是非、利害、祸福、生死、荣辱等。同时，老子不仅认识到了矛盾双方的普遍存在，而且还指出了矛盾双方相互依存和转化的关系。“有无相生，难易相成，长短相形，高下相盈，音声相和，前后相随”，说明一切事物在相对的关系中，都具有显现相成的作用，互相依赖，相互补充。

（二）庄子

庄子（图 2-1-4），名周，字子休，战国时期宋国蒙（今河南省商丘市）人，道家学说的主要创始人之一。庄子与道家始祖老子并称“老庄”，他们的哲学思想体系被思想学术界尊为“老庄哲学”。庄子的代表作品为《庄子》。

图 2-1-4　庄子

庄子接受并发展了老子的思想，认为“道”是超越时空的无限本体，它生于天地万物之间，无所不包、无所不在，表现在一切事物之中，然而它又是自然无为的，在本质上是虚无的。

庄子把“道”和人紧密结合，使“道”成为人生要到达的最高境界。庄子之“道”具有审美意义，是直接关系现实人生的，其重心在人的精神存在上。庄子主张“外天下”“外物”“外生”“至人无己，神人无功，圣人无名”而闻“道”，言“天地与我并生，而万物与我为一”，让天地万物与人的生命直接相通，追求一种“于现实无所待”“逍遥于天地之间”“游乎四海之外”的绝对自由的理想人格。

同时，庄子进一步把老子朴素的辩证法发展成为相对主义。他对“道”的解释更加神秘，认为“道”是“先天地生”的“非物”，是精神性的东西。他把老子关于对立面转化的看法引向极端，认为事物的大小、长短、贵贱、美丑等一切差别都不存在。基于这个观点，他认为“天下莫大于秋毫之末，而太山为小；莫寿于殇子，而彭祖为夭”。这就混同了大小、寿夭的区别，否定事物的质的规定性，走向了“不别同异”“万物一齐”的相对主义。庄子追求绝对的精神自由，提出“坐忘”这一概念，即完全忘掉自己，在精神幻觉中消除“我”的形骸，在精神上和天地合一，与万物同体，完全解脱尘世间的利害、得失、毁誉、是非，精神上得到绝对自由，进入“无己”“无功”“无名”的逍遥游境界。

三、法家思想

法家，诸子百家之一，是中国历史上提倡以法治为核心思想的重要学派，以富国强兵为己任。春秋时期的管仲、子产即法家的先驱。战国初期，李悝、商鞅、申不害、慎到等人发展了法家学派。至战国末期，韩非批判吸收了前期法家的思想，综合商鞅的“法”、慎到的“势”和申不害的“术”，集法家思想学说之大成，形成了他的法、术、势相结合的政治思想。法家积极入世，着眼于法律的实际效用，其思想包括伦理思想、社会发展思想、政治思想以及法治思想等诸多方面。

韩非子，中国古代思想家、哲学家和散文家，法家学派代表人物，法家思想的集大成者。他强调要以法令作为统一全国思想的标准，国君要靠“术”来察知臣子作奸舞弊，“势”则是执行“法”和“术”的先决条件。韩非子的思想学术集中在《韩非子》一书中。

法家主张“以法治国”，而且提出了一整套的理论和方法，这为建立中央集权的王朝提供了有效的理论依据。秦汉以来，历朝历代都以法家理论为依据，建立集权体制以及法律体制。所谓“阴法阳儒”，即表面上尊崇儒家礼教，实质上以法家理论治国，成为中国古代封建王朝统治的思想基础。

法家重视法律，反对儒家的“礼”，反对贵族垄断经济和政治利益的世袭特权，要求土地私有和按功劳与才干授予官职。法律的作用就是“定分止争”，也就是明确事物的所有权。“兴功惧暴”，鼓励人们立战功，而使那些不法之徒感到恐惧，兴功的最终目的是富国强兵，取得兼并战争的胜利。

法家反对保守的复古思想，主张锐意改革。他们认为历史是向前发展的，一切的法律和制度都要随历史的发展而不断更新，“不法古，不循今”，意为既不能复古倒退，也不能因循守旧。

奉法者强则国强

国无常强，无常弱。奉法者强则国强，奉法者弱则国弱。

——《韩非子·有度》

该句的含义为国家不会永远富强，亦不会长久贫弱。执行法度的人坚决，国家就会富强；执行法度的人软弱，国家就会贫弱。

法治兴则民族兴，法治强则国家强。依法治国是我国宪法确定的治理国家的基本方略。党的二十大报告中对此作出重大部署：“坚持全面依法治国，推进法治中国建设。”[①]全面推进依法治国需要全社会共同参与，需要全体人民共同增强法治观念。落实依法治国基本方略，加快建设社会主义法治国家，必须坚持全面推进科学立法、严格执法、公正司法、全民守法，把“纸上的法律”变为“行动中的法律”。

诵读：《韩非子·有度》

① 2022年10月16日，习近平在中国共产党第二十次全国代表大会上的报告。

四、墨家思想

墨家是先秦诸子百家之一，与孔子代表的儒家、老子代表的道家共同构成了汉民族三大哲学体系。法家代表韩非子称墨家和儒家学说为“世之显学”，而儒家代表孟子也曾说过“天下之言，不归杨（杨朱，道家代表人物）则归墨（墨子）”。足见墨家思想在中国古代的重要地位。

墨子，名翟，春秋末期战国初期宋国人，战国时期著名的思想家、教育家、军事家，也是先秦诸子中唯一的自然科学家。墨子是墨家学派的创始人，并有《墨子》一书传世，其事迹分别见于《荀子》《韩非子》《庄子》《吕氏春秋》《淮南子》等书。

墨子的基本思想主要有以下几点：在伦理观上，他提出“兼爱”，主张爱不应有亲疏、上下、贵贱、等级的分别。他认为天下之所以大乱，是由于人不相爱。在政治观上，他主张“尚贤”“尚同”，提倡不分贵贱，唯才是举，消除阶级观念，上下一心为人民服务，为社会兴利除弊，使天下大治；他主张“非攻”，反对一切侵略战争。在经济观上，他反对奢侈的生活，主张节俭，提出“节用”“节葬”“非乐”的思想。在宇宙观上，他提出“非命”，认为命运不能主宰人的富贵贫贱，强调要通过后天的努力奋斗掌握自己的命运。

文化强国

墨家文化与中乌交流

2022 年，经过一年多的翻译，30 岁的乌兹别克斯坦译者康德完成了自己的第 21 本中译乌作品——《墨子公开课》。康德从事笔译工作 10 余年，这是他感触最深的一次翻译。

此前，康德对墨子及其思想知之甚少。因此，尽管学习中文多年，也曾参与《论语》《孟子》等的翻译，为了尽可能完美地完成这项翻译工作，康德依然做了很多“功课”。中国同事也帮他搜集了大量阐释墨家思想的资料。

接触墨家思想越多，康德心中的共鸣越强烈。最让康德钦佩的是墨家主张的“天下兼相爱则治，交相恶则乱”的思想。“墨家思想能让全世界人民更和谐地生活。我欣赏墨学。”一想到自己的翻译可以架起一座桥梁，让更多乌兹别克斯坦人领略中国传统思想的魅力，康德便心生自豪。

这些年，在中乌两国，像这样的“搭桥者”还有许多。

2016 年，毕业于中国人民大学国际关系学院的博士臧红岩，与乌兹别克斯坦籍同学欧贝克携手，在塔什干共同创办了丝绸之路出版社，专注于将中国的优秀书籍翻译成乌孜别克语、俄语等，在乌兹别克斯坦出版、推广。康德就是这家出版社的一员。

臧红岩和欧贝克有一个共同心愿——打开一扇窗户，推动中乌人文交流，让两国民众增进了解。他们精心挑选书籍，用心组建翻译团队。同康德一样，其他20多名受邀参与翻译、编辑工作的乌兹别克斯坦汉学家、翻译家，几乎都曾在中国学习、生活，精通中文，对中国文化充满兴趣。

时间的长河见证着两国情谊丝丝相连。如今，中乌人文合作更热，民众友好感情更深，两国互学互鉴的故事在更好地书写。

（资料来源：《人民日报海外版》，2022年9月24日06版，有删改）

先秦诸子百家学说争鸣，除了以上论及的儒、道、法、墨之外，还有名家、阴阳家、纵横家、兵家等学派。名家以论辩名（名称、概念）实（事实、实在）为主要学术活动，代表人物为惠施、公孙龙。阴阳家提倡阴阳五行学说，并用它来解释社会人事，代表人物为战国末期齐国人邹衍。纵横家是战国时以纵横捭阖之策游说诸侯，从事政治、外交活动的谋士，主要代表人物是苏秦、张仪等。

就中国文化的整体形态而言，先秦是一个黄金时代，诸子以各自独特的视角，对宇宙、社会、政治、人性、教育、科学、军事、逻辑等诸多领域，做了深入的探讨。他们以别开生面的创新精神、超越同时代人的睿智卓识，描绘出了一幅绚丽多彩的文化画卷。诸子百家的优秀思想深刻影响了此后两三千年的中国历史，奠定了华夏民族基本的行为方式、思维方式乃至情感模式。直至今天它们依然闪烁着光芒，值得我们认真学习并从中汲取丰富营养。

文化典藏

1.《中国哲学史》，冯友兰著，北京：商务印书馆，2011年。

2.《中国哲学史》，马克思主义理论研究和建设工程《中国哲学史》编写课题组著，北京：人民出版社，2012年。

单元二

精神纽带：核心观念

党的二十大报告提出，中华优秀传统文化源远流长、博大精深，是中华文明的智慧结晶，其中蕴含的天下为公、民为邦本、为政以德、革故鼎新、任人唯贤、天人合一、自强不息、厚德载物、讲信修睦、亲仁善邻等，是中国人民在长期生产生活中积累的宇宙观、天下观、社会观、道德观的重要体现，同科学社会主义价值观主张具有高度契合性。①

一、天人合一的宇宙观

中华文明历来崇尚天人合一、道法自然，追求人与自然和谐共生。中华宇宙观中蕴含的天人合一理念，集中体现着中华民族对整个宇宙以及人与宇宙万物关系的根本看法。从宏观看，中西哲学的最大差别之一就在于对待天人关系的态度：西方哲学在天人关系上主张天人二分、主客对立；中国哲学在天人关系上则主张大化流行、生生不息、天人贯通、天人合一。天人合一既不是人类中心主义，也不是自然中心主义，它是一种思考问题的方式，这种方式就是把人类与大自然看作一个生命整体。

（一）天人合一的历史源流

天人合一是一种认为天地人相通的世界观和思维方式。这种世界观旨在强调天地和人之间的整体性和内在联系，突出了天对于人或人事的根源性意义，表现了人在与天的联系中寻求生命、秩序与价值基础的努力。天人合一思想的发展大致经历先秦、西汉和宋明三个阶段。

1. 先秦时期

在人类文明早期，人们的认识水平有限，对大自然怀有畏惧之心，认为天就是“神明”。殷商时期的天人关系是神人关系，人对神无所作为、盲目屈从。《礼记》所载“殷人尊神，

① 2022年10月16日，习近平在中国共产党第二十次全国代表大会上的报告。

率民以事神，先鬼而后礼，先罚而后赏，尊而不亲”表明殷人尊崇神灵而轻视礼仪，认为神主宰万事万物、具有至上权威。

西周立国的出发点是“用膺受天之命”，这时的天人关系依然是神人关系。“皇天无亲，惟德是辅”（《左传·僖公五年》），天具有“敬德保民”的道德属性，道德规范是有人格意志的“天”为“保民”而赐予人间的，人服从天命是一种道德行为。周公又提出“以德配天”，正是天人合一观念的明确表达。由此，我们可以看出，这个时期天的神秘性有所弱化且和道德问题紧密联系在一起。

东周时期，天的含义从主宰之天到义理之天和自然之天，经历了一个演进的过程。东周时期的天人关系表现为儒家人与“义理之天”合一、道家人与“自然之天”合一。孔子说：“天何言哉？四时行焉，百物生焉，天何言哉？”（《论语·阳货》）老子说：“人法地，地法天，天法道，道法自然。”（《老子·二十五章》）这里说的“天”，已经没有什么神秘含义，就是指我们的自然界。自然界中的万事万物虽然变幻莫测，但其实都有其固有的运行规律，这种规律是客观存在的，是不以人的主观意志为转移的，是可以被我们人类认识的。人们只要严格按照自然规律办事，就能做到趋利避害、逢凶化吉；违背了自然规律，就会遭到大自然的惩罚。

道法自然

人法地，地法天，天法道，道法自然。

——《老子·二十五章》

“自然”指事物自主、自在的状态。“道”创造、生养万物，但“道”不会对万物发号施令，而是效法、顺应万物之“自然”。“道”与万物的关系，在政治哲学中表现为统治者与百姓的关系。统治者应遵循“道”的要求，节制自己的权力，以无为的方式效法、顺应百姓的自然状态。

“道法自然”表达了一种人与自然和谐共生的关系，它以天人合一的“内在关系”立论。“道”是必然性的普遍法则，渗透于宇宙万物之中。人也是宇宙中的一部分，同样要受这种自然法则的支配。和谐是符合自然法则的一种结果，和谐人生就是在各种关系中按照这些自然法则生活的过程。各种不和谐现象的产生都是因为背离自然。这种观念在探求生存与自由的同时，还考虑到获取的前提，并把自然法则上升为人类的行为价值，值得我们研究和借鉴。

2. 西汉时期

西汉时期董仲舒为强化中央皇权，结合阴阳五行学说创制了天人感应学说。董仲舒言“天亦有喜怒之气，哀乐之心，与人相符，以类合之，天人一也”，又讲“天人之际，合而为一”。他继承了前人的思想，提出天人同类合一的思想，认为同类事物之间可以相互感应，而人作为天的副本，彼此之间也存在着感应。天的变化会影响人和人事，而人的言行、人事的治乱也会在天象上有所反映。统治者如果有悖乱的言行，就会引发灾异。董仲舒试图在“天人感应”的基础上，利用灾异现象规劝统治者施行德治。董仲舒的“性三品说”认为中民之性可教化为善，且君主教化对人民是否为善起决定作用。“三纲说”主张三纲取诸阴阳之道，可求之于天。

3. 宋明时期

宋明时期的思想家们将孔孟“上下与天地同流”“万物皆备于我”的朴素论断，发展为人与天地万物为一体的思想，追求天理、人性和人心之间的相通。宋明时期的思想家们将孔孟的差等之爱（有等级之分的爱）思想，推至博爱思想，又将博爱与差等之爱统一。

张载提出“儒者则因明致诚，因诚致明，故天人合一，致学而可以成圣，得天而未始遗人”（《正蒙·乾称》），认为儒者由明察人伦而通达天理之诚，由通达天理之诚而洞明世事，因此天与人相合为一，通过学习可以成为圣人，把握天理而不曾遗失对人伦的洞察。基于天人合一思想，张载提出“民胞物与”思想，认为人民彼此是同胞兄弟，万物彼此是同伴，主张人们要爱世上一切人和物。

程颢、程颐以“理”或“天理”作为宇宙本体，认为天理、人性、心是同一的。程颢主张“万物一体”说，这是对孟子和张载思想更具体的发挥，足以代表宋明理学“仁”的本体论。程颐认为万物本根为事先之理，人禀受形而上之理并以之为性，所以理人相通，天人合一。

陆王心学强调“心即是理”。王阳明是天人合一思想的集大成者。王阳明提出“万物一体”的理念，认为人和万物是一个整体，人与万物都是天地生成的，虽然有类别之分，但终究遵循着同一根本原理，有着根本的共通性或一致性。就像一个人身体的各个部分一样，天人也是合一的。这一思想和“民胞物与”一样，超越了人类本位的思维局限，达到了人我、物我的高度统一与和谐。

天人合一的宇宙观强调的是人与宇宙的互动与和谐。孟子说：“亲亲而仁民，仁民而爱物”，主张把对亲人的爱推及邻人、百姓乃至万物万类。庄子说：“天地与我并生，而万物与我为一”（《庄子》），认为人可以提升自己的境界从而“与天地精神往来”。《周易》中的“道”，综合了天道、地道、人道，其中“天地”是万物之母，一切皆由其“生生”而来，“生生”是“天地”内在的创生力量。天道、地道、人道既是一个不断创生的系统，也是一个各类物种和谐共生的生命共同体，这就从自然规律的角度阐释了天人合一的可能。

（二）天人合一的理论特征

结合天人合一思想的历史发展，从历史源流及其内涵看，天人合一思想具有如下理论特征。

1. 整体性与辩证统一性

天人合一思想是中国古代思想家对主客体关系的思考，表达了对主客体统一性的追求。“究天人之际”是中国古代思想家们对天人之间、主客之间关系的反思，强调天人、主客之间的统一性。天人合一思想追求的是生存秩序的和谐，人们希望在处理人与自然、社会关系时能达到秩序和谐。

天人合一的宇宙观从万物相互联系出发，而非孤立片面地看待世界，强调整个世界都是有机关联的。人与自然、人与人、人与社会之间是共生共存的关系。人不是孤立的存在，人与草木、鸟兽、山水、沙石同在，人与天地万物属于同一个大的生命共同体。

2. 意识形态功能

天人合一观发挥了形而上学和意识形态的功能，深刻影响了中国社会发展和中国人的生活。这种观念强调德性和人与自然的和谐，构成了中国传统哲学和人生修养的最高境界，对人们具有重大的指导作用。

天人合一思想关注的问题以及对问题的处理，反映了中华文化的特征，蕴含着中华文明的生存理念。天人合一的宇宙观蕴含着人与自然万物共存共生的生命共同体意识，倡导人们对自然万物持有仁爱之心，将天地万物视作同自己紧密相连的存在，从而把天地人统一起来，把自然生态同人类文明联系起来。

另外，天人合一的宇宙观还明确了人对天地万物的责任和义务，为人的行为划定了红线，强调人类应当善待自然，按照自然规律活动。人应当对自然心存敬畏，对自然资源取之有时、用之有度，维护人与自然万物之间的平衡，实现人与自然的和谐共生。

3. 历史性特征

天人合一思想的长期发展，具有明显的历史性特征。天人合一思想自先秦萌发，至宋明时期臻于成熟，在中华文化系统中，天人关系及其蕴含的智慧始终被中国的思想家们看作最重要的哲学问题，是中国哲学思考一切问题的出发点和归宿。天人合一的宇宙观是中华优秀传统文化的精华，对当代中国的发展尤其是生态文明建设具有积极意义。从道法自然、天人合一的中国传统智慧，到创新、协调、绿色、开放、共享的新发展理念，中国一直把生态文明建设放在突出地位，使其融入中国经济社会发展的各方面和全过程，努力建设人与自然和谐共生的现代化。

二、协和万邦的天下观

协和万邦原指古代有贤德的君主通过实行仁政，将天下诸侯都聚集在自己周围，以实现不同部族、不同国家、不同民族的融合和文化上的汉化，从而形成和谐统一的部落联盟或多民族国家。在中华文明史上，协和万邦的理念一脉相承，集中体现着中国人特有的天下观。协和万邦的天下观是中华文化整体和谐观的重要表现，是中华民族文化精神的核心观念。在当代，协和万邦的天下观则体现为亲仁善邻、协和万邦的处世之道，天下一家、世界大同的思想传统。

（一）协和万邦的源流

《尚书·尧典》中讲："克明俊德，以亲九族。九族既睦，平章百姓。百姓昭明，协和万邦。"这里所说的尧之"德"，是要让家族和睦；家族和睦之后再协调百姓，也就是协调各个家族之间的关系，以实现社会和睦；社会和睦之后再协调各邦国的利益，让各邦国都能够和谐合作。其中的协和万邦，在今天可以理解为协调不同国家之间的关系，促进各个国家相互尊重、相互合作、共同发展。

尧的协和万邦思想为历代政治家和思想家继承和弘扬。比如产生于商、周之际的《尚书·洪范》说："无偏无党，王道荡荡；无党无偏，王道平平。"告诫统治者处事要公正，去除一己之偏爱，好恶一同于天下。《左传》也说："亲仁善邻，国之宝也。"春秋末期，孔子创立儒学，提出仁爱思想："仁者爱人""博施于民而能济众"。主张人与人之间、国与国之间"和而不同"，和平相处。战国时期孟子则提出"仁政"思想，强调要尊重他人的生命与财产。孟子说："春秋无义战。"他对春秋战国时期诸侯"强凌弱，众暴寡"的现实提出严厉批判，称"今之所谓良臣，古之所谓民贼也"。到了北宋时期，张载写了一篇著名的《西铭》，提出"民胞物与"思想，认为"凡天下疲癃残疾惸独鳏寡，皆吾兄弟之颠连而无告者也"，把天地当作一个大家园，天下的人都是兄弟，天下万物都是伙伴，自己是这个大家庭中的一分子，有应尽的责任与义务。

诵读：《西铭》

（二）协和万邦天下观的特征

1. 公

孔子云"天无私覆，地无私载，日月无私照"，讲的是"公"的理念源泉。《吕氏春秋》云"公则天下平矣。平得于公"，讲的是以公治世的理念。《尚书》云"无偏无党，王道荡荡；无党无偏，王道平平；无反无侧，王道正直"，讲的是以公行王道的法则。《列子·杨朱》云"公天下之身，公天下之物，其唯至人矣"，讲的是圣人处世以公的信念。凡此，皆极言

“公”之于治天下的重要性。

2. 仁

儒家言道论政，都建基于“仁”，如孔子曰：“己所不欲，勿施于人”（《论语·颜渊》），孟子曰：“仁者以其所爱及其所不爱”（《孟子·尽心章句下》）。中华文化把人与人之间的同情心、同类意识、爱类观念等，视为“仁”的基石，一切以此为出发点，一切又可以推己及人、及国、及天下、及全人类。儒家构建的“仁”的世界，即“大同”，如《礼记·礼运》所说的大同太平世，便是仁的天下。古人关于以仁得天下的论断更是相当多，如“老吾老以及人之老；幼吾幼以及人之幼，天下可运于掌”。（《孟子·梁惠王上》）“圣人者以己度者也。故以人度人，以情度情，以类度类。”（《孟子·非相》）由“仁”这个概念，古人推衍出了诸多修齐治平的道理与方法，认为仁心大明，仁道大行，便可以达到大同太平、天下一家、中国一人之境界。

3. 和

和是中华文化的一大基石，是古人提出的人与人之间、国家与国家之间的相处之道。协和万邦的天下观，蕴含“和气”、氤氲“和风”，彰显了中华文明源远流长的“和”文化。《中庸》有云：“中者，天下之大本也；和者，天下之达道也”。“和”文化是中华文明的精髓所在。“和”的核心精神，是相互认同、彼此尊重、和谐圆融。“和”的基础，在于互相包容、求同存异、共生共长。“和”的途径，是以对话求理解，和睦相处；以共识求团结，和衷共济；以包容求和谐，共同发展。“和”的佳境，是各美其美、美人之美、美美与共、天下大同。

协和万邦的天下观，与各国人民对美好世界的追求相契合。西方近代人本主义思潮对人作为个体的权利与自由的强调、尊重人本能欲望的强调，虽然促进了资本主义经济发展，但也带来了个人主义的膨胀。当今时代，各国是相互依存、彼此融合的利益共同体，不可牺牲他国利益以谋求一己之私。人类文明的百花园绚烂多彩，不同文明各有千秋，应坚持弘扬平等、互鉴、对话、包容的文明观，以文明交流超越文明隔阂，以文明互鉴超越文明冲突，以文明共存超越文明优越。因此，协和万邦的天下观在今天仍闪耀着智慧光芒。

文化强国

为“一带一路”发展注入更多“铁”力量

2022年3月19日，中国与中东欧国家共建“一带一路”重点项目、匈塞铁路塞尔维亚境内贝诺段（贝尔格莱德至诺维萨德）安全有序运营满一周年，极大便利了沿线民众的出行，成为中塞两国铁路国际合作旗舰项目，为服务共建“一带一路”高质量发展发挥了积极作用。

匈塞铁路开通一周年，推进高水平开放，为世界贡献中国力量，成为与时代共鸣的最强音。随着铁路大动脉的不断延伸，中国与“一带一路”沿线国家的经贸合作日益紧密。经济发展，交通先行。中国铁路的技术装备融合到欧盟铁路互联互通技术规范中，成为匈塞铁路高质量建设的坚实基础。匈塞铁路事关巴干铁路经济发展和当地人民的生产生活，此次列车运营速度从原来的 40 ～ 50 千米 / 小时提升至 200 千米 / 小时，大幅缩短了塞尔维亚境内人们在沿线城市间的出行时间，大幅提升了运输品质和效率，让“同城效应”日益凸显，也成为当地人民的出行首选。

开放是当代中国的显著标识，铁路对外投资与建设则成为高水平对外开放的生动缩影。以“一带一路”为例，西部陆海新通道海铁联运与中欧班列无缝接驳，打开了国内外供需互促、优势互补的共赢大门，搭建了开放合作、共谋进步的友谊桥梁，是新时代十年我国不断扩大对外开放的有力实践。

协和万邦的天下观，蕴含着家国一体、天下大同等中华优秀传统文化智慧，具有深刻的现实意义。在诸多不确定性中有一点是确定的，那就是人类前途命运的休戚与共前所未有，各国之间的相互联系和彼此依存比过去任何时候都更频繁、更紧密，整个世界日益成为你中有我、我中有你的命运共同体。中国坚定不移扩大开放，扎实推动共建“一带一路”高质量发展，既发展了自己，也造福了世界。把中华文明中协和万邦的理念讲深讲透，可以让世界看到中国推动人类共同发展、共享未来的积极贡献，不断为构建人类命运共同体凝聚共识、汇聚合力。

（资料来源：人民网，2023 年 3 月 22 日，有删改）

三、和而不同的社会观

《晏子对齐侯问》原文

中华文化崇尚和谐，中国“和”文化源远流长、内涵丰富。和而不同的社会观是中国“和”文化在社会领域的体现。我国古代思想家很早就提出了和同之辩的命题。西周末年的史伯提出“和实生物，同则不继”的思想，认为不同因素相互融合才能产生万物，如果只是简单地把相同的东西叠加，不仅不能产生新的事物，还会使世界变得了无生机。《左传》中记载了晏婴与齐侯的一段对话，从政治角度论及“和”与“同”的区别，认为君臣之间应当允许有不同意见和看法，在彼此充分发表意见的基础上达成共识，这叫作“和”。在《论语》中，孔子进一步提出“君子和而不同，小人同而不和”，将和而不同的主张引申到人伦关系中。

和而不同的社会观是符合事物和社会关系的发展规律的，蕴含着深刻的哲学和伦理智慧，成为中国人遵循的行为准则。这一社会观主张承认和尊重差异，在多样性中寻求统一，以达到“和”的目的。尊老爱幼、夫妻和睦、邻里团结，谅解宽容、与人为善，这是人与人之间的“和”；社会各阶层、各群体平等和谐，兼容而不冲突、协作而不对立、制衡而不掣肘、有序而不混乱，这是社会分工和社会内部的“和”。用我们今天的观点来看，“和”就是矛盾的双方在一定条件下达到统一而出现的状态。在这种状态下，人与人、人与社会、人与自然之间，以及社会内部诸要素之间实现均衡、稳定、有序，相互依存，共生共荣。

在5000多年的文明发展中，中华民族一直追求和传承着和平、和睦、和谐的理念。以和为贵、与人为善，己所不欲、勿施于人等理念在中国代代相传，深深植根于中国人的精神中，体现在中国人的行为上。和而不同的社会观在很大程度上促进了人际关系和谐，发挥着尊重不同诉求、整合多重需求、协调化解矛盾等积极的社会功能，因而在漫长历史发展中得到各个社会阶层普遍认同，具有强大的生命力。和而不同的事例在我国历史上很多见。清代大臣张英劝诫家人要礼让邻里，留下“六尺巷”的故事，体现出人际关系中以礼为先、以和为贵、以让为贤的行为风范；传统社会倡导的“无讼”理念，主张遇争谦让、息事避讼，尽量不通过打官司的方式解决纷争，彰显以和为贵的价值取向；明清时期州县和乡里设立申明亭和旌善亭，亭壁上书写善人善事、恶人恶事，教化人们崇德向善、敦亲睦邻，以营造良好乡风、淳朴民风；等等。

微课视频：六尺巷的故事

中华优秀传统文化中的思想理念和价值观念，既随着时间推移和时代变迁而不断更新，又有其自身的连续性和稳定性。和而不同的社会观在新的时代条件下不断丰富和发展，表现出新的理论形态和实践样态。例如，和而不同的社会观倡导的求同存异、兼收并蓄、沟通协商等理念，为社会主义协商民主提供了丰厚文化滋养。在我国民主实践中，既强调选举民主的作用，又注重发挥协商民主的优势，人民通过广泛协商参与国家和社会事务，促进不同思想观点充分表达和深入交流，做到了相互尊重、平等协商而不强加于人，遵循规则、有序协商而不各说各话，体谅包容、真诚协商而不偏激偏执，广泛凝聚了社会共识，促进了社会和谐稳定。

求同存异

寻求共同点，保留不同点。战国时期的学者惠施、庄子等人认为，一切事物的差别、对立都是相对的，差异性中包含着同一性。从辩证的观点看，一切事物的差异都是相对的，都存在相互转化的可能。以孔子为代表的儒家文化则强调在处理人与人、国与国之间关系时，要在承认彼此有差异的前提下，通过协调而达到一种“和而不同”的状态。要承认差异的存在或者暂时搁置差异，承认文化和价值观的多元，而不追求绝对的一致、苟同，尽量站在对方的立场去看问题，努力寻求彼此的共同点，最终达成各方最大的共识。这一思想后来成为中国处理对外关系的重要理念。

和而不同的社会观也是促进人类不同文明和谐发展、各国之间和平共处的智慧。当今世界，各国前途命运紧密相连，只有在尊重不同国家、不同文明的基础上平等交流、相互借鉴，才能共同发展、互利共赢。习近平总书记指出：“世界各国人民应该秉持‘天下一家’理念，彼此理解、求同存异，共同为构建人类命运共同体而努力。”① 在尊重“不同”中寻求“共同”，在包容“不同”中谋求“大同”，这是对和而不同社会观的当代诠释，彰显着中国共产党为人类谋进步、为世界谋大同的智慧和担当，有助于凝聚共建和谐世界的最大公约数。

四、人心和善的道德观

道德观，是人们对人与自身、人与他人、人与社会、人与自然之间丰富多样而系统性的伦理关系的深度理解和本质看法，是构建在社会舆论和劝说力量基础上，以善恶进行评价和自我约束的行为准则与规范体系。它具有举足轻重的力量，能够在人们心中播下向善的种子，引导个体在日常行为中严于律己、宽以待人，从而弘扬高尚品德。

人心和善表征着心灵祥和安乐的状态，其中包含的崇德向善的道德要求，既体现着个体的道德修养，也是中华文化始终倡导的待人接物之道。这样的道德观，既代表了中国人精神领域的个性特质和禀赋，也在很大程度上彰显了中国道德观的风格与气派。它在中国社会持续传承数千年，历经了各种历史变迁，却始终生生不息，积淀了丰富而深刻的内涵，具有深远的历史意义和现实价值。

人心和善是一种与人的存在和发展融为一体的道德要求。《周易》提出“善不积不足以成名，恶不积不足以灭身”；老子提出“上善若水”；孟子主张“恻隐之心，人皆有之”“君

① 2017年12月1日，习近平在中国共产党与世界政党高层对话会上的开幕讲话。

子莫大乎与人为善”；等等。这些观点都把善与为人之本、安身立命联系在一起，体现着中国人崇德向善的美好追求。

人心和善是一种以“和合”价值理念为遵循的道德要求，是“和合”理念在个人层面上的根本要求，也是实现其他层面的道德基础。在中国人的血脉中，作为道德的“善”同作为社会价值理念的“和”相辅相成、融为一体。“善”是“和”的基础，是“和”实现的道德支撑；“和”制约、规定着“善”，是“善”的价值引领和目标指向。《大学》中说的“格物、致知、诚意、正心、修身、齐家、治国、平天下”，就是对“和”与“善”关系的经典表述。由此可见，中国人的“和善”心性，不仅是对人的态度，也体现着天下为公的道义情怀。

诵读：《大学》

人心和善是一种以仁爱为核心，充满人文关怀和社会责任感的道德要求。在中国文化中，和善并非一个抽象的道德符号，而是有着丰富内涵、具体规定和深刻内涵的。就如《论语·颜渊》中提到，“樊迟问仁，子曰：‘爱人。’”孔子认为，真正的仁德者，应该以关爱他人为重，不遗余力地关爱他人，帮助他人。

同时，孔子还提出了“己所不欲，勿施于人”的道德准则，这种准则建议人们在与他人进行社交交流时，应该设身处地地为他人着想，尽量避免把自己不愿意接受的事情强行施加给他人。孔子的这一思想观点，生动地描绘出了中国人的和善心性，这与“仁者爱人”的儒家道德思想一脉相承，二者共同构成了中国人的精神特质。

在 5000 多年的中华文明发展史中，人心和善的道德观为中华民族的生生不息、不断发展壮大提供了重要精神力量。它形成于中国传统的伦理关系之中，其蕴含的讲仁爱、崇正义、尚和合等价值理念，体现出的以和为贵、与人为善、助人为乐等传统美德，已深深植根于中国人的精神中，体现在中国人的行为上。无论时代发展到哪一步，这些闪光的美德规范永远都不会过时，是支撑中华民族屹立于世界民族之林的坚强精神柱石。

文化典藏

1.《文化自信：中华优秀传统文化核心思想理念读本》，张绍元、李晓慧主编，北京：中国言实出版社，2017 年。

2.《中华优秀传统文化的核心理念》，唐明燕著，北京：中华书局，2021 年。

文化视野

中国有力推动全球生态文明建设

在习近平生态文明思想指引下，中国坚持绿水青山就是金山银山的理念，坚持山水林田湖草沙一体化保护和系统治理，全方位、全地域、全过程加强生态环境保护，创造了举世瞩目的生态奇迹和绿色发展奇迹。中国的生态文明建设和绿色发展成就，不仅造福了中国，也为世界生态保护和环境治理提供了宝贵经验。

一、“中国环境治理成效是能够直观感受到的”

“天不言而四时行，地不语而百物生。”地球是人类共同的、唯一的家园。纵观人类文明发展史，生态兴则文明兴，生态衰则文明衰。工业化进程创造了前所未有的物质财富，也产生了难以弥补的生态创伤。杀鸡取卵、竭泽而渔的发展方式走到了尽头，顺应自然、保护生态的绿色发展昭示着未来。

过去10年，中国生态文明建设创造了多个世界之最：全球森林资源增长最多和人工造林面积最大的国家、全球空气质量改善速度最快的国家、全球能耗强度降低最快的国家之一……老挝国会副主席宋玛·奔舍那表示，中国坚持人与自然和谐共生，在生态环境治理等领域取得了举世瞩目的成就，“中国生态文明建设的成功实践，为国际社会提供了具有借鉴意义的宝贵经验”。

二、“为推动全球绿色发展作出积极贡献”

从成功举办《生物多样性公约》第十五次缔约方大会、《湿地公约》第十四届缔约方大会，到与多个国家和地区开展节能环保、清洁能源、应对气候变化、生物多样性保护、荒漠化防治、海洋和森林资源保护等合作，中国始终是全球生态文明建设的重要参与者、贡献者和引领者。

与联合国环境规划署签署《关于建设绿色“一带一路”的谅解备忘录》，与有关国家及国际组织签署50多份生态环境保护合作文件，与31个共建国家共同发起“一带一路”绿色发展伙伴关系倡议，与32个共建国家共同建立“一带一路”能源合作伙伴关系……中国始终致力于推进共建“一带一路”绿色发展，让绿色成为共建“一带一路”的底色。

森特利亚表示，在共建“一带一路”合作中，绿色发展领域的项目越来越多。中国通过“一带一路”绿色发展国际联盟等平台，不断加强同其他国家在生态领域的合作，注重分享自身经验，在推动全球环境治理中展现了大国的责任和担当。

（资料来源：《人民日报》，2023年4月25日03版，有删减）

【活动描述】

中国传统哲学思想构成了中华民族的精神内核，是中华民族精神纽带的基础和源流。请你思考自己是如何从中国传统哲学思想及其核心观念中汲取力量，并通过以下活动的形式分享给更多人。

【活动准备】

请全班自行结成 5 ～ 8 人的小组，每组选定一个中国传统哲学故事作为本次实践活动的主题，并以戏剧表演的形式进行分享。

【活动过程】

（1）确定戏剧主题、收集资料、编写剧本，明确表演方案并填写以下表格。

活动主题：中国传统哲学思想戏剧表演			
戏剧名称		哲学思想 / 核心观念	
前期准备工作			
演职人员分工			
戏剧情节			
其他注意事项			

（2）熟记剧本台词，学习剧中人物应有的姿势和仪态，了解舞台调度和角色走位，进行彩排。

（3）进行戏剧表演，表演后进行复盘，总结此次戏剧表演的收获与经验，并邀请其他同学为自己填写评价。

模块三　文学瑰宝

文化导航

中华优秀传统文化的博大精深，使得中国传统文学的内容和形式多姿多彩。诗歌、散文、小说，词、赋、曲等各种文体皆备，艺术表现手法多样，是文学宝库中的瑰宝。文学的漫长过程赋予了它深厚的底蕴；文学的风格和基本特征，赋予了它与西方文化的鲜明差异。中国古代文学为中华民族积累了极为丰厚的、令世界瞩目的文化遗产。

目标指引

‖知识目标‖

1. 掌握中国传统文学的文学形式及其特点、风格。
2. 了解中国传统文学的发展脉络及流变。

‖能力目标‖

1. 培养良好的阅读理解能力，能够熟读中国古代文学的名篇佳作，解析其内涵。
2. 培养良好的文学鉴赏能力，可以分析文本的特点、风格、所处流派等。

‖素养目标‖

1. 品味中国古代文学中的家国情怀，传承古代仁人志士的爱国主义精神。
2. 以古代儒者贤人、名士才子为榜样，涵养自身的人文精神。

文化脉络

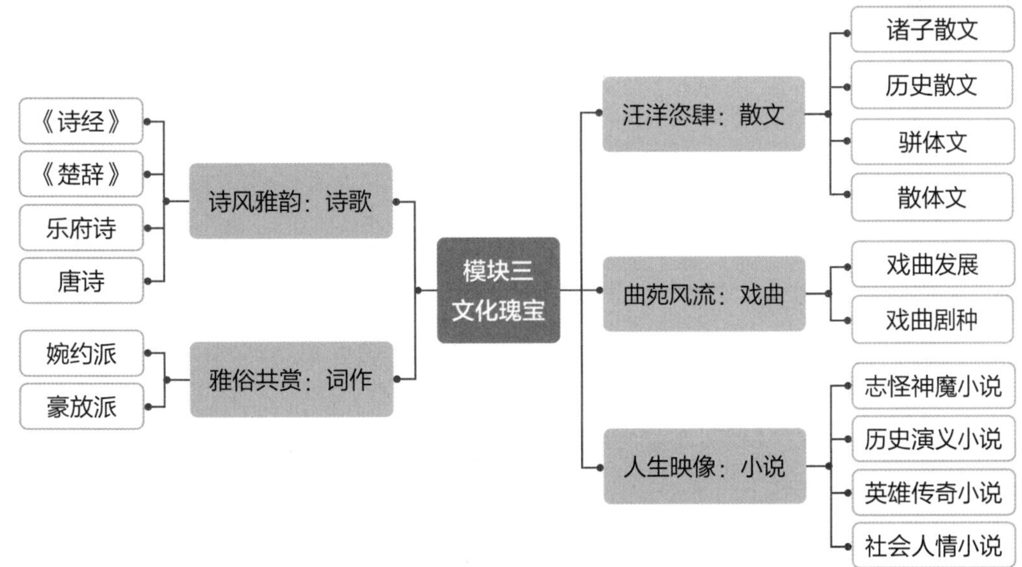

单元一
诗风雅韵：诗歌

中国是诗的国度，两三千年的诗歌发展历程跌宕起伏。诗歌的形式多样，流派纷呈，是中国古典文学的主要组成部分。古人借助诗歌写景状物、言志抒情、怀古咏史、阐发哲思，诗歌创作俨然成为古人精神生活的寄托。

论及诗歌，首先要提的便是"风""骚"。"风"是以十五"国风"为代表的《诗经》，"骚"则是以《离骚》为代表的《楚辞》。前者为现实主义诗歌的滥觞，后者则开浪漫主义诗风之先河，二者流传千古，成为后世诗歌创作的不竭源泉。

一、《诗经》

微课视频：吟唱《诗经》

《诗经》汇集了从西周初年到春秋中期五百多年间的三百零五篇诗歌，本称《诗》或《诗三百》。汉代提倡儒术，将据说经过孔子整理的书称为"经"，尊为儒家经典，始称《诗经》，并沿用至今。

关于《诗经》诸篇的来源，除了周王朝乐官制作，公卿、列士进献的乐歌之外，还有许多原来流传于民间的歌谣。周朝有专门的采诗人，他们到民间搜集歌谣，以了解政治和风俗的盛衰利弊。提及《诗经》，大家首先谈起的往往是《诗经》"六义"。"六义"指的是"风、雅、颂、赋、比、兴"，前三者说的是《诗经》的具体内容，后三者讲的是《诗经》的表现手法。

（一）风、雅、颂

《风》包括《周南》《召风》《邶风》等十五部分，大部分是黄河流域的民间乐歌，称作十五"国风"，共 160 篇，是《诗经》的主要部分和精华所在。《雅》分为《大雅》和《小雅》，是宫廷乐歌，共 105 篇。《颂》包括《周颂》《鲁颂》《商颂》，是宗庙用于祭祀的乐歌和舞歌，共 40 篇。

“风”就是乐调，是带有地方色彩的音乐；“雅”是“王畿”之乐，“雅”又有“正”的意思，当时把王畿之乐看作是正声；“颂”是专门用于宗庙祭祀的音乐，意在赞颂祖上的功勋和美德。

（二）赋、比、兴

“赋”就是直接铺陈、叙述和描写，直接表情达意；“比”，用朱熹《诗集传》的解释，就是“以彼物比此物”，也就是比喻之意；“兴”的本义是“起”，即借助其他事物为所咏之内容作铺垫，往往用于一首诗或一章诗的开头。

文化强国

助力家乡振兴，弘扬传统文化——30余名乡友在重庆鹿鸣乡建“诗经图书馆”

在地处重庆市彭水苗族土家族自治县西北部的鹿鸣乡，有这样一群乡友。他们在鹿鸣乡出生、长大，如今，他们回到这里建立了“诗经图书馆”——鹿鸣书院，参与家乡振兴，弘扬传统文化。

2021年夏天，受重庆市彭水苗族土家族自治县鹿鸣乡党委政府的邀请，从鹿鸣乡走出的几位乡友先后回乡调查、研判。今年1月，这几位乡友又联合了30多位鹿鸣乡友，正式联合提出建设“鹿鸣书院”。

鹿鸣书院的选址就在当地的鹿鸣中心校的校园内。一间位于一楼的教室和其中的4排书架，就是书院的雏形。为营造浓厚的《诗经》文化氛围，鹿鸣乡党委政府和10个村社围绕《诗经》主题，在重要的公共服务窗口、场所、路口，都设置了醒目的《诗经》图像和文案标识。鹿鸣中心校也用《诗经》名句装点校园文化墙和教室。

“‘鹿鸣书院’的想法一经提出，便在一个个乡友群中传开。因为参与门槛不高，捐一本书都是为家乡振兴出力，‘为家乡捐书’成为大家热议的公益话题和行动。10本、20本、100本……乡友们在自己力所能及的范围内尽力而为，短短2个多月时间，就有上百位乡友参与捐书。”周朝华表示，图书馆已经初具规模，达到开放标准，村民和学校师生均可在书院借阅与《诗经》相关的图书。

此外，书院还面向全社会发起“捐10本旧书”公益活动，同样得到了社会广泛关注。来自重庆、成都、贵州等地的热心人士，纷纷从家中书架上整理出旧书，寄往大山里的《诗经》主题图书馆。

（资料来源：全台资讯百家号，2022年3月24日，有删改）

二、《楚辞》

战国时期，位于南方江汉流域的楚国，其独具特色的山川风物、神秘激越的民俗文化，孕育出瑰丽浪漫的诗风，出现了中国古代诗歌发展史上的又一座高峰——《楚辞》。《楚辞》以楚地的民歌、巫歌等地方曲调为基础，采用楚地的方言，歌咏当地的风土人情，句式参差不齐，句尾多用“兮”字，充满了浓郁的地方色彩。

屈原是中国诗歌史上第一位伟大的浪漫主义诗人，他的《天问》《九章》《离骚》被誉为楚辞的代表作。其中，《离骚》更是中国诗歌史上第一篇由诗人自觉创作、独立完成的抒情长诗。屈原以雄奇的想象力创作出一个亦真亦幻、绚丽多彩的神话世界，以第一人称展开了“上下求索”的精神漫游。以《离骚》为代表的《楚辞》立足于楚国社会政治生活的现实，运用丰富的想象直率地抒发了诗人的理想和感情，它以现实主义为基调，又洋溢着浪漫主义的激情，为后代诗歌创作提供了宝贵的财富。屈原强烈的爱国主义精神、高尚的品德以及对理想执着追求的人生态度，更是感召后人，在此后的几千年中他始终是中国知识分子追求理想人格的楷模。屈原之后，宋玉等人继承了屈原的文风，创作了不少楚辞作品，楚辞由此成为中国古代诗歌史上一种汉代文人的模仿之作，后整理汇编为《楚辞》。楚辞以屈原的《离骚》为代表，因此又称为“骚体”，在文学史上与《诗经》并称“风骚”。

诵读：《离骚》（节选）

文化漫谈

香草美人

《离骚》之文，依《诗》取兴。引类譬喻，故善鸟香草以配忠贞，恶禽臭物以比谗佞；灵修美人，以媲于君。

——王逸《离骚》经序

香草和美人是屈原在《离骚》中的两类意象，指忠贞贤良之士，用以象征忠君爱国的思想。《离骚》中充满了种类繁多的香草，这些香草作为装饰，支持并丰富了美人意象。香草意象作为一种独立的象征物，它一方面指品德和人格的高洁；另一方面和恶草相对，象征着政治斗争的双方。美人的意象一般被解释为比喻，或是比喻君王，或是自喻，借男女的情爱来表达自己政治生活中的希望与失望，忠贞与遭嫉，坚持与流放。屈原用香草美人的意象来表达自己的忠贞品质、对君王的哀怨以及对奸佞的痛斥。

总之，《离骚》中的香草美人意象构成了一个复杂而巧妙的象征比喻系统，把诗人内在的审美情感外化，使得诗歌蕴藉且生动。将“香草美人”作为诗歌象征手法，是屈原在吸收楚文化的基础上的首创。

三、乐府诗

楚辞之后，文人诗歌创作相对衰落，而民间歌谣则以清新、自然的风格，展现出新的活力。乐府原是国家设立的音乐机构的名称，专门负责采集、加工、整理民歌，并配乐演唱。六朝时人们把这个机构采集、制作的乐歌称作“乐府歌辞”“乐府诗”，或简称“乐府”。汉代的乐府民歌和南北朝乐府民歌是继《诗经·国风》之后民间歌谣的再度辉煌，它们主要保存在宋人郭茂倩编写的诗歌总集《乐府诗集》中。

汉乐府民歌具有同《诗经》一脉相承的现实主义传统，“感于哀乐，缘事而发”(《汉书·艺文志》)，以广阔的视角，多角度地反映了在当时特定的历史时期下人民的社会生活和思想情感。汉乐府这种关注现实社会人生、“感于哀乐，缘事而发”的精神成为后世众多诗人创作的典范，唐代的杜甫、白居易以及不少中晚唐诗人在学习乐府诗歌时主要就是继承并发展了这个特点。

诵读：《木兰诗》

南朝乐府以情歌为主，虽然其体制短小，但情韵悠远，其语言大都清丽婉媚，细腻真挚地表现江南人民缠绵的感情生活。北朝乐府则多出于五胡十六国至北魏时期，由北方各民族创作，反映了北方人民的生活状态和精神气质。与南朝乐府相比，北朝乐府的风格朴素刚健，诗歌内容更广泛，特别是长篇叙事诗《木兰诗》塑造了一位代父从军的女英雄木兰的形象，诗中热情洋溢地歌颂她的爱国热情与英雄气概，使这篇叙事诗成为我国诗歌史上的一朵奇葩，与《孔雀东南飞》一起被称作“乐府双璧”。

诵读：《孔雀东南飞》（节选）

四、唐诗

清康熙年间编纂的《全唐诗》收集了两千三百多位诗人的四万八千九百多首诗作。当然，该书搜集和统计地数量是不完全的，但足以显现诗歌在唐代文学中的夺目光彩。唐诗数量之众多，内容之丰富，流派风格之多样，艺术成就之高，是其他任何一个朝代都无法比拟的。诗盛于唐，取得了难以逾越的辉煌成就。从某种意义上讲，唐诗已成为中国古典诗歌的代名词。

（一）初唐

诵读：《感遇诗三十八首》其二

诵读：《登幽州台歌》

初唐诗苑，基本上还被齐、梁宫廷诗风笼罩。大多数诗人过分追求形式和辞藻，轻视内容和风骨。以上官仪的作品为代表的绮丽婉媚、香艳秾软的“上官体”风靡一时。“初唐四杰”王勃、杨炯、卢照邻、骆宾王锐意创新，一洗浮艳无物的氛围，并卓有成就。之后的陈子昂追慕四杰意旨，继续倡导、推进诗歌改革，并在自己的创作实践中形成了内容充实、语言质朴、刚健沉郁的新诗风，为唐诗的进一步发展奠定了基础，其代表作品有《感遇诗三十八首》和《登幽州台歌》。

文化漫谈

初唐四杰

“初唐四杰”为唐代初年文学家王勃、杨炯、卢照邻、骆宾王的合称。也称“王杨卢骆”。四杰齐名，原并非指其诗文，而主要指骈文和赋，后来主要用以评其诗。杜甫《戏为六绝句》中有“王杨卢骆当时体”一句，一般认为是指他们的诗歌。

四杰是初唐文坛上新旧过渡时期的人物。卢、骆的七言歌行趋向辞赋化，气势稍壮；王、杨的五言律绝开始规范化，音调铿锵。骈文也在词采赡富中寓有灵活生动之气。陆时雍在《诗镜总论》中说：“王勃高华，杨炯雄厚，照邻清藻，宾王坦易，子安其最杰乎？调入初唐，时带六朝锦色。”他们力图冲破齐梁遗风和“上官体”的牢笼，把诗歌的表现对象从狭隘的宫廷转到了广大的市井，从狭窄的台阁移向了广阔的江山和边塞，开拓了诗歌的题材，丰富了诗歌的内容，赋予了诗歌新的生命力，提高了当时诗歌的思想意义，展现了带有新气息的诗风，推动初唐诗歌向着健康的道路发展。

（二）盛唐

开元、天宝年间的盛唐时期是唐代诗歌的繁荣阶段，才华横溢的诗人大量涌现，相映生辉。王维、孟浩然以清新娴雅、冲淡幽远的山水田园诗名世；高适、岑参以悲壮豪迈、苍凉壮阔的边塞诗著称；最杰出的莫过于“诗仙”李白和“诗圣”杜甫。

李白壮年正逢唐朝极盛之时。他天才高逸，且极其多产，是唐诗的“形象大使”。其诗内容广泛，题材多样，兼擅各种风格。李白胸怀匡济苍生、安抚社稷的政治理想，关心国计民生，希望自己得到重用，以诗文而名满天下并非他最高和最终的追求。但他不愿迎合权贵，因而屡遭排挤，落拓江湖。“安能摧眉折腰事权贵，使我不得开心颜”（李白《梦游天姥吟留别》），是他一生的写照。李白一生好游名山大川，写下了许多歌颂山河的优秀诗篇。在长期的漫游生活中，他结朋交友，互相酬唱，留下了大量的送别诗，如《送孟浩然之广陵》《赠汪伦》等，都是人们耳熟能详的作品。

杜甫主要生活在唐朝由盛转衰的时代，在颠沛流离、四海飘零的贫困生活中，他深切体味到广大人民的忧患、疾苦。安史之乱前后，他写下了《兵车行》《丽人行》《羌村》《北征》和“三吏”（《新安吏》《石壕吏》《潼关吏》）、“三别”（《新婚别》《垂老别》《无家别》）等不朽诗篇，讲述了人民的苦难、战争的罪恶和统治集团的贪残。杜诗内容深刻，风格沉郁顿挫、雄健浑厚，语言精练，叙事严谨，真实地反映了广阔的现实生活，故有“诗史”之谓。

文化强国

壮哉盛唐一阕歌

在世界动画电影的苍莽群山中，中国动画学派是一座壁立千仞的奇峰。党的十八大以来，随着中国电影产业快速发展，动画电影也呈现出欣欣向荣的良好局面。动画电影《长安三万里》（图 3-1-1）气象宏阔、气质刚健、气韵悠然，将先进的数字电影技术和中华优秀传统文化精妙结合，让观众感受到中国文化之美。

图 3-1-1 《长安三万里》概念海报

该片取材自中国唐代历史，通过演绎家喻户晓的大唐诗人们的传奇故事，展现中国历史的雄浑气魄。作品以高适的视角展开故事讲述。木讷、刚直，人生经历坎坷却从未动摇入世志向的儒生高适，与机敏不羁、天真烂漫、在儒道之间徘徊的“谪仙人”李白天赋与性格互补，人生经历互相嵌入，惺惺相惜，互相扶持。在他们的成败、进退、取舍、得失中，观众看到了现实生活的影子，从而对人生、命运等话题产生思考。

在塑造立体丰满的诗人形象的基础上，电影主创还在剧情中有机融合了48首唐诗。作品以“唐风、壮美、诗意、考究”为关键词，通过细致入微的考据工作和天马行空的大胆想象，将先进的数字电影技术融汇于国画造景写意的水墨与色彩中，把这些唐诗名篇转化为前所未见的颜色盛宴、视觉特效和镜头语言，取得了令人惊叹的艺术效果。

《长安三万里》为观众营造了一个真实立体的历史想象空间，讲述了一段真挚感人的历史人物故事。从这个角度看，《长安三万里》拓宽了动画电影的边界。其成功有力地证明了动画电影不仅是轻巧的、灵动的、幻想的，也能是厚重的、博大的、历史的；它不仅可以是魔法师指尖跳跃飞舞的魔法棒，更可以是猛将掌中笑傲千军的斩马刀、史官手里写就汗青的如椽笔。

（资料来源：《光明日报》，2023年7月12日15版，有删改）

（三）中晚唐

中晚唐诗人有钱起、卢纶等“大历十才子”，有新乐府诗派代表元稹、白居易，有奇险冷僻派代表孟郊、韩愈等，其中最杰出的是白居易。

白居易，字乐天，自号香山居士，祖籍山西太原，到其曾祖交时迁居下邽（今陕西省渭南市），生于河南新郑。白居易生活在唐朝走向衰落的时代，他又经历过贫苦流浪的生活，有更多的机会接触社会现实，了解人民生活。因此，白居易的诗表现出他对人民的深刻同情。《重赋》《卖炭翁》《杜陵叟》等篇，有力地揭露了剥削者的残暴，表达了对人民痛苦生活的同情，发出了“剥我身上帛，夺我口中粟；虐人害物即豺狼，何必钩爪锯牙食人肉”的愤怒呼声。白居易的诗通俗易懂、形象生动、质朴自然，故得到广泛传播，上自宫廷，下至民间，处处可闻。

文化典藏

微课视频：唐诗

1.《乐府诗集》，（宋）郭茂倩编，北京：中华书局，2019年。

2.《唐诗鉴赏辞典》，上海辞书出版社文学鉴赏辞典编纂中心编，上海：上海辞书出版社，2017年。

单元二

雅俗共赏：词作

词是隋唐之际出现的一种配乐演唱的新诗体，也叫“曲子词”或“长短句”等。它起源于民间，中唐以后开始为文人接受、模仿，白居易的《忆江南》、韦应物的《调笑令》都是学习民间曲子词的产物。晚唐时期的温庭筠是第一位以填词而名扬天下的词人，被誉为“花间词派”的鼻祖。不过，无论温庭筠还是其他花间派词人，在词的题材、境界上均略显狭窄，多以香软浓艳的笔调描摹女子花间樽前的闺怨宫愁。直到南唐李煜唱出“一江春水向东流”的亡国之音，才真正完成了民间词向文人词的转变，“眼界始大，感慨遂深，变伶工之词而为士大夫之词”。

宋代词作大量出现，是词作创作的巅峰，词作文人也相继出现。依照他们的创作风格，大体可以分为婉约派和豪放派两种。

一、婉约派

婉约派是宋词的风格流派之一，其内容多写儿女之情、离别之绪，其特点是“专主情致”，表情达意讲究含蓄柔婉、隐约细腻，音律婉转和谐，语言圆润清丽。婉约，是婉转含蓄之意，最早见于《国语・吴语》：“故婉约其词，以从逸王之志。意谓卑顺其辞。”而明确提出词分婉约、豪放两派的，一般认为是明人张蜓。

在词史上，婉转柔美的曲调相沿成习，由来已久。词本为合乐演唱而作，起初多为娱宾遣兴，演唱的场所也多为宫廷贵家、秦楼楚馆，因此词的内容不外乎离思别愁、闺情绮怨、儿女情长，这就形成了以晚唐五代《花间集》为代表的“香软”词风。到了北宋，词家诸如晏殊、欧阳修、柳永、秦观、周邦彦、李清照等人承其余绪，虽然运笔章法更为精妙，风韵各具，然而大体上仍未脱离婉转柔美的痕迹。

在一千多年的词学发展中，无论是数量还是质量，婉约派都占据主流和正统地位。需要说明的是，婉约派词人也抒写感时伤世之情，只是多将家国之恨、身世之感寓于抒情咏物，别有寄托，故不能一概以柔媚视之。

（一）柳永

柳永，原名三变，字景庄；后改名永，字耆卿。行七，故人称“柳七”，祖籍河东（今山西省永济市）。历任睦州团练推官、余杭令、定海晓峰盐场盐官、泗州判官、太常博士，官终屯田员外郎，世称“柳屯田”。柳永大量创制新调，符合人们的审美需求。其词语言俚俗浅近，易于接受。

柳永怀才不遇，为人放荡不羁，终身潦倒。毕生从事词的创作，多长调，对慢词的发展颇有影响。词以描写歌伎生活、城市风光及羁旅行役之情为主要题材。语多俚俗，尤善铺叙，时人称“凡有井水饮处，皆能歌柳词”。他擅长白描，曲尽委婉，是婉约派的代表人物之一，与秦观合称“秦柳”，与周邦彦合称“周柳”。他的作品对后世词家及元之散曲、明清小说都有重大影响。他的代表作品有《乐章集》，存词200余首。

《乐章集》里流传最广泛的作品是反映羁旅行役的词篇。这些词往往和风景描写、恋情相思交织在一起，具有很强的艺术魅力。柳永仕途失意，四处漂泊，水陆兼程，足迹遍布当时大半个中国，再加上柳永出色的艺术表现才能，他笔下的祖国山川真切优美，离愁别恨也表现得更加生动感人。柳永每一次被迫登程，既谙尽旅途的劳苦、孤单、凄凉，又反复地体验离别的痛苦，他因此在旅途中有了缠绵不断的恋情相思。两方面结合，使柳永的羁旅词独具一格。柳永将汉魏乐府、古诗中的游子思妇题材与晚唐五代以来词中男欢女爱、离愁别恨的描写结合起来。他这种有切身体验、真情实感的直抒胸臆的作品，就胜过以往旁观者对香闺弱质风态的描摹。

诵读：《雨霖铃》

（二）李清照

诵读：《声声慢》

李清照，自号“易安居士”。南宋女词人。其词以南渡前后为界分为两个时期：前期多写闺情，表现闲适生活，妩媚风流，韵调优美，《如梦令·昨夜雨疏风骤》《醉花阴·薄雾浓云愁永昼》均是这一时期脍炙人口的名作；后期多抒写身世之感，寄寓家国之思，感情凄苦、低沉，代表作有《声声慢·寻寻觅觅》《永遇乐·落日熔金》。有词集《漱玉词》。

李清照善用白描手法塑造形象，其词语言清新自然，平淡朴实，无雕琢痕迹。李清照的词用语炉火纯青，极富形象、韵味，颇见锤炼的功夫，能以常语创意，在两宋词坛中独树一帜，被称为“易安体”。另有《词论》一篇，对北宋词家多有批评，强调音律，崇尚典雅，严格区分诗词界限，反对“以诗为词”，提出词“别是一家”的独特见解。

李清照是宋代南渡前后重要作家，也是我国文学史上首屈一指的女词人。易安词属婉约一派，但又风格独具，赢得后世高度赞誉。

二、豪放派

豪放派是宋词风格流派之一。由于词坛上长久以来都以“婉约”为正宗，因此“豪放派”被正统的词论家称为“异军”“别宗”“别派”等。其词作的题材、风格、用调及创作手法等都与婉约派大不相同。豪放派的词多写家国大事、人生情怀，其特点是境界壮阔宏大，气象豪迈雄放，常常运用诗文创作手法及典故，而且不拘音律。最先用“豪放”评词的是苏轼，南宋人已明确将苏轼、辛弃疾作为豪放词的代表。北宋范仲淹的《渔家傲》开豪放之先，经苏轼大力创作“壮词”而成一派词风。中原沦陷后，南宋政权偏安江南，不以收复失地为意，许多词人报国无望，因而逐渐形成慷慨悲壮的词风，涌现了豪放派领袖辛弃疾及陈与义、叶梦得、朱敦儒等一大批杰出词人。他们抒发报国情怀，将个体的命运与家国命运紧密联系在一起，进一步拓宽了词的表现领域，丰富了词的表现手法，大幅提升了词在文学史上的地位。

（一）苏轼

苏轼，字子瞻，号东坡居士，世称苏东坡。眉山（今四川省眉山市）人，北宋著名文学家、书法家、画家。嘉祐二年（1057 年）进士及第，元丰三年（1080 年）因“乌台诗案”受诬陷被贬为黄州团练副使。宋哲宗时官至礼部尚书。苏轼的诗独立一家，与黄庭坚并称“苏黄”；词与辛弃疾并称“苏辛”，擅长以诗为词，开辟豪放一派；散文与欧阳修并称“欧苏”，为“唐宋八大家”之一。

文化漫谈

以诗为词

指用写诗的方法创作词。在词的发展史上，一派以李清照为代表，强调词要以表现个体情志为主，要协调音律以适应演唱要求，故而他们批评“以诗为词”这种不遵循词体特点和审美要求的现象。另一派以苏轼为代表，突破音律限制或者说不以乐害意，选字用词更加灵活，同时在作品中纳入更丰富的社会人生内容，扩大了词的表现题材，打破了词作为“艳科”的狭隘视野和单调趣味，开创了词作的新局面。自此，词不再仅是适应演唱要求的歌词，而成为一种具有新的形式特点又不影响其乐感的诗体。

苏轼在词史上最大的贡献是打破了词仅为“艳科”的传统，将词从音乐的附庸提升为具有独立文体意义的抒情文体，不仅提升了词在文学史中的地位，而且改变了词史的发展方向。

苏轼的文学思想是他突破传统词学观念的重要基础。苏轼认为，文体之间只有形式的差别，而无尊卑之高下，无论是诗还是词，只要能够很好地表现思想感情和社会生活，就应该放开手脚，大胆运用。正因为如此，苏轼的词题材极为广泛，大凡诗中所咏之题，他也都在词中歌咏，他的词境自然，与传统的词家有很大的不同。

诵读：《定风波》

苏轼的“以诗为词”导致宋代词史的走向发生重要转折，使得词的题材从儿女私情、羁旅行役扩大到怀古咏史、悼亡送别、山水田园等各种题材，作者从而能更自由地抒写自己的胸襟怀抱。苏轼是宋代文学的代表，也是宋代文化精神的代表。苏轼的人生态度与人格精神是后代文人景仰的典范。

（二）辛弃疾

辛弃疾，字幼安，号稼轩，谥号“忠敏”，山东东路济南府历城县（今山东省济南市历城区）人，南宋著名豪放派词人之一，有“词中之龙”的美誉，与苏轼并称“苏辛”，与李清照并称“济南二安”。其一生以功业自诩，立志恢复中原，但屡遭排挤。他命途多舛，其词作亦多表达忧国忧民的情怀或壮志难酬的愤懑，传世的有词集《稼轩长短句》等。

宋词在苏轼手中已经开创出一种豪放阔大、高旷开朗的风格，但这种风格在北宋却一直没有得到强有力的呼应与发展。直到辛弃疾出现在词坛上，他不仅延续了苏词的方向，写出许多具有雄放阔大的气势的作品，而且以其蔑视一切陈规的豪杰气概，加以丰富的学养、过人的才华，在词的创作领域中进行了极富特色的创造，开拓了词体更为广阔的天地。壮志激越成为辛词的主旋律。

辛词以“豪放”著称。辛词的“豪放”是就其题材的广泛、内容的丰富、气魄的雄伟、形式的解放等多方面而言的。由于作者有独特从军经历和远大政治抱负，他的词里表现的常是阔大的场景、战斗的雄姿，充满了济世爱国的热情，笔酣墨饱，气势飞舞。

诵读：《青玉案·元夕》

在辛词里，亦有称密缠绵，颇似晏殊、秦观，如《祝英台近·晚春》就以纤秾之笔写出了一种难言的“闺怨”。在辛词中，亦有澹婉潇洒，直是《漱玉词》妙品者，如《丑奴儿近·博山道中效李易体》，取法李清照，用寻常语言、白描手法，写出了一种清新意境。

除了风格方面的多样化，以文为词，也是辛弃疾词在词体艺术方面的突破。前人作词，诗词界限极严，东坡词偶有诗化倾向，即有“词诗”之讥。辛弃疾不仅打破了诗词界限，而且达到了诗词散文合流的境界。“以文为词”很大程度是因为辛词中大量的典故使用，他读书广博，将《诗经》《楚辞》《庄子》《论语》及古诗中的语句，一齐融会在他的词中，并且用韵绝不限制，不讲琢雕，随意抒发，形成一种散文化的歌词。

以文为词

指用写散文的方法创作词。具体体现为在词作中大量引入议论、叙事、典故及古文句法，偏离以抒发个体情志为主和音律协调优美等词的传统特征。苏轼词作中有不少词题、小序已经凸显了叙事、说理的意图，辛弃疾用散文的笔法作词，更是推动了词的散文化。后世学者或认为以议论、平常语入词，有失词的本色；或认为它拓宽了词的创作范围，提升了词的价值。

文化典藏

1.《宋词概论》，谢桃坊著，成都：四川文艺出版社，2016 年。

2.《唐宋词通论》，吴熊和著，上海：上海古籍出版社，2022 年。

单元三
汪洋恣肆：散文

散文是一种取材广泛、内容丰富、形式多变、结构灵活、手法多样的文学体裁，它内容宽泛、手法灵活，蕴含着丰富的情感和真知灼见，具有独特的情感美、理性美。

在我国源远流长、丰富多彩的文学史上，散文是重要的文学形式之一。它与诗歌、小说、戏剧相对，既包括汉以后的赋与骈体文，也包括说理性著作中具有才情和注意语言修辞的作品。

一、诸子散文

春秋末期至汉初，思想文化呈现“百家争鸣”的态势。“诸子百家”中在当时或其后产生巨大影响的有儒、墨、道、法四家。这四家的代表作分别有《论语》《孟子》《荀子》《墨子》《老子》《庄子》《韩非子》。这些散文作品文体各异，文字繁简不一，语词风格各有特色。

文化漫谈

诸子百家

指春秋末期至汉初的各派学者及其著作。春秋时期，周代旧有的社会秩序与价值观念日益崩坏。当时的学者面对现实的社会危机，展开了自由而深刻的思考，在社会秩序与价值观念的建构方面提出了多元的理论主张。这样一种活跃的理论创建与学术讨论持续至西汉初年。后人将这一时期涌现的诸多学者及其著作称为“诸子”，又将其归纳为儒家、墨家、道家、名家、法家、阴阳家、农家、纵横家、杂家及小说家十个流派，其中前九个流派更具学术价值，因此称为“九流十家”。因其人物与学说众多，又泛称“诸子百家”。

（一）《庄子》

《庄子》是收录了庄周作品及其后学的说理散文集，今有三十三篇，分内篇七篇、外篇十五篇、杂篇十一篇。一般认为内篇为庄周所著，外篇、杂篇是庄派后学对庄周思想的阐发。

《庄子》中庄子自称其创作方法是“以卮言为曼衍，以重言为真，以寓言为广”（《天下》）。“寓言”即虚拟的、寄寓于他人他物的言语。人们习惯于以“我”为是非标准，为避免主观、片面，把道理讲清，取信于人，必须“藉外论之”（《寓言》）。“寓言”是《庄子》一书最主要的表现方式。这是因为庄子的哲学思想博大精深、深奥玄妙、不可捉摸，与其用概念和逻辑推理来直接表达，不如通过想象和虚构来象征、暗示。故全书仿佛是一部寓言故事集，这些寓言故事表现出超常的想象力，构成了奇特的想象世界。如《逍遥游》前半部分，作者不惜笔墨，用大量寓言铺张渲染，从鲲鹏展翅到列子御风而行的内容，并非作品的主旨，只是为了用他们的有待逍遥来陪衬、烘托至人的无待逍遥，而“至人无己，神人无功，圣人无名”这个论断，却如蜻蜓点水，一笔带过。《逍遥游》的主题是追求一种“无待”的逍遥境界。文章先为主题做铺垫，然后是主题的阐发，最后结束在至人游于“无何有之乡”的余音之中。

《庄子》诡奇的想象是为了表达其哲学思想，即“寓真于诞，寓实于玄”（刘熙载《艺概·文概》）。南海之帝和北海之帝为了报答中央之帝混沌的款待，为其日凿一窍，七日而混沌死（《应帝王》），这一想象奇特大胆，从而耐人寻味地说明了“有为”之害。“颐隐于脐，肩高于顶，会撮指天，五管在上，两髀为胁”的畸形形象（《人间世》），怪诞而不可思议，其要表达的却是忘形免害、无用即大用的思想。《庄子》中奇幻的想象还折射出作者对现实社会的认识，充满批判精神。蜗角之中，触氏、蛮氏相与争地，伏户数万，旬有五日而后返（《则阳》），这一想象夸张之极，令人难以置信，而这正是战国时期“争地以战，杀人盈野；争城以战，杀人盈城”（《孟子·离娄上》）社会现实的反映。《庄子》奇丽诡谲的艺术形象也是其深沉情感迂回曲折的流露。

《庄子》的语言如行云流水，跌宕跳跃，节奏鲜明，音调和谐，具有诗歌语言的特点。庄子的句式错综复杂，富于变化，喜用极端之词、奇崛之语，有意追求尖新奇特。

(二)《孟子》

《孟子》是一部语录体散文，是孟子的言论汇编，由孟子和其弟子万章、公孙丑等共同述作，其他弟子整理而成。但全书首尾一贯，“如熔铸而成，非缀辑可就也”(朱熹语)，较为系统。且记言的篇幅明显加长，文章格局偏重于议论说理，语言也完美整饬。

长于论辩是《孟子》散文的典型特征。在百家争鸣的时代，要阐明自己的观点，维护自己的立场，批评其他学派，就不得不进行论辩。《孟子》的论辩文，在逻辑上也许不如《墨子》严谨，但却更具有艺术表现力。孟子得心应手地运用类比推理，欲擒故纵，反复诘难，迂回曲折地把对方引向自己预设的结论。

气势磅礴是《孟子》散文的重要风格。这种风格源于孟子的人格修养。孟子曾说“我善养吾浩然之气”(《公孙丑上》)。“养气”是指按照人的天赋本心，对仁义道德经久不懈的自我修养，久而久之，升华出一种至大至刚、充天塞地的“浩然之气”。具有这种“浩然之气”的人，“说大人，则藐之”(《尽心章句下》)，首先在精神上压倒对方，藐视政治权势，鄙夷物质贪欲，气概非凡，刚正不阿，无私无畏。写起文章来，自然就情感激越，词锋犀利，气势磅礴。正如苏辙所说：“今观其文章，宽厚弘博，充乎天地之间，称其气之小大”(《上枢密韩太尉书》)。气盛言宜，孟子内在精神修养上的浩然气概，是《孟子》气势充沛的根本原因。同时，《孟子》中大量使用排比、对偶、叠句等修辞手法来加强文章的气势，使文气磅礴，若江河之决，沛然莫之能御。

《孟子》的语言明白晓畅，平实浅近，同时又精练准确，继承和发展了《论语》《左传》《国语》等开创的书面语言，形成了精练简约、深入浅出的风格。

(三)《荀子》

《荀子》现存三十二篇，是荀子和弟子们整理的说理性散文，呈现出严谨、缜密、扎实的文风。首先，《荀子》各篇的思想主题十分明晰、直白、准确，易于把握，意在言外之笔非常少见，也难见引人遐想之句，虽然文学意味较少，但显得比较理性，问题也相对实用，易于学习和模仿。

荀子的文章善于对论题进行全面展开，注意运用分析、综合等方法，并擅长从问题的各个层面、角度和正反方面进行解剖，然后一一加以论证。如《劝学》篇首先提出“学不可以已”这一中心论点，然后即围绕这一观点展开全方位论述：先论学之必要，分别从学可易性、易教、增智三个方面加以说明；其次，论学之方法，从近善而捷、立身为要、持恒必成几个方面予以阐述；最后，论学之目标，从“至乎礼而止”到“入乎耳、箸乎心、布乎四体、形乎动静”的程度以及最终达到“贵其全”的境界逐层作了深入分析。全文关于学的论题可谓面面俱到、层层深入，论述密不透风、丝丝入扣，令人折服，虽没有《庄子》不羁的逸气，却有引人思索、启人心智的学者风范。

《荀子》诸篇结构严谨、语句整饬，多用排比句法，给人严整规范之感。如《劝学》篇中的“故不登高山，不知天之高也；不临深溪，不知地之厚也；不闻先王之遗言，不知学问之大也”;《天论》篇中的“天行有常，不为尧存，不为桀亡。应之以治则吉，应之以乱则凶。强本而节用，则天不能贫；养备而动时，则天不能病；修道而不贰，则天不能祸”。齐中求变，毫不呆滞。

（四）《韩非子》

《韩非子》，是中国先秦时期法家代表人物韩非的著作总集，为法家集大成的思想作品，是韩非对社会各种领域的思考。《韩非子》系统地对政治策略和立场主张的阐发，内容充满批判性，并汲取了先秦诸子多派的观点。

韩非子是实用派作家，其文说理精密、文锋犀利、议论透辟，推证事理无不切中要害。比如《亡征》一篇，分析国家可亡之道达四十七条之多，实属难能可贵。《难言》《说难》二篇，无微不至地揣摩了臣子进谏和君王纳谏的心理，讲述如何在进谏时趋利避害，投合君王心理以达到预期的效果。其逻辑周密细致，到了无以复加的地步。

韩非子善于用大量浅显的寓言和历史故事作为论证材料，以说明抽象的道理，形象地体现他的法家思想和他对社会人生的深刻认识。郭沫若在《韩非子的批判》一文中说道：“他（韩非子）能够以普通的常识为根据而道出人之所不能道，不敢道，不屑道。所以他的文章，你拿到手里，只感觉他的犀利，真是锋不可当，大有无可如何，只有投降之势了。”文中很多寓言故事因其丰富的内涵、生动的情节，已成为脍炙人口的成语典故，至今为人们广泛运用。最著名的有“自相矛盾”“守株待兔”“讳疾忌医”“滥竽充数”“老马识途”等，这些寓言故事蕴含着深隽的哲理，给人以智慧的启迪，具有较高的文学价值。

二、历史散文

历史散文的概念是相对于诸子百家的哲理散文而言的。哲理散文以分析论辩为主，不专记人记事；历史散文则以记述历史事件的演化过程为主。历史散文有三种体例，分别为国别体、编年体和纪传体。我国最早的历史散文是《尚书》。

（一）《尚书》

《尚书》又称《书》或《书经》，是中国上古历史文献和部分追述古代事迹著作的汇编。“尚”字之意，常见有三种解释：一说“尚”即“上古”,《尚书》就是“上古之书”；另一种说法认为是“尊崇”之意,《尚书》就是“人们尊崇的书”；还有一种说法认为“尚”代表“君上（即君王）”，因为这部书的内容大多是臣下对“君上”言论的记载，所以叫作《尚书》。

《尚书》以记言为主，所记为虞、夏、商、周各代典、谟、训、诰、誓、命等文献。“典”是重要史实或专题史实的记载；“谟”是记君臣谋略的；“训”是臣开导君主的话；“诰”是君主勉励臣下的文告；“誓”是君主训诫士众的誓词；“命”是君主的命令。有以人为题的，如《盘庚》《微子》；有以内容为题的，如《洪范》《无逸》，都属于记言散文。个别篇章叙事较多，如《顾命》《尧典》。《尚书》作为历史典籍，向来被文学史家称为中国最早的散文总集，是和《诗经》并列的一个文体类别。但用今天的标准来看这些散文，绝大部分属于当时官府处理国家大事的公务文书，准确地讲，它应是一部体例比较完备的公文总集。

从文学角度而言，《尚书》是中国古代散文形成的标志。据《左传》等书记载，在《尚书》之前，有《三坟》《五典》《八索》《九丘》，但这些书都没有流传下来，《汉书·艺文志》已不见著录。叙先秦散文当从《尚书》始。书中文章，结构渐趋完整，有一定的层次，已注意在命意谋篇上用功夫。后来春秋战国时期散文的勃兴也是对它的继承和发展。秦汉以后，各个朝代的制诰、诏令、章奏之文都明显受到它的影响。

（二）《春秋》

“春秋”是周代编年体史书的统称，并不专指一书。今见《春秋》，是孔子根据《鲁春秋》修订而成的。孔子编著的《春秋》记载了鲁隐公元年到鲁哀公十四年（前 722—前 481 年）之间共 242 年的历史，以鲁国史为经、别国史为纬，囊括了诸侯攻伐、盟会、篡弑、祭祀、灾异、礼俗等重要史实和制度，也是儒家经典之一。它有两个突出特点：第一，记述十分简略，常常以几个字记述一件历史事件，全书仅有 16572 字，史料价值很高，但不完备；第二，强调“书法”“正名分”“寓褒贬”，注重微言大义。孔子的本意是通过“口诛笔伐”使“乱臣贼子惧”，维护等级制度和没落的周王朝统治秩序。《春秋》的这两个特点大大降低了其可读性，妨碍了其流布和传播。

春秋笔法

春秋笔法，指编撰《春秋》的原则、方法。即用简洁的文字语句，婉转含蓄地表达一定的思想倾向和对历史人物及事件的褒贬和评判。也称“春秋书法”“春秋笔削”，或说“一字褒贬”“微言大义”。《春秋》的主旨在于维护周朝礼制。书中没有用议论性文字正面阐明作者观点，而是通过对史实的简要记述，依据周礼选用一些有特殊含义的称呼或精妙字眼，婉转表达出对历史人物和事件的褒贬和评判。后来，春秋笔法成为编撰史书的一个传统方法。

相传与孔子同时期的鲁国太史左丘明采各国史籍作《左传》，全名《春秋左氏传》，用更丰富详细的史实解释《春秋》条目和其中蕴含的思想。《左传》全书 180283 字，记述的时间范围在《春秋》的基础上略有延伸。内容主要包括周王室的衰微，诸侯争霸的历史，对各类礼仪规范、典章制度、社会风俗、民族关系、道德观念、天文地理、历法时令、古代文献、神话传说、歌谣言语均有记述和评论。《左传》虽是历史著作，但与《尚书》《春秋》有所不同，“情韵并美，文采照耀”，《左传》是先秦时期最具文学色彩的历史散文，对后世史学、文学都有重要影响。

《左传》注重情节，将历史事件的记述故事化、戏剧化，通过曲折回环的叙写，追求扣人心弦、引人入胜的艺术效果。如《宣公二年》记述晋灵公和赵盾之间的生死较量，作者重点叙写了“晋灵公不君”“提弥明搏獒”等场面，事事相连，环环相扣，惊心动魄，妙趣横生。紧接着插叙了首阳山翳桑饿人的故事，然后转笔继续写赵盾脱险的过程和“赵穿攻灵公于桃园”，最后着墨于太史书“赵盾弑其君”等，一波未平，一波又起，读起来令人感到美不胜收、不暇掩卷。

诵读：《晋灵公不君》

（三）《国语》

《国语》是我国第一部国别体著作，记录了周王室和鲁国、齐国、晋国、郑国、楚国、吴国、越国等诸侯国的历史，包括各国贵族间朝聘、宴飨、讽谏、辩说、应对之辞以及部分历史事件与传说。

司马迁最早提到《国语》的作者是左丘明，其后班固、刘知几等也都认为《国语》是左丘明所著，还把《国语》称为《春秋外传》或《左氏外传》。《国语》以记言为主，其记言文字在形象思维和逻辑思维方面都很缜密，又有通俗化、口语化的特点，生动活泼而富于形象性。尤其是应对辞令很有特色，议论说理文字精辟严密，层次井然。

《国语》虽然记言多于记事，但没有单纯的议论文或语录，而是以一系列大小故事的形式穿插其中，有时也能写出鲜明生动的人物形象。如《晋语》前四卷写晋献公诸子争位的故事，其中献公宠妃骊姬的阴谋、太子申生被谗冤死、公子重耳流亡等情节，都写得跌宕起伏，精彩纷呈。

就文学价值而言，《国语》虽不及《左传》，但比《尚书》《春秋》等历史散文有所发展和提高，作者比较善于选择历史人物的一些精彩言论来反映和说明社会问题。如《周语》“召公谏厉王弭谤”一节，通过召公之口，阐明了“防民之口，甚于防川”的著名论题。

防民之口，甚于防川

防民之口，甚于防川。川壅而溃，伤人必多，民亦如之。是故为川者决之使导，为民者宣之使言。

——《国语·周语上》

"防民之口，甚于防川"，语出《国语·周语上》。堵住百姓的嘴，阻止人民表达自己的想法，其危害超过堵塞河流而引起的水患。"防"即"堤"，是用来阻塞水流的设施，引申为阻塞、防止、阻止。堵塞河道，河水必然漫出河道或冲毁堤坝，造成不可控制的水灾。中国古人以此比喻不让民众说话，必有大害。其正面意思是：民众的意愿是有力量的，是阻止不了的；执政者必须允许民众表达自己的意愿，否则一定会激起民众的反抗。这和"民惟邦本""民心惟本""载舟覆舟"的道理是相通的。

（四）《战国策》

《战国策》是一部国别体史书，全书按东周、西周、秦、齐、楚、赵、魏、韩、燕、宋、卫、中山依次分国编写，共33卷，约12万字，是西汉刘向根据相关史籍编订而成的。《战国策》主要记述了战国时期纵横家的政治主张和策略，对语言艺术的重视和取得的成就，具有承上启下的作用。秦汉的政论散文、汉代的辞赋，都受到《战国策》辞采华丽、铺排夸张风格的影响；司马迁《史记》描绘人物形象的成功，也得益于对《战国策》艺术风格的继承和发展。

《战国策》的文学成就非常突出，它标志着中国古代散文发展到一个新的时期。《战国策》善于述事明理，大量运用寓言、譬喻等修辞手法，富于文采，尤其在人物形象的刻画、语言文字的运用、寓言故事的讲述等方面具有非常鲜明的艺术特色。

《战国策》善于通过小故事说明道理，以达到讽喻的目的。故事生动幽默，人物语言逼真，耐人寻味。例如《邹忌讽齐王纳谏》，以美男子邹忌问不同的人"我孰与城北徐公美"这一件生活小事，借其妻、妾、朋友出于不同目的都大赞其"美于徐公"，来说明"兼听则明，偏信则暗"的道理，劝诫齐王不应偏听偏信宫妇近臣的话，而应广开言路，鼓励百姓进谏。

《战国策》语言风格独特。雄辩的论说、尖锐的讽刺、耐人寻味的幽默，构成其独特的语言风格。文章长于说事，无论个人陈述还是双方辩论，都喜欢渲染夸大，充分发挥，畅所欲言，具有很强的说服力。此外，描写人物形象极为生动，且善于运用巧妙生动的比喻，通过有趣的寓言故事，增强文章的感染力。书中的许多寓言故事如“画蛇添足”“狐假虎威”等流传至今。

三、骈体文

骈文，又称骈体文、骈俪文或骈偶文，是一种以字句两两相对而成篇章的文体，起源于汉代，盛行于南北朝。骈体文讲究声律的调谐、用字的绮丽、辞汇的对偶和用典。因其常用四字句、六字句，故也称“四六文”或“骈四俪六”。全篇以双句（俪句、偶句）为主，讲究对仗的工整和声律的铿锵。由于骈文注重形式技巧，故内容的表达往往受到束缚，但运用得当，也能增强文章的艺术效果。

（一）《洛神赋》

《洛神赋》是三国时期曹魏文学家曹植创作的辞赋名篇。曹植，字子建，沛国谯（今安徽省亳州市）人。三国曹魏著名文学家，建安文学代表人物。魏武帝曹操之子，魏文帝曹丕之弟，生前曾为陈王，去世后谥号“思”，因此又称陈思王。后人因他文学上的独特造诣而将他与曹操、曹丕合称为“三曹”，南朝宋文学家谢灵运对他更有“天下才有一石，曹子建独占八斗”的评价。

曹植此赋据序所言，系其于魏文帝黄初三年（222 年）入朝京师洛阳后，在回封地鄄城途中经过洛水时，“感宋玉对楚王神女之事”而作。当时，曹丕刚即帝位不久就杀了曹植的密友丁仪、丁廙二人。曹植本人在就国后也被监国谒者奏以“醉酒悖慢，劫胁使者”的罪名贬为安乡侯，后改封鄄城侯，再立为鄄城王（《三国志·陈思王传》）。这些对决心“勠力上国，流惠下民，建永世之业，流金石之功”（《与杨德祖书》）的曹植来说，无疑是接二连三的沉重打击，其心情之抑郁与苦闷，是可想而知的。

此赋虚构了作者自己与洛神的邂逅和彼此间的思慕爱恋，洛神形象美丽绝伦，人神之恋缥缈迷离，但由于人神道殊而不能结合，最后抒发了无限的悲伤怅惘之情。全篇大致可分为六段：第一段写作者从洛阳回封地时，在恍惚之际看到洛神伫立山崖；第二段写洛神容仪服饰之美；第三段写作者爱慕洛神既识礼仪又善言辞，虽相互赠答，但担心遇合受阻；第四段写洛神为“君王”之诚所感后离开的情状和举动；第五段写洛神来临扈从之多，终以人神道殊，含恨离去；第六段写洛神离去后作者顾望思慕不忍离去的深情。全赋辞采华美，描写细腻，想象丰富，情思缱绻，若有寄托。

诵读：《洛神赋》（节选）

（二）《哀江南赋》

《哀江南赋》是南北朝时期文学家庾信的赋作。庾信字子山，小字兰成，南阳新野（今河南省南阳市新野县）人。庾信少负才名，博览群书，他的文风以讲究对仗和几乎处处用典为特征，其文章多为应用文，但常有抒情和文学意味。

“哀江南”语出《楚辞·招魂》“魂兮归来哀江南”一句，梁武帝定都建业，梁元帝定都江陵，二者都属于战国时的楚地，作者借此语哀悼故国梁朝的覆亡。作品将家世与国史联系起来，将个人遭遇与民族灾难融汇在一起，概括了梁朝由盛至衰的历史和自身由南至北的经历，感情深挚动人，风格苍凉雄劲，具有史诗般的规模和气魄，是中国辞赋史上的名篇巨制。

此赋主要是伤悼南朝梁的灭亡和哀叹自己个人身世，陈述了梁朝的成败兴亡，以及侯景之乱和江陵之祸的前因后果，凝聚着作者对故国和人民遭受劫乱的哀伤。全赋内容丰富而深厚，文字凄婉而深刻，格律严整而略带疏放，文笔流畅而亲切感人，如实记录了历史的真相，具有史诗的规模和气魄，故有“赋史”之称。

在叙述中，作者以“春秋笔法”式的褒贬，对期间的贼子、乱臣、义士、良将等一一评价。在写史中，作者表现出巨大的历史感，比较客观地进行品评和反思。但是在恢宏的历史铺写中，在个人的命运沉浮中，庾信还是困惑地把思索的结果归于天意：“天意人事，可以凄怆伤心者矣！”“将非江表王气，终于三百年乎？”这表现了作者在巨大历史变迁面前的惶惑，这种与作者的悲怆、愤慨、感叹、痛惜等复杂感情结合在一起的历史反思正是此赋的魅力所在。

诵读：《哀江南赋》

《哀江南赋》在文体形式上大量采用骈文写成，史实用典繁多而精到，结构宏伟壮阔，语词华丽优美，文辞情感浓厚，富有深重的历史文化底蕴和“史诗”气魄，是“骈俪之文”的典范。可以说，这是一篇极其优秀的赋，在一定程度上代表了庾信晚年赋作的最高成就。

（三）《滕王阁序》

《滕王阁序》

《滕王阁序》是唐代文学家王勃创作的一篇骈文。王勃，字子安，古绛州龙门（今山西省河津市）人，出身儒学世家，与杨炯、卢照邻、骆宾王并称为“王杨卢骆”，亦称“初唐四杰”。王勃的主要文学成就是骈文，无论是数量还是质量，堪称一时之最，代表作品有《滕王阁序》等。

《滕王阁序》重点描绘滕王阁雄伟壮丽的景象，状写宴会高雅而宏大的气势，抒发自己的感慨情怀。文章在交代了“故郡”“新府”的历史沿革后，便由阁的地理位置和周围环境写起：“襟三江而带五湖，控蛮荆而引瓯越”“潦水尽而寒潭清，烟光凝而暮山紫”“落霞与孤鹜齐飞，秋水共长天一色”。滕王阁就坐落在这片吞吐万象的江南大地上。接着，作者的视线由远及近，由外景转而描绘内景，“层台耸翠，上出重霄；飞阁流丹，下临无地”“桂殿兰宫”“绣闼”“雕甍”。“遥襟甫畅，逸兴遄飞”，王勃按捺不住心头的激动，一个“路出名区”的“童子”，“幸承恩于伟饯”，他为自己有机会参加宴会深感荣幸。但面对高官显耀，不免又有几分心酸悲怆。他转而慨叹自己“不齐”的“时运”，“多舛”的“命途”。抒发自己内心深处的郁闷和不平，倾吐自己“有怀投笔”，“请缨”报国的情怀和勇往直前的决心。情由景生，写景是为抒情，景、情相互渗透，水乳交融。浑然天成，恰似行云流水，挥洒自如，自然流畅。

对比铺叙，色彩鲜明。作者无论是描绘洪州胜景、滕阁盛况，还是叙述人物的遭遇情绪，都能洋洋洒洒，辗转生发，极成功地运用了铺叙渲染的方法。而这种铺叙，又是在对比之中进行的。这就使文章一波三折，跳跃起伏，回环往复。“爽籁发而清风生，纤歌凝而白云遏。睢园绿竹，气凌彭泽之樽；邺水朱华，光照临川之笔。”弦管、纤歌、美酒、佳文、良辰、美景、赏心、乐事。“四美具，二难并”，这是盛况空前的宴会。相形之下，“时运不济，命途多舛；冯唐易老，李广难封”，天才沦落，迷茫落拓，又是何等的悲凉。这是人物境遇上的对比。文中还有“望长安于日下”与“目吴会于云间”，是地域上的对比；“逸兴遄飞”与“兴尽悲来”，是情绪上的对比；“杨意不逢，抚凌云而自惜”与“钟期既遇，奏流水以何惭”，是怀才不遇和喜逢知己的对比。这种色彩强烈的映衬对比，在揭示人物的内心隐忧，烘托文章的主旨中心方面，能产生相反相成、鲜明晓畅的艺术效果。

文中多次出现典故，非但没有冗赘晦涩之感，还使文章显得富丽典雅、委婉曲折、情意真切。“冯唐易老，李广难封”“屈贾谊于长沙”“窜梁鸿于海曲”这四个典故连用，隐喻作者命运坎坷、为沛王府修撰而受排斥打击和因作《檄英王鸡》而被高宗逐出的遭遇，虽心怀愤懑之情，却含而不露，且无金刚怒目之嫌。“北海虽赊，扶摇可接；东隅已逝，桑榆非晚”，这两个典故是隐喻自己不畏险阻、壮心不已的坚强信念。“等终军之弱冠”“有怀投笔”“慕宗悫之长风”等典故则隐喻自己“长风破浪”的浩然之气和积极进取的决心。

四、散体文

我国古代散文有广义和狭义之分：就广义而言，包含赋体文、骈体文、散体文等；就狭义而言，散文即指散体文，又称“古文”。

散体文具有明显的体式特征：在句式上，散体文的基本特征是散行单句，并不特意追求排偶，虽也讲究文句的整饬，但仅作点缀而已，整体上仍以散行单句为主；在语言上，散体文并不特别讲究平仄和声律，不受韵律的约束；在表现手法上，散体文以叙事说理为主，不以铺陈描绘为能事。

文化漫谈

古文运动

古文运动，指唐代中期至北宋时期提倡用古文创作的文学革新运动。其特点是反对六朝以来的骈文创作，兼有思想运动和社会运动的性质。这一运动的代表者，有唐代的韩愈、柳宗元，以及宋代的欧阳修、苏洵、王安石、曾巩、苏轼、苏辙等人。

“古文”是相对于“骈文”而言的，这一概念由韩愈最先提出，指先秦两汉的散文，其特点是句式长短不限，不追求声律和对偶，在内容上注重表达思想、反映现实生活。“骈文”指六朝以来讲究排偶、辞藻、声律、典故的文体。骈文中虽有优秀作品，但大多形式僵化、内容空虚。韩愈倡导继承两汉的文学传统，文以明道，得到了柳宗元等人的大力支持并形成声势浩大的“古文运动”。韩愈提倡古文实质是将改革文风与复兴儒学道统结合起来，把文章写作引向为政教服务。北宋欧阳修凭借其政治地位，大力提倡古文，他的同辈苏洵，学生王安石、曾巩、苏轼、苏辙，苏轼门下又有黄庭坚、陈师道、张耒、秦观、晁补之等人，都是古文能手，各树旗帜，最终使宋代的古文运动达到波澜壮阔的地步。

（一）《岳阳楼记》

《岳阳楼记》是北宋文学家范仲淹于庆历六年九月十五日（1046 年 10 月 17 日）应好友巴陵郡太守滕子京之请，为重修岳阳楼（图 3-3-1）而创作的一篇散文。据史料记载，滕子京函请范仲淹作记，特附上一幅《洞庭晚秋图》，并说：“山水非有楼观登览者不为显，楼观非有文字称记者不为久。”但《岳阳楼记》却超越了单纯写山水楼观的狭境，将自然界的晦明变化、风雨阴晴和“迁客骚人”的“览物之情”结合起来，将全文的重心放到了纵议政治理想方面，扩大了文章的境界。

图 3-3-1　岳阳楼

诵读：《岳阳楼记》

本文全篇仅 368 字，却内容充实，情感丰富，将叙事、写景、议论、抒情自然结合起来，既有对事情本末的交代，又有对湖光水色的描写；既有精警深刻的议论，又有惆怅悲沉的抒情。记楼，记事，更寄托自己的心志。作者善于以简驭繁，巧妙地转换内容和写法。如以“前人之述备矣”一语带过无数叙述，以“然则”一语引出“览物之情”，以“或异二者之为”展开议论话题，等等，千回百转，层层推进，叙事言情都入化境。

这篇记文以单行散句为主，间以骈偶短句，既流利畅达，又简洁凝练。散句骈句的运用，依文章内容而变化。如开头结尾的叙述文字用散句，庄严而质朴；中间写景状物的语句多用骈句，辞采华美，音韵和谐；议论抒情（“嗟夫”一段）用散句，抑扬顿挫，富于变化。骈散交替，叙议结合，文质兼美，具有很强的艺术感染力。

这篇文章通过描写岳阳楼的景色，以及阴雨和晴朗时带给人的不同感受，揭示了“不以物喜，不以己悲”的古仁人之心，也表达了自己“先天下之忧而忧，后天下之乐而乐”的爱国爱民情怀。全文将记叙、写景、抒情、议论融为一体，动静相生，明暗相衬，用排偶章法做景物对比，成为杂记中的创新。其影响力洞穿史册，成为延绵千年的治国理念之一。政事通达、人心和顺成为后代无数治国理政者孜孜以求的理想境界。

文化强国

对先贤的礼敬直抵人心

“不以物喜，不以己悲。居庙堂之高则忧其民，处江湖之远则忧其君……”11月26日晚，千古名篇《岳阳楼记》的念白在中国昆曲剧院里回荡，昆剧《范文正公》的首演落下帷幕，台下观众报以雷鸣般的掌声和喝彩声。

昆剧《范文正公》由苏州昆剧院打造，苏州市范仲淹研究会指导，以四折戏、四种情，将范仲淹“先忧后乐”的家国情怀生动地呈现给观众。《范文正公》的首演拉开了“苏州名人故事”系列昆剧创作的序幕。对先贤的礼敬，以昆曲擅长抒情的方式呈现，更能打动人心，生发启迪。

本戏在结构上，四折戏各成一体又连缀呈现，以范家的家童女婢小朴、小艾贯串全剧。“最初剧本四折戏分开，缺乏连贯性。若以主持人串场，就失了昆剧的格调与品位。”国家一级导演、该剧总导演孙晓燕告诉记者，经过反复推敲打磨，决定用家童二人的回忆作为线索，“这个戏比较厚重，小朴、小艾的解说平添活泼气氛，更有可看性”。

2021年冬季，苏州昆剧院负责人及主创团队产生了创作苏州名人昆剧的想法，邀请了远在福建的郑怀兴进行《范文正公》剧本创作，2022年夏初进入排练阶段。

为何要为苏州名人专门创作原创剧目？“范仲淹的精神，是我们民族精神的代表，也阐释了苏州厚德载物、兼容并蓄、开拓进取的文化特质。”俞玫林告诉记者，一是为传承弘扬苏州名人的精神；二是希望能够对年轻人有所启发、有所教化；三是在讲好范仲淹的故事的同时，讲好苏州故事、中国故事。

（资料来源：《光明日报》，2022年11月29日09版，有删改）

(二)《醉翁亭记》

图 3-3-2　醉翁亭

《醉翁亭记》是宋代文学家欧阳修于宋仁宗庆历五年（1045 年）创作的一篇文章，当时欧阳修正任滁州太守。欧阳修是从庆历五年被贬官到滁州来的，被贬官的原因是他支持韩琦、范仲淹、富弼、吕夷简等人参与推行新政的北宋革新运动，而反对保守的夏竦之流。醉翁亭如图 3-3-2 所示。

欧阳修在滁州实行宽简政治，发展生产，使当地人过上和平安定的生活，年丰物阜，使欧阳修感到无比快慰。但是当时的北宋，虽然政治开明、风调雨顺，但却不思进取、沉溺于现状，一些有志改革图强的人纷纷受到打击，眼睁睁地看着国家的积弊不能消除，使欧阳修感到沉重的忧虑和痛苦。这是他写作《醉翁亭记》时的心情，悲伤和欢喜是糅合着表现在他的作品里的。

诵读：《醉翁亭记》

全文共四段，条理清楚，构思极为精巧。全文描写醉翁亭秀丽的环境、变化多姿的自然风光和游人的山水之乐、游宴之乐，勾勒出一幅太守与民同乐的图画，抒发了作者的政治思想和寄情山水以排遣遭受打击的复杂感情。

作者对滁州优美山水风景的讴歌，对建设和平安定、与民同乐的理想社会的向往，以及委婉而含蓄地吐露苦闷，客观上是对宋仁宗时代的昏暗政治的一种揭露。尤其是这篇文章的语言准确、鲜明、生动、优美，句式整齐而有变化，全文重复运用“……者……也”的判断句句式，增强了文章的韵律。

(三)《赤壁赋》

诵读：《赤壁赋》

《赤壁赋》是北宋文学家苏轼创作的一篇赋，作于宋神宗元丰五年（1082 年)。《赤壁赋》写于苏轼一生最困难的时期之一——被贬谪黄州期间。元丰二年（1079 年)，因被诬陷作《湖州谢上表》“谤讪朝廷”，遭御史弹劾被捕入狱，史称“乌台诗案”。“几经重辟”，惨遭折磨。后经多方营救，于当年十二月释放，被贬为黄州团练副使，但“不得签署公事，不得擅去安置所”。元丰五年，苏轼于七月十六和十月十五两次泛游赤壁，写下了两篇以赤壁为题的赋，后人称第一篇为《赤壁赋》，第二篇为《后赤壁赋》。

此赋记叙了作者与朋友们月夜泛舟游赤壁的所见所感，以作者的主观感受为线索，通过主客问答的形式，反映了作者由月夜泛舟的舒畅，到怀古伤今的悲咽，再到精神解脱的达观的情绪变化。全赋在布局与结构安排中映现了其独特的艺术构思，情韵深致、理意透辟，在中国文学史上有着很高的文学地位，并对之后的赋、散文、诗产生了重大影响。

苏轼这种宇宙观和人生观表现了他对政治迫害的蔑视，对自己所追求的理想的坚持，身处逆境依然那么豁达、开朗、乐观、自信，以及他随缘自适、随遇而安的超然物外的生活态度。苏轼认为人对自然万物，非但不必因“吾生之须臾”而羡慕其“无穷”，反倒要使“无穷”的自然万物为“吾生”所享受，从中得到乐趣。

文武“赤壁”

全国被称为“赤壁”的地方不少，唯有文、武两“赤壁”举世闻名。

文赤壁位于湖北黄冈市（黄州）城西北的长江北岸，又称为“东坡赤壁”。它是一座红褐色的石崖，形状像鼻子，人称赤鼻山或赤壁矶，崖石屹立如壁，其色赤，因此称为赤壁。黄州赤壁在唐时已有些建筑，人们把它当作观览长江景色的场所。著名的诗人李白、杜牧曾来此游玩，写过赤壁诗。但黄州赤壁声名大振是因为北宋的苏东坡。黄州赤壁建筑极为讲究，红墙楼阁，井井有条，整个建筑群鳞次栉比，错落缜密，回环优雅，细巧精致，秀丽明艳，古色古香，富有民族风格和地方特色。其中的名胜古迹很多，多与苏东坡有关。

武赤壁位于湖北蒲沂县西北 36 公里处的长江南岸赤壁山，是三国时吴蜀联军大破曹兵的古战场遗址。蒲沂赤壁山又名石头山，是一处伸入长江的巉岩，海拔 54 米，悬崖峭壁，雄峙江边。蒲沂赤壁一带流传有这样一句民谣：“说书莫打赤壁过，三岁孩童知三国。”可见三国赤壁之战的故事在当地已广泛流传。

文化典藏

1.《古文鉴赏辞典·先秦两汉》，上海辞书出版社文学鉴赏辞典编纂中心编，上海：上海辞书出版社，2021 年。

2.《古文鉴赏辞典·隋唐五代》，上海辞书出版社文学鉴赏辞典编纂中心编，上海：上海辞书出版社，2021 年。

3.《古文鉴赏辞典·宋金元》，上海辞书出版社文学鉴赏辞典编纂中心编，上海：上海辞书出版社，2021 年。

单元四
曲苑风流：戏曲

戏曲是对中国传统戏剧的专称，它与古希腊戏剧、印度梵剧一起，并称世界三大古老戏剧文化。但古希腊戏剧、印度梵剧没有流传和延续下来，唯有中国戏曲绵延不衰，至今仍活跃在舞台上，呈现出极其顽强而旺盛的生命力。

一、戏曲发展

戏曲是一种历史悠久的综合舞台艺术样式，经过汉、唐的发展，到宋、金才形成比较完整的戏曲艺术，它由文学、音乐、舞蹈、美术、武术、杂技以及表演艺术综合而成，约有三百六十多个种类。经过长期的发展演变，逐步形成了以“京剧、越剧、黄梅戏、评剧、豫剧”五大戏曲剧种为核心的中华戏曲百花苑。中国戏曲文化经历了数千年的孕育过程，造就了它独树一帜的艺术风貌，形成了积极正面、健康向上的精神特质。

（一）萌芽及雏形

《诗经》里的“颂”，《楚辞》里的“九歌”，就是祭神时歌舞的唱词。从春秋战国到汉代，在祭神的歌舞中逐渐演变出娱人的歌舞。从汉魏到中唐，又先后出现了以竞技为主的“角抵戏”（即百戏）、以问答方式表演的“参军戏”和扮演生活小故事的歌舞“踏摇娘”等，这些都是戏剧的萌芽状态。

事实上，中国戏曲起源于先秦古优。王国维《宋元戏曲考》曰：“后世戏剧，当自巫、优二者出。”开近世戏剧探源之先声。优为古代表演乐舞、杂戏的艺人，其主要特点有两个：一是专事娱人，不涉娱神，可以自由采取各种艺术手段进行表演，很少受到限制；二是能歌善舞兼及杂技，能说会道，长于模仿，而以戏谑为表演趣味之中心。古优身上充分体现了民间俗世表演艺术的特点。在先秦各类表演艺术中，优最富戏曲性；在先秦各种乐人中，优最接近后世戏曲演员，尤其是丑角，他们是后世戏曲演员的前身。后世戏班特尊丑角，至今戏曲演员仍然自称为优。

到了汉代，倡优便在角抵戏中大显身手。而倡优表演角抵戏最晚始于秦代。在汉代，角抵戏有广狭二义：狭义角抵戏指摔跤角力之类的比武表演，广义角抵戏兼指歌舞表演、杂技表演、幻术表演等各种各样的倡优表演项目。用于广义时也称其为“角抵百戏”。

到了东汉，角抵诸戏又有了一个更为恰当的新名称——“百戏”。角抵即意味冲突，具有先天的戏剧潜能。倡优表演以戏谑见长，在角抵冲突之中，或以妙语诨词来打趣，或点缀情节而逗乐，或用滑稽歌舞以取笑，或添杂技幻术为穿插，必然富于戏剧性。

中国戏曲的最初剧目便是在颇具戏剧性的角抵戏中，在丑角式的表演中诞生的。这就是东汉张衡《西京赋》和刘歆、葛洪的《西京杂记》中记载的《东海黄公》。此戏由两位倡优扮演：一位“绛缯束发”，佩“赤金刀”为道具，扮东海黄公；另一位扮白虎。两人按照预定情节，运用代言体台词（“粤祝”），表演白虎出现，黄公住厌，人虎相斗，人为虎杀的冲突情节，起承转合，构成一个完整事件。《东海黄公》中诸种戏剧要素具备，是戏剧的雏形，还不是戏曲，而也绝非写实风格的话剧。其“粤祝”可属吟诵，其“禹步”颇类舞蹈，人虎相斗则是角抵表演，是全戏趣味之中心。此戏风格启后世戏曲之端，后世戏曲由此起步。

（二）成熟与发展

自汉武帝时期开始角抵戏一直兴盛至隋代，七百多年间尽管也出现了《许胡克伐》《辽东妖妇》等剧目，在艺术上有所进步，却始终未能形成戏曲艺术的门类。经过隋的统一，唐代出现了社会安定、经济富足、商业发达、城市繁荣的新局面，其文化艺术呈开放格局，在交流中全面发展。抒情文学迎来了自己的巅峰时代，叙事文学也到达了新阶段。唐代传奇标志着中国短篇小说的成熟，文人参与写作是其达到成熟的重要条件。唐代统治者对文学艺术、民间乐舞的喜爱超过了前代，唐玄宗李隆基设立教坊管理散乐，设立梨园培养乐伎，这对散乐的提高和戏曲的发展起到了不小作用。缓慢生长的戏曲艺术终于在唐代形成了自己的艺术门类——歌舞戏与参军戏。

“戏”作为戏曲艺术的总称始于唐代歌舞戏。歌舞戏即在前代歌舞、百戏艺术基础上发展而成的有故事情节、载歌载舞，或同时兼有伴唱和管弦乐器伴奏的一种雏形戏曲。《踏摇娘》是唐代民间盛行的歌舞戏。此戏由倡优装扮成性格不同的夫、妻、典库及众邻里，运用代言体，且歌且舞，有主唱有和声，间以话白，在鼓板管弦伴奏下，按照预定情节，抒发感情，表演冲突。观其情节与唱词，以及“不知心大小，容得许多怜”的诗评，它是苦戏，是悲剧；观其“作殴斗之状，以为笑乐”，“调弄又加典库”，则它是笑剧，是喜剧。结合来看应该说它是悲喜剧，开启后世戏曲悲喜剧因素彼此映照、相反相成之先河，与古希腊戏剧中悲剧喜剧的鲜明分类不同，中国戏曲走着自己的道路。“作殴斗之状，以为笑乐”是此戏悲喜剧因素的交会点，也是欣赏趣味的中心。它继承了《东海黄公》《许胡克伐》等以角抵演故事的传统和戏谑讽刺的特点，又以强烈的抒情性、齐声相和的歌唱、女优参加演出、多角色同台等开了风气之先。

参军戏也是继承《东海黄公》《许胡克伐》等以角抵演故事、讽刺戏谑的传统发展而来的。参军戏最早的剧目《参军周延》产生于后赵石勒年间（319 年—333 年）。最早把参军戏作为一个表演艺术门类记述的是晚唐段安节的《乐府杂录》。段氏列其为俳优诸弄之首，称为“弄参军”，又称为“戏”。参军戏以扮演参军这种官员为主，随着不断发展，也扮演其他官员，又名“弄假官戏”。人们习惯于称扮演官员的角色为“参军色”，于是“参军”成了角色名称。参军戏的另一角色是“苍鹘”。到了宋杂剧，“参军”演变为副净，“苍鹘”演变为副末。“参军”“苍鹘”为中国戏曲角色行当之祖。参军戏以戏谑为趣味中心，有着“苍鹘”打“参军”的表演程式，保留着先秦古优与角抵戏的遗风。

唐代参军戏与歌舞戏共同标志着中国戏曲的形成。在这两个剧种之外，唐代尚有其他戏剧性表演艺术，如弄假妇人、弄婆罗门、弄痴、弄孔子等。它们既未能形成各自的剧种，又不能为歌舞戏、参军戏所包括，而同类事物自当有同一类名词，于是“杂剧”一词便应运而生。“杂剧”一词的出现，表明了唐代人戏剧意识的觉醒和戏剧概念的形成，这也是戏曲形成的一个标志。

（三）繁荣与集成

到了宋代，随着商业与手工业的发达，市民的成倍增长，说唱艺术、叙事文学和其他通俗文艺的大发展，杂剧艺术也开始加速成长，枝繁叶茂。瓦子勾栏，寺庙村头，宫廷官府，到处活跃着杂剧优伶。至金代，杂剧又被称为“院本”。宋杂剧与金院本已经是趋向成熟的戏曲艺术，原因如下。

第一，积累了大批保留剧目，包括故事情节比较曲折的剧目。宋遗民周密《武林旧事》的卷十《官本杂剧段数》中记载宋代的“管本杂剧”剧名达二百八十目之多，且尚非全目。宋杂剧、金院本有艳段、正杂剧、后散段之分，其正杂剧主要是那些故事情节比较曲折而关注人物命运的剧目，如宋杂剧《莺莺六么》《裴少俊伊洲》《相如文君》《王魁三乡题》等，金院本《病郑逍遥乐》《断上皇》《蔡消闲》《范增霸王》《赤壁鏖兵》等。

第二，有剧本。孟角球是可以确知的第一位杂剧作家、第一位戏曲作家。唐代陆羽可能写过参军戏剧本，但尚难确证。明代朱权的《太和正音谱》中提到：“院本者，行院之本也。”其“本”字指的就是剧本。南宋与金代的主要剧作者是书会才人。

第三，可以单独上演，有固定的商业性演出场所，有大型剧目。宋代庄绰的《鸡肋编》中记载的成都杂剧比赛，孟元老的《东京梦华录》中记载的《目连救母》的演出，元代杜仁杰的《耍孩儿・庄家不识构阑》中描写的院本演出情况，都证明了宋杂剧、金院本可以单独上演，并非总是同说唱、杂技等其他民间表演艺术同台演出。瓦子勾栏便是固定的商业性演出场所，而《目连救母》则是每年七夕开始在勾栏中连演数日的大型剧目。

第四，有比较齐全的角色体制和雏形的戏班。关于宋杂剧的角色，《都城纪胜 · 瓦舍众伎》中有末泥、引戏、副净、副末与装孤的记载，《武林旧事》卷四《乾淳教坊乐部》中有装旦的记载。关于金院本角色，《辍耕录 · 院本名目》中有副净、副末、引戏、末泥与装孤“五花爨弄”的记载。宋杂剧、金院本角色体制相同，是比较齐全的。《武林旧事》卷四《乾淳教坊乐部》中还有关于“杂剧三甲”的记载，一甲或五人或八人，实为戏班雏形。

第五，处于各种民间表演艺术的中心地位。《都城纪胜 · 瓦舍众伎》曰：“散乐，传学教坊十三部，唯以杂剧为正色。”宋杂剧开创了戏曲处于民间表演艺术中心地位的新局面，以迄于近代。

宋杂剧和金院本是趋于成熟的戏曲艺术，不过它们毕竟尚未成熟，仍以短剧为主，以戏谑见长，还比较幼稚。

中国戏曲成熟的标志是南宋的南曲戏文和金代的北曲杂剧。南曲戏文产生于南北宋之交，12 世纪上半叶，是温州一带的民间歌舞说唱受杂剧影响演变而成的，因而又被称为“温州杂剧”与“永嘉杂剧”。北曲杂剧产生于金代中期，12 世纪下半叶，脱胎于金院本的“院幺”，即“幺末院本”。南宋的南曲戏文和金代的北曲杂剧两大剧种标志着中国戏曲的成熟。成熟之后的中国古代戏曲蓬勃发展，接连出现了元杂剧、明清传奇和清代地方戏三大高潮，以极为辉煌的艺术成就、独一无二的艺术体系屹立于世界东方。

文化强国

戏曲创新需要找到正确的打开方式

如今的传统文化热、国潮出圈等文化现象，都是年轻人文化自信的表现。戏曲是中国传统文化的结晶，也在年轻人的手里以另一种方式热了起来。很多人曾为戏曲的前途担忧，但今日中国之青年给了戏曲发展新的希望，赋予了戏曲新的传承。

元宵节前夕，某视频网站播出了一场以戏曲为特色的元宵晚会《上元千灯会》，晚会由中国戏剧家协会作为特别支持单位，既有孟广禄、王佩瑜这样的京剧表演艺术家参与，也有大量年轻人和戏曲爱好者共同出演，采用京剧、昆曲、豫剧、评剧、秦腔、越剧、黄梅戏等戏曲形式，将传统戏曲表演同影视化表现跨界融合。作为一个典型案例，这体现出传统文化创新的新风采和新腔调。

20 世纪 90 年代，多种艺术形式在短时间内涌入了中国。梨园行内讲规矩重门派，内容创作没能及时跟上时代的步伐，直接导致了戏曲受众的减少，出现了戏曲生存和发展环境维艰的情形。很多人武断地认为戏曲是上一辈人的爱好，是农业时代的文艺形式，更有甚者直接给戏曲判了死刑。

我国戏曲的历史可以追溯到先秦，究其本质就是中国人文艺生活的一部分，其定位必然是娱乐，戏曲真正的生命力也恰在于此。最早的戏曲和我们今天看到的完全不同，明确区分角色行当的戏曲是宋金时期才出现的，我们今天看到的诸多剧种，很多都是在清朝才定型的。我们的先辈们一直在改变和创新，回顾历史，千百年来中国戏曲唯一不变的就是“变”。

戏曲的生命力永远来自一代代年轻观众的加入。今天，我们能够看到很多著名的戏曲演员入驻了新媒体平台，粉丝量还很高。著名歌唱家谭晶老师的戏腔歌曲《赤伶》被粉丝喜爱，著名京剧表演艺术家王珮瑜的《游山恋》在视频网站拥有数千条好评。创新贵在“学古不泥古，破法不悖法”。中华优秀传统文化是中华民族的精神血脉和创新源头，该网站的元宵节晚会用一种年轻化的态度和思路，为我们如何把握传承和创新的关系做了示范，为戏曲下一步的发展蹚开了一条道路。

（资料来源：光明网，2022 年 2 月 16 日，有删改）

二、戏曲剧种

戏曲剧种，是用来区分中国传统戏曲艺术中不同种类的特定称谓。中国戏曲剧种种类繁多，据不完全统计，中国各地区的戏曲剧种约有三百六十多种，传统剧目数以万计。其中，昆曲是中国最古老的剧种之一，京剧、越剧、黄梅戏、评剧、豫剧被合称为中国五大戏曲剧种。

（一）昆曲

昆曲，又称昆剧、昆腔、昆山腔，是中国最古老的剧种，也是中国传统文化艺术中的珍品。昆曲发源于 14 世纪中国的苏州昆山，后经魏良辅等人的改良而走向全国，自明代中叶起独领中国剧坛近三百年。昆曲糅合了唱念做打、舞蹈及武术等，以曲词典雅、行腔婉转、表演细腻著称，被誉为“百戏之祖”，有“中国戏曲之母”的雅称。昆曲以鼓、板控制演唱节奏，以曲笛、三弦等为主要伴奏乐器，其唱念语音为“中州韵”。

昆曲是中国戏曲史上表演体系最完整的剧种，它的基础深厚，遗产丰富，是中国汉族文化艺术高度发展的成果，在中国文学史、戏曲史、音乐史、舞蹈史上占有重要的地位。昆曲的表演有它独特的体系、风格，其最大特点是抒情性强、动作细腻，歌唱与舞蹈身段结合得巧妙而和谐。在语言上，该剧种原先分南曲和北曲：南昆以苏州白话为主，北昆以大都韵白和京白为主。

昆曲唱腔华丽婉转、念白儒雅、表演细腻、舞蹈飘逸，加上舞台置景，可以说在戏曲表演的各个方面都达到了最高境界。正因如此，许多地方的剧种，如晋剧、蒲剧、湘剧、川剧、赣剧、桂剧、越剧、闽剧等，都受到过昆剧艺术多方面的哺育和滋养。昆曲中的许多剧本，如《牡丹亭》《长生殿》《桃花扇》等，都是古代戏曲文学中的不朽之作。昆曲曲文秉承了唐诗、宋词、元曲的文学传统，曲牌则有许多与宋词元曲相同。这为昆曲的发展打下了良好的文化基础，同时也造就了一大批昆曲作家和音乐家，其中梁辰鱼、汤显祖、洪升、孔尚任、李玉、李渔、叶崖等人都是中国戏曲和文学史上的杰出代表。

（二）京剧

京剧，中国五大戏曲剧种之一，腔调以西皮、二黄为主，用胡琴和锣鼓等伴奏，被视为中国国粹。清代乾隆五十五年（1790年）起，原在南方演出的三庆、四喜、春台、和春四大徽班陆续进入北京，他们与来自湖北的汉调艺人合作，同时接受了昆曲、秦腔的部分剧目、曲调和表演方法，又吸收了一些地方民间曲调，通过不断地交流、融合，最终形成京剧。京剧形成后在清朝宫廷内开始快速发展，直至民国时期达到空前繁荣。京剧是演绎、传播中国传统文化的重要手段。京剧的分布地以北京为中心，遍及中国。

京剧在长期的发展过程中涌现出一大批戏曲名家。程长庚、余三胜、张二奎为京剧形成初期的代表，时称“老生三杰”。“三鼎甲”即“状元”张二奎、“榜眼”程长庚、“探花”余三胜。他们在演唱及表演风格上各具特色，在创造京剧的主要腔调（西皮、二黄）和京剧戏曲形式，以及具有北京语言特点的说白、字音上，做出了卓越贡献。

京剧步入成熟期后，代表人物为时称“老生后三杰”的谭鑫培、汪桂芬和孙菊仙。其中谭鑫培继承了老三杰各家艺术之长，又经创造发展，将京剧艺术推进到新的成熟境界。谭鑫培在艺术实践中广征博采，他从昆曲、梆子、大鼓及京剧青衣、花脸、老旦各行中借鉴长处，融于演唱之中，创造出独具演唱艺术风格的“谭派”，形成了“无腔不学谭”的局面。谭鑫培被称为“伶界大王”，其在京剧界的地位相当于当年的程长庚。

1917年以来，优秀京剧演员大量涌现，呈现出流派纷呈的繁盛局面，京剧由成熟期发展到鼎盛期，这一时期的代表人物为杨小楼、梅兰芳、余叔岩。1927年，北京《顺天时报》举办京剧旦角名伶评选。读者投票选举结果：梅兰芳以《太真外传》、尚小云以《摩登伽女》、程砚秋以《红拂传》、荀慧生以《丹青引》，荣获“四大名旦”。“四大名旦”脱颖而出，是京剧走向鼎盛的重要标志。他们创造出各具特色的艺术风格，形成了梅兰芳的端庄典雅、尚小云的俏丽刚健、程砚秋的深沉委婉、荀慧生的娇昵柔媚“四大流派”，开创了京剧舞台上以旦为主的格局。武生杨小楼继俞菊笙、杨月楼之后，将京剧武生表演艺术发展到新高度，被誉为“国剧宗师”“武生泰斗”。老生中的余叔岩、高庆奎、言菊朋、马连良，在 20 世纪 20 年代时被称为“四大须生”。同期的时慧宝、王凤卿、贯大元等也是生行中的优秀人才。20 世纪 30 年代末，余、言、高先后退出舞台，马连良与谭富英、奚啸伯、杨宝森被合称为“四大须生”。女须生孟小冬具有较高艺术造诣，颇有其师余叔岩的艺术风范。

京剧舞台艺术在文学、表演、音乐、唱腔、锣鼓、化妆、脸谱等各个方面，形成了一套互相制约、相得益彰的格律化和规范化的程式。京剧作为创造舞台形象的艺术，其手段是十分丰富的，其用法又是十分严格的，不能驾驭这些程式，就无法完成京剧舞台艺术的创造。由于京剧在形成之初便进入了宫廷，使得它的发育成长不同于地方剧种。这要求它表现的生活领域要更宽，塑造的人物类型要更多，对其技艺的全面性、完整性也要求得更严格，对其创造舞台形象的美学要求也更高。这便导致了它的民间乡土气息减弱，纯朴、粗犷的风格特色相对淡薄。因而，它的表演更趋于运用虚实结合的表现手法，最大限度地超脱舞台空间和时间的限制，以达到“以形传神，形神兼备”的艺术境界。京剧在表演上要精致细腻，处处入戏；唱腔上要悠扬委婉，声情并茂；武戏不以火爆勇猛取胜，而以“武戏文唱”见佳。

（三）越剧

越剧是中国第二大剧种，有第二国剧之称，又被称为“流传最广的地方剧种”，亦为中国五大戏曲剧种之一。越剧发源于浙江嵊州，发祥于上海，繁荣于全国，流传于世界，在发展中汲取了昆曲、话剧、绍剧等特色剧种的长处，经历了由男子越剧到女子越剧的历史性演变，成为首批国家级非物质文化遗产。越剧唱腔委婉、表演细腻、抒情优美，已经成为仅次于京剧的一个大剧种。著名演员有袁雪芬、王文娟、徐玉兰等，代表剧目有《红楼梦》《梁山伯与祝英台》等。

（四）黄梅戏

黄梅戏是安徽省的地方戏之一，旧时被称为黄梅调，主要流行于安徽及江西、湖北的部分地区。黄梅戏起源于湖北黄梅的采茶歌，传入安徽安庆地区后，又吸收了当地的民间音乐，发展形成了这个剧种。黄梅戏载歌载舞，唱腔委婉动听，表演朴实优美，生活气息浓厚，受到了人们的普遍欢迎。著名演员有严凤英、王少舫、马兰等，演出的传统剧目有《天仙配》《女驸马》《牛郎织女》等。

（五）评剧

评剧发源于河北唐山，是流行于北京、天津和华北、东北各地的地方戏。它最初是在河北民间说唱形式“莲花落”的基础上发展起来的，又先后吸收了其他剧种以及民间说唱的音乐和表演形式的特点，于清朝末年形成了评剧。评剧具有活泼、自由、生活气息浓郁的特点，擅长表演现代生活。著名演员有小白玉霜、新凤霞等，代表剧目有《秦香莲》《小女婿》《刘巧儿》等。

（六）豫剧

豫剧又名河南梆子、河南高调，是中国最大的地方剧种。豫剧诞生在七朝古都——东京汴梁城开封，起源于明朝中后期，有近400年的历史。目前除河南外，山东、江苏、安徽、山西、河北、湖北、北京、陕西、四川、甘肃等省区都有专业豫剧团分布，豫剧是21世纪以来拥有专业戏曲团体和从业人员数量最多的剧种。豫剧的声腔，有的高亢活泼，有的悲凉缠绵，能够表演各种风格的剧目。豫剧的传统剧目有1000多出，已经发展成为具有全国影响力的剧种。著名演员有陈素真、马金风、常香玉、牛得草、阎立品等，代表剧目有《宇宙锋》《穆桂英挂帅》《红娘》《拾花轿》《春秋配》《七品芝麻官》《花木兰》《朝阳沟》《程婴救孤》等。

文化典藏

1.《中国戏曲发展史》，李啸仓著，北京：中国戏剧出版社，2012年。

2.《百戏千谱》，田有亮绘编，北京：中国书店，2012年。

单元五
人生映像：小说

小说是四大文学体裁（散文、小说、诗歌、戏剧）之一，是以塑造人物形象为中心，通过完整故事情节的叙述和具体的环境描写来反映社会生活的一种文体，它是拥有完整布局、发展及主题的文学作品。

关于小说的起源，主要有三个方面：一是寓言故事，《孟子》《庄子》《韩非子》《战国策》等书中都有不少人物性格鲜明的寓言故事，它们已经带有小说的意味；二是史传，如《左传》《战国策》《史记》《三国志》等书描写人物性格，叙述故事情节，或为小说提供了素材，或为小说积累了叙事的经验；三是文人笔记，这一点在魏晋南北朝时期尤为明显，文人笔记中大都记载了一些轶事、掌故、素材。

中国古代小说包括志怪神魔小说、历史演义小说、英雄传奇小说、社会人情小说等。

一、志怪神魔小说

志怪神魔小说是中国古典小说形式之一，以记叙神异鬼怪故事传说为主体内容，产生和流行于魏晋南北朝，与当时社会的玄学风气以及佛教的传播有直接的关系。

志怪神魔小说按内容可以分为三类：第一类为地理方物志怪小说，如张华的《博物志》、托名东方朔的《神异经》等；第二类为鬼神怪异志怪小说，如曹丕的《列异传》、干宝的《搜神记》、王嘉的《拾遗记》、吴均的《续齐谐记》等；第三类为佛法灵异志怪小说，如颜之推的《冤魂志》、刘义庆的《幽冥录》等。志怪神魔小说处于我国小说发展的初期，篇幅短小，叙事简单，有些作品人物的刻画比较成功，已经初具小说的规模，对后世小说的发展产生了很大影响。

（一）《搜神记》

《搜神记》是东晋史学家干宝著录的笔记体志怪小说集，原本已佚，今本系后人缀辑增益而成，共 20 卷，有大小故事 454 个。干宝，东晋史学家，字令升，新蔡（今属河南省）人。出身世家，少即勤学，博览群书，曾以著作郎领国史，著《晋纪》二十卷，记西晋一代史事，时称良史，今佚，仅存片段。

志怪小说中，以东晋干宝的《搜神记》影响最大，代表着魏晋志怪小说的最高成就。它借助神异题材反映广大人民的思想和愿望，一方面反映了统治阶级的残暴凶狠和人民的不屈斗争，如《干将莫邪》《韩凭夫妇》等；另一方面反映了封建社会青年男女追求婚姻自主的愿望，如《紫玉》等。《紫玉》通过人死而复活的离奇情节揭露了封建婚姻的罪恶，讴歌了青年男女的忠贞爱情。此外还有不少文章反映了广大人民不怕鬼怪、铲除妖魅的无畏精神，如《宋定伯捉鬼》《李寄》等。

《搜神记》记述了从上古到汉晋时期的大量传说，内容极其丰富，涉及范围很广，上至皇室贵族，下至黎民百姓，都在作者的视野之中。由于此书传说色彩较浓，所以史书说《搜神记》有“博采异同，遂混虚实”的特点。其实这正是干宝撰写此书的成功之处，正如他在《搜神记序》中所说，“虽考先志于载籍，收遗逸于当时，盖非一耳一目之所亲闻睹也，又安敢谓无失实者哉”。所以他并不是简单地抄录传说，而是在搜集素材的基础上进行了艺术加工，将生活中的真实和艺术的手法融为一体，使这些传说故事更加典型和耐读。

在具体编排上，《搜神记》大致以类相从，每一类都有相应的序言。如今本卷一至卷三中都是关于神仙术士的神变故事，类似《后汉书·方士列传》。卷六、卷七收录了各类妖怪的故事，其开篇有一段文字用阴阳五行之消长来解释妖怪产生的原因，其体例与《汉书·五行志》非常接近。因此，有学者认为，原本《搜神记》很可能分作“感应”“神化”“变化”“妖怪”等不同的篇目或类别。

作为志怪小说的集大成之作，《搜神记》除了内容丰富、体例清晰，其叙事与文辞也颇受后人称许，有“直而能婉”之誉，兼具直笔实录与曲折优雅。

（二）《西游记》

《西游记》是中国古代第一部浪漫主义章回体长篇神魔小说。今见最早的《西游记》版本是明代万历二十年（1592 年）的《新刻出像官板大字西游记》（金陵世德堂本），未署作者姓名。鲁迅、董作宾等人根据《淮安府志》中“吴承恩《西游记》”的记载予以最终定论为“吴承恩原著”。

吴承恩，字汝忠，号射阳山人，明代文学家，淮安府山阳县河下（今江苏淮安市淮安区）人。吴承恩五十岁左右时写了《西游记》的前十几回，后来因故中断了多年，辞官离任回到故里后，他于隆庆四年（1570 年）开始着力撰写《西游记》。吴承恩擅长绘画、书法，多才多艺，但其最主要的成就在于完成《西游记》。

《西游记》描绘了一个色彩缤纷、神奇瑰丽的幻想世界，创造了一系列妙趣横生、引人入胜的神话故事，塑造了孙悟空这个超凡入圣的理想化的英雄形象。作品在奇幻世界中反映出世态人情和社会风俗，具有浓郁的生活气息，表现了主人公超凡的智慧和勇气，塑造了一系列丰满的人物形象。《西游记》以它独特的艺术魅力感染了一代又一代的读者。

《西游记》的艺术特色，可以用两个词来概括：一是奇幻，二是奇趣。

1. 奇幻

《西游记》的艺术想象奇特、丰富、大胆，在古今小说作品中罕有能与其匹敌的。孙悟空活动的世界接近童话中的幻境，有各种各样的珍禽异兽、天材地宝、神魔妖怪，简直无奇不有。

浪漫的幻想源于现实生活，奇幻的故事折射出世态人情。《西游记》中的人物、情节、战斗场面，乃至角色所用的法宝、武器，虽极尽幻化之能事，但都是从现实生活的体验而来。因此，读者不会因为它的“奇”而觉得不合情理。

2. 奇趣

《西游记》的艺术魅力，除了它的奇异想象，就要数它的趣味了。在中国古典小说中，《西游记》可以说是趣味性和娱乐性最强的一部作品。虽然取经路上尽是险山恶水，妖精魔怪层出不穷，但作者通过高超的写作技巧和幽默的写作风格使整篇小说轻松愉悦，没有紧张感和沉重感。

《西游记》的奇趣通过人物性格体现出来，如豪爽、乐观的孙悟空，滑稽、憨厚的猪八戒等。这些人物幽默诙谐、妙趣横生的对话使文章增色不少。

《西游记》开辟了神魔长篇章回小说这一新门类。这部书将善意的嘲笑、辛辣的讽刺和严肃的批判巧妙结合，直接影响了后来讽刺小说的发展。《西游记》是中国古代长篇浪漫主义小说的高峰，在世界文学史上也有一席之地。

文化强国

论“西游文化”的当代传播

在中国传统文学名著中，很少有作品像《西游记》一般，既能以学术研究、专业译介传播到全世界，也能在文化衍生层面通过影视改编、游戏动漫等形式被全球大众熟知。《西游记》融神话、童话、喜剧、传奇于一身，兼具本土性与世界性，它的读者不分年龄，也不分国家民族。可以说，“西游文化”是一个全球性的

“文化标识”。

《西游记》的“续写”到了当代，其形式有影视剧、游戏动漫，但内核是不变的。国产影视剧发挥了现实化的想象力，使观众看到了一个有七情六欲的唐僧，一个更可爱可憎的孙悟空。这些现代形象虽然饱受争议，但在研究者看来，也并非毫无依据，比如孙悟空的形象本身存在历史变化，从佛教中温和的猴子到道教故事中的顽劣猴子两个形象逐渐合一，它身上有善有恶。

对于大多数的当代改编者而言，他们并未忘记原著的核心精神——反抗权威、个体独立，以及人生答案需要自己冒险求取。这些来自中国明朝小说的观念，同样也是当代世界推崇的价值观。这或许是《西游记》能够成为全球文化“IP”的主要原因之一。同时要注意的是，虽然《西游记》本身包含了可以被解构的因素，每个人都可以通过重新解读来获取这部经典名著的现代启示意义，但也要警惕无原则或过于庸俗的改编倾向。

《西游记》的传播和续写，从 18 世纪起便开始了向外交流之路，2016 年底德文全译本的推出使得大众对它的译介传播过程有了更多认识。一直以来，它的一部分精神都被国外研究者拿来与荷马的《奥德赛》、塞万提斯的《堂·吉诃德》、歌德的《浮士德》等西方名著进行比较。今后，如何通过学术研究来拓展它在专业读者和大众读者心中更完善的形象，需要学界进一步努力。

（资料来源：中国作家网，2017 年 5 月 18 日，有删改）

（三）《聊斋志异》

《聊斋志异》（俗名《鬼狐传》）是中国清朝小说家蒲松龄创作的文言短篇小说集，成书于康熙三年至康熙八年（1664—1669 年），最早的抄本在清代康熙年间已有流传。该书共收小说近 500 篇，以写花妖狐魅、奇人异行著称于世，包括民俗民习、奇谈异闻、世间万物的奇异变幻，在谈狐说鬼之书中，堪为第一。该书在继承魏晋志怪和唐宋传奇传统的基础上，达到了中国文言小说创作的最高成就，其故事情节奇特诡序，人物形象独放异彩，美学理想不同流俗，是中国文学的瑰宝、世界文学的明珠。

蒲松龄，字留仙（一字剑臣），别号柳泉居士，世称聊斋先生，自称异史氏，济南府淄川（现山东省淄博市蒲家庄）人。蒲松龄出身于地主兼商人的家庭，他父亲年轻时经济困难，后弃儒经商。蒲松龄就是出生在这样一个书香门第家庭中，自幼聪颖好学，喜读诗书，怀有轶才。

《聊斋志异》的艺术特色主要有以下几点。

1. 用传奇的方法来志怪

传统的志怪小说，大抵叙述鬼神怪异之事，篇幅短小，仅“粗陈梗概”，语言简约而显露不出文采。而唐代的传奇小说则“叙述婉转，文辞华艳”，小说的主体是人间、人事、人情、人态。蒲松龄用传奇的写作方式来写花妖狐魅，使小说内容精彩且充实，情节离奇而生动，展现出极其迷幻曲折的色彩。

2. 情节委曲，叙次井然

《聊斋志异》增强了小说的艺术素质，丰富了小说的形态、类型。小说的要素之一是故事情节，文言小说演进的轨迹之一便是由粗陈梗概到记叙委婉。《聊斋志异》中精心编写的故事多记叙详尽而委曲，有的篇章还以情节曲折取胜。如《王桂庵》写王桂庵江上初逢芸娘，后沿江寻访不得，再后偶入一江村，意外地再见芸娘，却由于一句戏言，致使芸娘投江；经年自河南返家，途中又蓦地见到芸娘未死，几乎步步有“山穷水复，柳暗花明”之趣。

然而，这也只是作者创作的一种艺术追求，《聊斋志异》里也有不重视故事情节乃至无故事性的小说。《婴宁》有故事情节，但作者倾力展示的却是婴宁的性格，其他的人物和事物，如为她的美貌所倾倒而痴情追求的王子服，以及她居住的幽僻的山村、长满花木的院落，都是为了烘托她那种近于童稚的绝顶天真而设置的；入世以后婴宁受礼俗的束缚，“竞不复笑”，也是意味着原本天真的消失。

3. 描写丰美，形象生动

较之以前的文言小说，作品加重了对人物环境、行动状况、心理表现等方面的描写。如《连琐》开头便写杨于畏“斋临旷野，墙外多古墓，夜闻白杨萧萧，声如涛涌”，为鬼女连琐的出场设置了阴森的环境。《红玉》写红玉初见冯相如：“一夜，相如坐月下，忽见东邻女自墙上来窥。视之，美。近之，微笑。招以手，不来亦不去。固请之，乃梯而过，遂共寝处。”生动地表现了红玉与冯相如两情相悦的情景。

4. 语言精练，词汇丰富，句式富于变化

如《婴宁》中，写婴宁爱笑，就用了“笑容可掬”“嗤嗤笑不已”“笑不可遏”“复笑不可仰视”“大笑”“笑声始纵”“狂笑欲堕”“且下且笑”“微笑而止”“室中吃吃皆婴宁笑声”“浓笑不顾”“孜孜憨笑”“笑处嫣然”“笑极不能俯仰”“放声大笑，满室妇女为之粲然”等描述，总共不下二十余处，但无一处相同，各有特色，且符合不同的情境。

二、历史演义小说

历史演义小说是中国古代长篇章回体小说类型之一，由宋元讲史话本发展而来。所谓

"历史演义"就是用通俗的语言，将以争战兴废、朝代更替等为基础的历史题材，组织、演绎成完整的故事，并以此表明一定的政治理想、道德观念和美学理想。因而，历史演义小说是以基本史实为依据，并在此基础上进行艺术的想象、虚构、加工和再创造的，它在叙事中融入作者自己的思想和情感及其对历史事件、历史人物的评价。元末明初诞生的《三国演义》是我国第一部长篇历史演义小说。

（一）《三国演义》

《三国演义》是中国第一部流传最广、影响最深、成就最高、格局最大的章回体古典小说，由元末明初的小说家罗贯中写作。这部古典文学名著以宏大的结构描述了从东汉中平元年的黄巾起义开始，到西晋武帝司马炎太康元年统一中国，将近一个世纪中，魏、蜀、吴三国间的政治和军事斗争。

罗贯中，名本，字贯中，号湖海散人，今山西太原人。元末明初小说家、戏曲家，中国章回小说的鼻祖。罗氏家族很重视对后代进行"水源木本"的家族历史教育，一直保持了"耕读传家，诗礼教子"的家风。在这种家风的影响之下，罗贯中从小喜爱读书，博洽经史，为后来的创作奠定了良好的基础。

然而，罗贯中所处的时代是一个民族矛盾和阶级矛盾异常尖锐复杂的时代。元朝统治者的残酷统治和压榨激起了全国人民的反抗，推翻元朝统治的斗争如火如荼。因此，在这部作品中，罗贯中寄托了自己的爱憎情感，谴责了统治者的残暴和丑恶，反映了动乱时代人民的痛苦以及对清明政治和仁君的向往，体现了鲜明的"拥刘反曹"倾向。作品客观地揭露了封建统治集团之间政治或军事中公开或隐蔽、合法或非法的矛盾斗争；淋漓尽致地刻画了封建统治阶级争名夺利、钩心斗角、尔虞我诈、明火暗刀的策略伎俩和阴谋诡计；深刻地揭示了农民因无法生活铤而走险、纷纷起义的真实历史背景和原因。

《三国演义》的艺术成就是多方面的，首先体现在作品的艺术结构上。其艺术结构是以人物为中心，以描写权谋斗争和战争场面的情节为主体，表现出既宏伟壮阔，又严密精巧的艺术特色。全书内容的时间跨度极大，人物众多，事件复杂，头绪纷繁。但作者以蜀汉为中心，抓住三国矛盾斗争的主线，井然有序地展开故事情节，构成一个完整的艺术整体。

《三国演义》通过描写惊心动魄的政治斗争和军事斗争，塑造了一系列生动鲜活的人物形象，充分显示了罗贯中在人物刻画方面的惊人技巧。全书四百多个人物形象，不管是曹操、刘备、孙权这些群雄之首，还是诸葛亮、关羽、张飞、赵云、黄忠、鲁肃、周瑜、黄盖等文臣武将，都具有鲜明生动的特性。

罗贯中对战争的描绘是极其成功的，他总是以人物为中心写出战争的各个层次，如参战各方的战略、战术和力量的对比，以及所处地位的转化。此外，罗贯中还善于揭示影响战争胜负的决定因素，能够将紧张激烈的战争过程以及瞬息万变的战争形势描绘得惊心动魄。书中的大小战役各具特色，千变万化，显示出战争的多样性和复杂性。罗贯中对战争的描写重点突出、错落有致、疏密相间、虚实照应。战争场面铺排展开、波澜起伏、气势磅礴。

《三国演义》在中国流传广泛，对中国文学史和中国文化有着深远影响，其卓越的艺术成就为中国后来的历史小说创作提供了学习和借鉴的榜样。

淡泊明志，宁静致远

非淡泊无以明志，非宁静无以致远。

——诸葛亮《诫子书》

淡泊明志，宁静致远。淡泊名利才能明确自己的志向，心神宁静才能达到远大的目标。淡泊：恬淡寡欲，不重名利。宁静：安宁恬静，不为外物所动。致远：到达远处，即实现远大目标。这是古代中国人所追求的自我修养的一种境界，其核心是对待名利的态度。它希望人们不要贪图名利，为名利所累；要始终胸怀远大理想，一心一意地为实现远大理想而努力。

（二）《封神演义》

《封神演义》(俗称《封神榜》) 传为明代许仲琳创作的虚构长篇小说，约成书于隆庆、万历年间。《封神演义》全书一百回，写的是武王伐纣的故事，前三十回着重写纣王的暴虐，后七十回主要写商、周两国的战争，纣王凶而自焚，武王夺取天下，分封列国。该小说以历史观念、政治观念作为支撑全书的思想框架，掺杂了很多宏大的想象，表现了作者对仁君贤主的拥护和赞颂以及对无道昏君的不满和反抗。

《封神演义》的原型最早可追溯至南宋的《武王伐纣平话》，据说还参考了《商周演义》《东游记》这两部小说。全书以武王伐纣、商周易代的历史为框架，叙写天上的神仙分成两派卷入这场斗争，即支持武王的为阐教和帮助纣王的为截教。双方祭宝斗法，几经较量，最后纣王失败自焚，姜子牙将双方战死的重要人物一一封神。

《封神演义》在神话式世界观的指导下，向人们诉说上古战争——商周战争。《封神演义》涉及的许多重要文化现象不是某个文人独立完成的，而是属于全民族的意识与心理。《封神演义》由平话到写定，再到以鼓词的形式在民间流传，在这个意义上，它具有史诗的性质。《封神演义》将武王伐纣这一重大历史事件神话化，借此重塑上古诸神的形象，恢复神话英雄的威名，再造神祇谱系，使历来杂乱无章的神仙道有了一个完整的体系：上层为仙道，中层为神道，下层为人道。《封神演义》是在文化反刍的背景下，诞生于人类成年期的神话史诗。

从历史演义的角度看，小说比较真实地反映了上古时期的商周斗争，特别是纣王失败、周代商兴的历史面貌。从《尚书》、《诗经》和《史记》对这一段史实多有记载。尤其值得重视的是，作者在书中表现出来的进步的政治思想和伦理思想。为了充分肯定武王伐纣战争的正义性、必要性与合理性，小说对纣王荒淫残暴的罪行进行了集中揭露，说明“君失其道，便不可为民之父母，而残贼之人称为独夫。今天下叛乱，是纣王自绝于天”。因此，周武伐商虽为臣伐君，却是诛独夫、反暴政，是“奉天命以伐无道”的正义之师。此外，“天下者非一人之天下，乃天下人之天下也”。文武尚德，百姓归心，才能周代商兴。贯穿整部小说的就是这种披着天命外衣的民本思想，这是西周初年以来出现的为历代进步思想家所继承的古代民主思想。在把封建纲常“天理”化的程朱理学占统治地位的明代，《封神演义》宣扬的这种思想，显然具有与封建专制主义相抗衡的叛逆意义。

小说中还生动描写了哪吒剔骨还肉、寻父报仇和殷郊殷洪逃亡、以纣为仇的故事，对这些有失“子道”的悖逆行为表示理解和肯定，而殷郊殷洪后来背叛师教，助商伐周，却终不免化灰犁锄的下场。这些同有失“臣道”的武王伐纣一样，都表明了作者企图用一种有条件的、相对的君臣父子关系来改造那种无条件的、绝对服从的封建忠孝伦理，这是《封神演义》中可贵的思想光芒。

（三）《隋唐演义》

《隋唐演义》是明末清初文学家褚人获创作的一部具有英雄传奇和历史演义双重性质的长篇章回体小说，共二十卷，一百回。现存最早刻印刊行版为康熙三十四年（1695 年）的四雪草堂刊本。

褚人获，字稼轩，又字学稼，号石农、没世农夫等，江苏长洲（今江苏省苏州市）人，明末清初文学家，一生未曾中试，也未曾做官。但他有多方面的才能，著作颇丰，传世的有《坚瓠集》《读史随笔》《宋贤群辅录》《隋唐演义》等。

全书整体结构以史为经，以人物事件为纬，以隋炀帝、朱贵儿、唐明皇、杨玉环的“两世姻缘”为大框架，讲述自隋文帝起兵伐陈开始，到唐明皇还都去世为止一百七十多年间的传奇历史。全书文字描写灵活多变，或铺陈华丽，富有时代气息；或用笔粗豪，人物形象鲜明，铺叙了隋炀帝奢靡的宫闱生活以及隋末群雄起兵、李世民统一天下、武则天荒淫乱唐、唐明皇和杨贵妃的故事。书中对隋亡后十六院夫人流落江湖的同情，对秦琼英雄失意的感叹，与作者在明亡以后“頀落”“困顿”的遗民心态有着千丝万缕的联系。

《隋唐演义》是在关于隋唐的正史、野史、民间传说以及通俗小说的基础上汇总加工而成的，它的诞生标志着说唐题材小说创作的转型，同时也代表了明末清初长篇白话小说发展的一种趋势，其成功经验对此后的小说创作（如《红楼梦》）也有一定的启发、示范作用。

《隋唐演义》突出歌颂了民间流传的英雄豪杰的动人故事，证明了“有德者得天下，无德者失天下”，在客观上也揭露了隋、唐两朝封建统治集团的荒淫、奢靡生活，有一定的历史借鉴作用。

《隋唐演义》的内容虽然繁多，但实际上有两大线索：其一是帝王的宫廷生活，其二是草泽英雄。作者将两者有机地交织在一起，编织成色彩斑斓的画卷，使全书内容松而不散，有内在的联系。由于帝王的昏庸、荒淫、残暴，引起社会动荡，才使无数草泽英雄显露出自己的峥嵘头角。《隋唐演义》深受讲史、话本小说的影响，它不太注重情节设计和史料的真实性，而是以故事的生动性和趣味性为主。如将李靖代龙降雨、红拂女夜奔、狄去病探穴见巨鼠、花木兰替父从军、李太白醉草吓蛮书等民间传说，极巧妙地点缀在书中，增添了小说的传奇色彩。但因作者过分追求故事性，不仅忽视了对复杂人物性格的塑造，也忽视了强化故事情节中矛盾冲突的重要性，致使小说中的人物性格比较模糊，故事情节缺乏应有的高潮。

三、英雄传奇小说

英雄传奇小说是中国古代长篇章回体小说的类型之一，从宋元话本小说中的“说公案”“朴刀、杆棒及发迹变泰之事”“说铁骑儿”之类发展而来，以历史上反抗压迫的英雄人物的传奇故事为题材，在民间长期流传的基础上，由作家加工完成。《水浒传》为后世英雄传奇小说提供了范例，明代的英雄传奇小说继《水浒传》后，还有《杨家府演义》《大宋中兴通俗演义》等较为有名。

（一）《水浒传》

《水浒传》是元末明初施耐庵编著的章回体长篇小说，为我国古代四大名著之一。施耐庵，原名施耳，字肇瑞，号子安，别号耐庵，江苏兴化（今江苏省盐城市）人。《水浒传》主要描写的是北宋末年，以宋江为首的一百零八个好汉在山东梁山泊聚义的故事。全书围绕“官逼民反”这一线索展开情节，表现了一群不堪暴政欺压的“好汉”从揭竿而起，到聚义水泊梁山，直至接受招安致使起义失败的全过程。

《水浒传》继承并发展了现实主义和浪漫主义的优秀传统，并且将二者结合起来。《水浒传》最突出的艺术成就显示在对英雄人物的塑造上，全书塑造了鲁智深、林冲、武松、花荣等一大批个性鲜明的典型形象，这些形象有血有肉、栩栩如生、跃然纸上。全书宏大的历史主题主要是通过对起义英雄的歌颂和对他们斗争场面的具体描绘表现出来的。

全书几乎没有对社会环境的具体介绍，但通过对各阶层人物及他们之间关系的描绘，便展现出一幅北宋社会生活的图景——统治阶级的骄奢淫逸以及受压迫人民“撞破天罗归水浒，掀开地网上梁山”的愿望。书中人物的性格正是在这样的环境中形成的。林冲、鲁智深、杨志虽同是武艺高强的军官，但由于经历和遭遇的不同，因而走上梁山的方式也很不一样，作者正是通过这种方式来表现他们不同的性格特征的。

在人物塑造方面，最大的特点是作者善于把人物置身于真实的历史环境中，扣紧人物的身份、经历和遭遇来刻画他们的性格。在“劫法场石秀跳楼”一回中便有生动的体现：

“楼上石秀只就一声和里，掣出腰刀在手，应声大叫：‘梁山泊好汉全伙在此！’……石秀楼上跳将下来，手举钢刀……一只手拖住卢俊义投南便走。”

只此寥寥数笔，便通过对石秀异常精准的白描，把他当机立断、临危不惧的性格表现得入木三分。作者巧妙地把人物的行动、语言和复杂的内心活动，紧紧地交融在一起，虽无静止的心理描写，却能准确、深刻地揭示出人物的内心世界。

《水浒传》问世后，在社会上产生了巨大的影响，成为后世中国小说创作的典范，同时也是汉语言文学中具备史诗特征的作品之一，对中国乃至东亚的叙事文学都有深远的影响。

（二）《说唐全传》

《说唐全传》是清代长篇章回体英雄传奇小说，全称《说唐演义全传》，共68回，题“鸳湖渔叟校订”，简称《说唐》。后与《说唐演义后传》《说唐三传》合刻，改名《说唐全传》。

该小说主要内容采撷了褚人获《隋唐演义》中的瓦岗英雄故事，吸取了明人诸圣邻《大唐秦王词话》的情节，从隋末农民起义，一直写到唐王削平群雄、太宗登基为止。其描写中心是瓦岗英雄的风云聚散，兼及隋亡唐兴史事。作品以粗犷的笔调描绘了草泽英雄的仗义豪侠，勇武神力，反抗隋末暴政，辅佐秦王李世民征战四方，终于一统天下。像劫王杠、反山东、取金堤、取瓦岗这些纯粹出自想象的热闹情节，被作者大加渲染，在文学史上留下了脍炙人口的故事。

《说唐全传》具有浓厚的民间传说的风味，比较典型地表现了历史演义向英雄传奇的演变。沿着这个方向演变下去，就出现了“英雄”与“清官”合作的公案侠义小说。继《说唐全传》之后，又出现了《说唐后传》《说唐三传》《反唐演义》等续书。

作品通过描述伍云召、雄阔海、李元霸、裴元庆、尉迟恭、李世民等英雄人物的事迹，形象地再现了隋末“十八路反王、六十四路烟尘”的动乱局面，描绘出李世民统一天下、建立大唐王朝的经历。

小说还通过描写统治阶级荒淫腐朽的生活和残酷暴虐的统治，来揭示社会动乱的根源，从而肯定了各路反隋英雄起义事业的正义性，使作品表现出进步的思想。但是《说唐全传》在描写秦王李世民统一天下、建立大唐王朝的过程时宣扬的封建正统观念和宿命论思想，又使作品有了一定的局限性。

《说唐全传》改变了《隋史遗文》以秦琼为中心来构造情节的写法，以瓦岗群雄为中心，虚构了“十八路反王”轰轰烈烈的造反争霸史。作者采用了全知视角的叙事模式，以“天命观”来统领全书，展现了天下由合而分、由分而合的历史循环。在这种外在的“合—分—合”的圆形结构下，其内在的叙事结构更接近《水浒传》，类似中国画长卷和中国园林，每个局部都有它的相对独立性，都是一个完整的自给自足的生命单位，但局部之间又紧密勾连，过渡无人工痕迹，使读者在不知不觉之中转换空间。然而局部与局部的连缀又绝不是数量的相加，而是生命的汇聚，所有局部合成一个有机的全局，形成了“块状连缀式”的结构方式。

《说唐全传》的艺术成就主要体现在英雄人物形象的塑造上。作品虽然采用了粗线勾勒的艺术手法来展现众多的隋唐英雄群像，但它在人物刻画上也较注意性格化，着重从不同人物的言行体现其不同的性格气质，从而使书中不少英雄人物形象显得个性鲜明。

（三）《杨家将演义》

《杨家将演义》，又名《北宋志传》，是明代英雄传奇小说，作者为明代嘉靖年间的熊大木。作品较好地塑造了杨家老少几代人的英雄群像，叙述了杨家“一门忠勇尽亡倾”的悲壮故事。老将杨业，身经百战，威震四方，号称“杨无敌”，后因潘仁美的陷害，在陈家谷战役中身陷重围，在潘不发救兵、突围无望的情况下，头撞李陵碑壮烈而死。少年英雄杨宗保十四岁就执掌帅印，他不但能上阵与敌刀枪相搏，而且还运筹帷幄，善于调兵遣将，指挥千军万马。而杨家的祖、父辈如佘太君、杨六郎、柴郡主等人也能以抗战大局为重，扶持青年晚辈治军。以佘太君为首的一班杨门女将，一洗封建女子弱不禁风的脂粉气，个个都是征战沙场的巾帼英雄。在中国古代文学史上，除了北朝乐府《木兰辞》中塑造的木兰形象外，像《杨家将演义》这样集中塑造女英雄群像的作品，应是一种开创性的和成功的突破。

作为小说史上现存最早的描写杨家将故事的一部长篇小说，《杨家将演义》的主要贡献在于使民间流传已久、零散片段的杨家将故事得以基本定型，这也是明代中叶朝廷与北方少数民族之间战争频繁、朝政紊乱状况的一个折射，有着一定的历史意义，继而在明末清初的民族斗争中起过激奋人心、鼓舞斗志的作用。后代的许多戏曲作家又从该书中寻找素材不断加以发展创造，以至在21世纪的舞台、银幕上还不断演出。《杨家将》《薛家将》《呼家将》构成了中国通俗小说史上著名的“三大家将小说”。

四、社会人情小说

所谓社会人情小说，即世情小说，就是以“极摹人情世态之歧，备写悲欢离合之致”为主要特点的一类小说。涉及世情的小说的出现可追溯到魏晋以前，但从晚明批评界开始流行的“世情书”的概念来看，世情小说主要是指宋元以后内容世俗化、语言通俗化的一类小说。从鲁迅《中国小说史略》起，学术界一般又用世情小说（或人情小说）专指描写世俗人情的长篇。而《金瓶梅》被看作世情小说的开山之作。之后，明清两代的世情小说，或着重写情爱婚姻，或主要叙家庭纠纷，或广阔描绘社会生活，或专注于讽刺儒林、官场、青楼，内容丰富，色彩斑斓。

（一）《红楼梦》

《红楼梦》，原名《石头记》，是中国古代章回体长篇小说，中国古典四大名著之首。其通行本共120回，一般认为前80回是清代作家曹雪芹所著，后40回作者为无名氏，由高鹗、程伟元整理。小说以贾、史、王、薛四大家族的兴衰为背景，以贾宝玉与林黛玉、薛宝钗的爱情婚姻悲剧为主线，以富贵公子贾宝玉的视角描绘了一些闺阁佳人的人生百态，展现了真正的人性美和悲剧美，是一部从各个角度展现中国古代社会百态的史诗性著作。

曹雪芹，名霑，字梦阮，号雪芹，又号芹圃、芹溪，清代小说家。曹雪芹在富贵荣华中长大。其先世原是汉族，后为满洲正白旗内务府"包衣"（奴仆）。曹雪芹的高祖因随清兵入关有功而受官职。曹雪芹的曾祖父曹玺、祖父曹寅、父辈曹颙和曹頫相继担任江宁织造，前后将近60年，颇受康熙帝宠信，曹家也因此成为当时财势熏天的"百年望族"。雍正初年，由于封建统治阶级内部斗争的牵连，曹家遭受多次打击，曹頫被革职入狱，家产抄没，举家迁回北京，家道从此日渐衰微。这一转折使曹雪芹深感世态炎凉，更清醒地认识到封建社会制度的实质。他能诗会画，擅长写作，以坚韧不拔的毅力专心致志地从事小说《红楼梦》的写作和修订，披阅十载，增删五次，写出了这部把中国古典小说创作推向巅峰的文学巨著。乾隆二十七年（1762年），其幼子夭亡，曹雪芹陷入过度忧伤和悲痛中，最终因贫病无医而逝世，入葬费用则由好友资助。

《红楼梦》具有丰富的内容、曲折的情节、深刻的思想认识和精湛的写作手法，结构尤其宏大。广阔的空间、众多的人物、庞杂的故事在作者精妙的布局和安排下，分明清晰地娓娓道来。《红楼梦》塑造了贾宝玉、林黛玉、薛宝钗等生动的人物形象。贾宝玉始终站在封建主义精神道德之外，他视仕途为"禄蠹"，以应酬文字为沽名钓誉之工具，视读圣贤之书为"畏途"，既具有贵公子的纨绔习气，又具有反封建的叛逆性。他尊重女性、尊重个性、追寻自由，是一位贵族家庭中乃至封建制度中的叛逆典型。林黛玉是一位冰清玉洁、孤高自许、多愁善感的贵族小姐，她视爱情如同她的生命，但她的爱情却因不容于贵族家庭而被摧毁。薛宝钗是一位遵奉妇道、恪守妇规的封建淑女，她同样是封建制度的牺牲品。《红楼梦》突破了传统的取材和构思方式，将封建社会高度浓缩于贵族家庭范围内以作整体展现，贾府实际上是当时整个社会的缩影。

《红楼梦》写人的技巧达到了炉火纯青的地步，在这部作品中共出现了450多个人物，而且每个人物皆栩栩如生、个性鲜明，具有多重性格，打破了以往小说写人类型化的特征。

作者塑造人物形象的主要手法有：在广阔的社会背景上，以精雕细刻的功夫塑造不同的人物形象；注意人物的个性化，心理描写具体而简洁；把人物放在特定的艺术气氛里，烘托人物的内心情绪。

《红楼梦》汲取了中国古典文学语言的营养，又提炼了大众语言的精华，熔铸成准确、精练、纯净、传神、典雅的语言。另外，由于曹雪芹对诗词、金石、书画、医学、建筑、烹调、印染等各门学问都十分精通，所以描写贵族家庭的饮食起居、园林建筑、家具器皿、服饰摆设、车轿排场等，都显得真实而细腻。

《红楼梦》问世后，以其深厚的思想意蕴与独特的艺术魅力，震撼着一代代读者的心灵，产生了跨越时空的巨大影响，在学术研究领域形成了声势浩大的“红学”。在经历了 200 多年风风雨雨之后，“红学”不但没有衰微，反而更加兴盛，这足以说明《红楼梦》具备的艺术价值。

（二）《儒林外史》

《儒林外史》是清代吴敬梓创作的长篇小说，成书于乾隆十四年（1749 年）或稍前，现以抄本传世，初刻于嘉庆八年（1803 年）。全书 56 回，以写实主义描绘了各类人士对于“功名富贵”的不同表现，一方面真实地揭示了人性被腐蚀的过程和原因，从而对当时吏治的腐败、科举的弊端、礼教的虚伪等进行了深刻的批判和嘲讽；另一方面热情地歌颂了少数人物以坚持自我的方式守护人性，从而寄寓了作者的理想。小说对白话的运用已趋纯熟自如，人物性格的刻画也颇为深入细腻，尤其是采用了高超的讽刺手法，使该书成为中国古典讽刺文学的佳作。

《儒林外史》是一部以辛辣的笔触对社会现状和儒士命运进行批判揭露的讽刺小说。小说形象地刻画了在科举制度下，知识阶层精神道德和文化教育腐朽糜烂的现状。《儒林外史》通过描写人生百态揭示了士人功名利禄的观念、官僚制度、人伦关系和整个社会风气。

作者从揭露科举制度以及被这个制度奴役的士人的丑恶灵魂入手，讽刺了封建官吏的昏聩无能、地主豪绅的贪吝刻薄、附庸风雅的名士的虚伪卑劣，以及整个封建礼教制度的腐朽和人民灵魂的扭曲。吴敬梓的讽刺显然给了封建社会有力的一击，宣泄了大多数读书人对人性卑劣、社会黑暗的控诉。

《儒林外史》全书没有贯穿始终的主要人物和故事框架，而是一个个相对独立的故事的连环套：前面一个故事说完了，引出一些新的人物，这些新的人物便成为后一个故事中的主要角色。但全书也不只是若干短篇的集合，它以明代为背景，揭露在封建专制下读书人的精神堕落和与此相关的种种社会弊端，有一个非常明确的中心主题，也有大致清楚的时间线。整部小说有着统一的情节线索：第 1 回以王冕的故事喻示全书的主旨；第 2 回至第 32 回分写各地和各种类型的儒林人物；第 33 回以后，随着杜少卿从天长迁居南京，全书的中心便转移到南京士林的活动，并以祭泰伯祠为主要事件；最后以“市井四大奇人”收结全书，与第 1 回遥相呼应。

《儒林外史》通过精确的白描，写出“常见”“公然”“不以为奇”的人事的矛盾、不和谐，显示其蕴含的意义。例如，严贡生正在范进和张静斋面前吹嘘：“小弟只是一个为人率真，在乡里之间从不晓得占人寸丝半粟的便宜。”言犹未了，一个小厮进来说：“早上关的那头猪，那人来讨了，在家里吵哩。”通过言行的不一，揭示严贡生欺诈无赖的行径。

《儒林外史》通过不和谐的人和事进行婉曲而又锋利的讽刺。五河县盐商送老太太入节孝祠，张灯结彩，鼓乐喧天，满街是仕宦人家的牌仗，满堂有知县、学师等官员设祭，庄严肃穆。但盐商方老六却和一个卖花牙婆伏在栏杆上看执事，“权牙婆一手扶着栏杆，一手拉开裤腰捉虱子，捉着，一个一个往嘴里送”。把崇高、庄严与滑稽、轻佻组合在一起，化崇高、庄严为滑稽可笑。

《儒林外史》创作的一个重要特点，就是以生活中的真人真事为原型，加以艺术的锤炼，使之成为具有典型意义的人物形象。

《儒林外史》代表着中国古代讽刺小说的高峰，它开创了以小说评价现实生活的范例。《儒林外史》脱稿后即有手抄本传世，后人评价甚高，鲁迅认为该书思想内容“秉持公心，指摘时弊”，胡适认为其艺术特色堪称“精工提炼”。在国际汉学界，该书更是影响颇大，早有英、法、德、俄、日、西班牙等多种文字的译本传世，并获汉学界盛赞，有人认为《儒林外史》足堪跻身于世界文学杰作之林，可与薄伽丘、塞万提斯、巴尔扎克或狄更斯等人的作品相提并论，是对世界文学的卓越贡献。

（三）《金瓶梅》

《金瓶梅》，明代长篇白话世情小说，成书时间大约在明代隆庆至万历年间，作者兰陵笑笑生。

《金瓶梅》是明代“四大奇书”之首，是一部描写市井人物的小说，被认为是第一部文人独创的小说，在中国古代小说发展史上有着独特的地位，成为中国古典小说的分水岭。

《金瓶梅》是一部以家庭生活为题材的现实主义巨著，它假托宋朝旧事，展现晚明政治和社会的各种现象，对社会进行了深入剖解。全书描写了西门庆的一生及其家庭从发迹到败落的兴衰史，并以西门庆为中心，一方面映射市井社会，一方面反映官场社会，展开了一个时代的广阔图景，彻底暴露出当时社会的肮脏与丑恶。西门庆一方面凭借经济实力交通权贵，行贿钻营，提高政治地位；另一方面又依靠政治地位贪赃枉法，为所欲为，扩大非法经营，从而成为集财、权、势于一身的地方一霸。作品还通过西门庆的社会活动，反映了上自朝廷下至市井，官府权贵与豪绅富商狼狈为奸、鱼肉百姓、无恶不作的现实，从客观上表明了这个社会的腐败。

《金瓶梅》以相当多的篇幅描写了西门庆及其妻妾的家庭活动，写出了这个罪恶之家的林林总总，反映了人性惨遭扭曲和异化的过程。以潘金莲、李瓶儿、庞春梅为代表的诸多女性，尽管出身、性格、遭遇不尽相同，但都被超常的情欲、物欲支配。她们以扭曲的人性去对抗道德沦丧的夫权社会，又在人性的扭曲中走向堕落和毁灭。作品在原始欲望的文本表象下面，对人性进行拷问，善与恶的分界在这本书中有了另一种解释。

作为中国第一部具有近代意味的现实主义文学巨著，《金瓶梅》是中国古代小说发展的重要的里程碑。《金瓶梅》突破了中国长篇小说的传统模式，在艺术上较之此前的长篇小说有了多方面的开辟和创新，为中国古代小说的演进做出了历史性的贡献。

文化典藏

1.《中国小说史略》，鲁迅著，上海：上海古籍出版社，2018 年。

2.《中国古典小说史论》，杨义著，北京：人民出版社，1998 年。

文化视野

古典名著变身小剧场话剧

2022年7月31日，由北京文化艺术基金2021年度立项资助、中国国家话剧院主办的“青年导演创作扶持计划”，在经过一年多的酝酿后，正式登陆先锋智慧剧场。面向社会遴选出的12位青年导演，根据要求完成古典文学“现代化转译”这一命题，从《水浒传》和《牡丹亭》两部名著中撷取素材，创作出12部风格各异、精彩纷呈的小剧场话剧，并进行为期6个周末的展演，以作品交出自己对传统、对戏剧、对生活的“答卷”。

在谈及为何把古典名著改编作为第一季“青年导演创作扶持计划”的主题时，中国国家话剧院院长田沁鑫表示，文化自信首先要知道自己是中国人，认识中国文化，有这样的认知才能有这样的自信。所以，第一季计划定位于对古典文学的探索，通过改编经典名著，让青年导演和年轻观众能进一步接触、了解中华传统文化。

取材自《水浒传》第44回至第46回的《蓟州疑云》，由一桩头陀与和尚离奇死亡的悬案展开。导演兼编剧张肖在原有的人物之上，新增加了蓟州巡尉施耐庵与小铺兵两位主角，通过他们对案件的调查，拆解重组原来的故事，解开笼罩在石秀、杨雄、潘巧云等人身上的谜团，为观众呈现出原著中一带而过的细节和人物的内心世界，发起对情感的追问、忠义的思辨、人性的审视以及对小剧场话剧的探索。

既然是古典文学的“现代化转译”，传统和现代必然要产生强烈碰撞。在此次的作品中，可以看到青年导演自觉运用了戏曲、武术、民乐、非遗等传统元素，将“古”与“今”巧妙融合。比如，《假行者》根据戏曲武打编创了“武松打虎”和多个打斗场，一招一式皆精妙;《念》引入高甲戏这一国家级非遗，将极具功底的唱腔念白、生动诙谐的丑角表演融入剧情，有力助推了鲁智深形象的塑造。

“‘青年导演创作扶持计划’立足中华文明传承。”田沁鑫说。她表示，希望通过这个平台，当代青年戏剧工作者能更好地树立对中国历史、文化、地理、生活的认知，运用戏剧艺术自觉讲述中国故事，使中华文化基因与当代文化相适应，体现出跨越时空、超越国界的永恒魅力和当代价值。

据了解，“青年导演创作扶持计划”将作为中国国家话剧院的一项常态化举措持续推行下去。今后，还将陆续推出编剧、演员扶持计划。“我们将通过一系列计划，发掘一批有志于讲好中国故事、传播中国戏剧文化精神的高水平青年艺术人才，切实加强文艺人才队伍建设。”中国国家话剧院党委书记巩保江表示。

（资料来源:《人民日报海外版》，2022年8月29日07版，有删改）

【活动描述】

中国古代文学的历史源远流长，与中国历史、文化紧密相连，形成了自己独特的文学发展的脉络，显示出特有的民族性、传承性、时代性的特征。请你选择一篇（一首）最喜爱的中国古代文学作品，通过以下活动的形式讨论、分享。

【活动准备】

请全班自行结成 3～5 人的小组，每组选定一个中国古代文学作品作为本次实践活动的主题，并以组内研读、诵读表演的形式进行分享。

【活动过程】

（1）确定文学作品，考察作品的时代背景，安排诵读流程并填写以下表格。

活动主题：中国古代文学作品研读			
作品名称		作者	
作品简介			
时代背景			
诵读安排			

（2）认真阅读作品，思考阅读感受，组内进行研讨分享。

（3）做好诵读分工，代入作者、作品的时代背景，有感情地进行诵读表演。

（4）表演后进行复盘，总结此次实践活动的收获与经验，并邀请其他同学为自己填写评价。

模块四　艺术光辉

文化导航

中国传统艺术是以形象的方式对宇宙自然、社会人生以及人的心灵世界做出的思考和表现。数千年来，一代又一代优秀的艺术家们立足于社会现实，吸纳天地灵气，挥洒灵感和才华，创作出无数不朽的艺术珍品。中国传统艺术以其独特的东方风格、浓郁的乡土气息、淳厚的艺术内涵和生动的历史痕迹，越来越受到世界人民的喜爱和欣赏。中国传统艺术在绘画、书法、音乐、舞蹈、戏曲、雕塑、服饰等许多方面都取得了辉煌的成就。

目标指引

‖知识目标‖

1. 清楚中国古代书法、绘画、乐舞等艺术文化的发展脉络。
2. 掌握我国古代书法、绘画、乐舞等艺术文化的流派、风格、特色。

‖能力目标‖

1. 能够掌握基本的艺术鉴赏方法。
2. 能创造性地运用所学知识鉴赏中国传统艺术的经典作品。

‖素养目标‖

1. 了解我国艺术文化，感受中国博大精深的艺术文化的魅力。
2. 躬身实践，尝试各类中国优秀传统艺术。

文化脉络

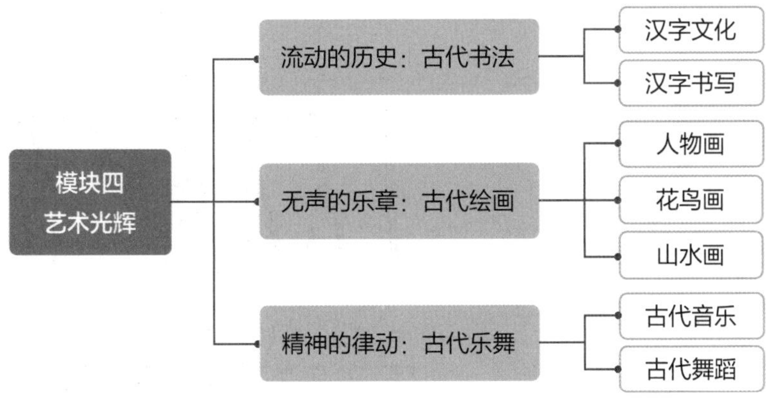

单元一

流动的历史：古代书法

书法是中国汉字特有的艺术形式，是指按照汉字特征，将结构、笔法以及章法融入其中形成的具有美感的艺术。

一、汉字文化

微课视频：汉字文化

汉字是汉语的书面形式，是世界上最古老的文字之一，也是世界上使用人口最多的文字。作为中华文明的重要标志，博大精深的汉字承载了中华民族的灿烂文化，具有深厚的内涵和独特的魅力。

（一）汉字起源

关于汉字的起源，自古以来就有很多传说，大致可归为以下三种。

1. 结绳说

《周易·系辞下》曰："上古结绳而治，后世圣人易之以书契，百官以治，万民以察。"（图4-1-1）《庄子·胠箧》曰："昔者容成氏、大庭氏、伯皇氏、中央氏、栗陆氏、骊畜氏、轩辕氏、赫胥氏、尊卢氏、祝融氏、伏羲氏、神农氏，当是时也，民结绳而用之，甘其食，美其服，乐其俗，安其居，邻国相望，鸡狗之音相闻，民至老死不相往来。"东汉许慎《说文解字·序》曰："及神农氏，结绳为治，而统其事，庶业其繁，饰伪萌生。黄帝之史仓颉，见鸟兽蹏迒之迹，知分理之可相别异也，初造书契。百工以乂，

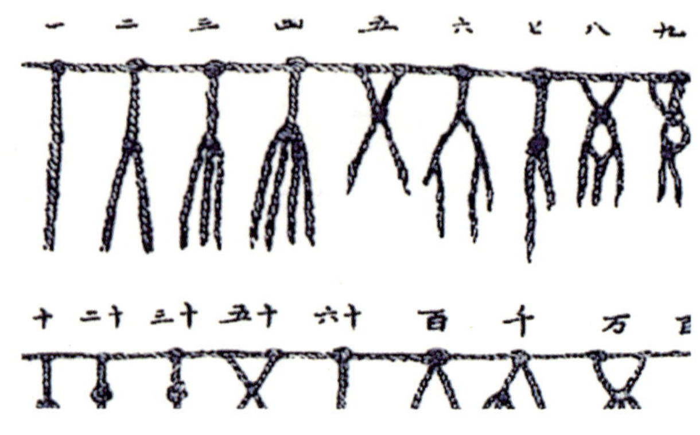

图4-1-1　结绳记事

万品以察，盖取诸决。”可见，在文字产生之前，先民们是用结绳的办法记事的，但结绳的起始时代尚不能确定。

结绳，即在绳上打结。至于如何打结记事，唐人孔颖达在《周易正义》中引述郑玄注做了说明：“结绳为约，事大，大结其绳；事小，小结其绳。”唐人李鼎祚《周易集解》引《九家易》说：“古者无文字，其有约誓之事，事大大其绳，事小小其绳。结之多少，随扬众寡，各执以相考也。”但事大事小，大结和小结如何区分，未见有人说明。

结绳是原始民族普遍运用的一种记事方法。但它只能帮助记忆，却不能像文字那样表达有声语言，也不具备全民性和社会性，所以它不等于文字，也不可能发展成文字。

2. 八卦说

《周易·系辞下》曰：“古者庖牺氏之王天下也，仰则观象于天，俯则观法于地，观鸟兽之文与地之宜，近取诸身，远取诸物，于是始作八卦，以通神明之德，以类万物之情。”这里还没有明确地讲到文字与八卦之间的必然联系。其后汉代的纬书《周易乾凿度》中则明确地把八卦当作天、雷、泽、火、风、水、山、地八字。至宋代的郑樵，更把八卦与汉字附会在一起，认为“文字便从不便衡，坎、离、坤，衡卦也，以之为字则必从”。其实，八卦是古代从事占卜活动的巫者根据算筹制作的一种代表卦爻的符号，用以象征各种事物。所以，八卦与汉字形体并无继承关系。八卦之名始见于《周易》，最早可追溯到周代或殷商时代，殷商时代的甲骨文已是相当完备的文字。而八卦的痕迹从未见于甲骨文和古金文中，可见八卦的出现肯定是汉字产生之后的事，它不可能是汉字的前身。

3. 仓颉造字说

世传仓颉为黄帝的史官，由他创造了文字。此说古书多有记载，《世本·作篇》曰：“史皇作图，仓颉作书。”《吕氏春秋·审分览·君守》曰：“奚仲作车，仓颉作书，后稷作稼，皋陶做刑，昆吾作陶，夏鲧作城，此六人者，所作当矣。”李斯《仓颉篇》曰：“仓颉作书。”其实，汉字作为社会成员共同的交际工具，不可能是一人所造。鲁迅先生在《汉文学史纲要》中曾说：“要之文字成就，所当绵历岁时，且由众手，全群共喻，乃得流行，谁为作者，殊难确指，归功一圣，亦凭臆之说也。”就目前所能见到的数以千计的古汉字形体而言，汉字绝非一人一时所能创造的。仓颉应是对文字做过收集、整理、统一的工作。

六书

六书，首见于《周礼·地官·保氏》，汉代学者把汉字的构成和使用方式归纳成六种类型，总称六书。普遍采取的是许慎的名称、班固的次序。后世学者定名为象形、指事、会意、形声、转注、假借。六书是后人对汉字进行分析而归纳出来的系统，也是最早的关于汉字构造的系统理论。

“象形者，画成其物，随体诘诎，日月是也。”意思是依照物体的轮廓，用弯曲的线条或笔画，具体勾画出物体的外形特征，这就是象形。

“指事者，视而可识，察而见意，上下是也。”指事是用抽象的符号或者在象形字的基础上加提示性的符号来表示某个语素的造字方法。

“会意者，比类合谊，以见指㧑，武信是也。”把两个或两个以上的字合并在一起，并把它们的字义合起来，就会出现一个新义的指向。会意字多为合体字。

“形声者，以事为名，取譬相成，江河是也。”由表字义类属的形旁和表读音的声旁共同组成新字的方法即为形声。用形声方法创造出来的字就是形声字。

“转注者，建类一首，同意相受，考老是也。”同一类的字有统一的部首，如果字义相同，则可互相注释。

“假借者，本无其字，依声托事，令长是也。”本来没有这个字，但也不创造新字，而是借用同音或者音近的字去表示。

汉字造字反映了我国古代人民的物质生产、社会生活和思想文化的历史痕迹，反映了劳动人民的智慧。汉字的基本形态为方形，“写方块字，做中国人”，方块字反映了中国人的刚正。在信息技术快速发展的时期，我们依然要写好汉字，传承汉字文化，领略中国文化的博大精深。

（二）汉字流变

1. 甲骨文

图 4-1-2　甲骨文

甲骨文（图 4-1-2），又称“契文”，作为契刻于龟腹甲或牛肩胛骨之上的文字，是目前所知中国年代最早的成熟文字系统。甲骨文的使用，与商周时期的占卜活动有密切关系。殷墟时期，商人的占卜活动已有严格的程序和制度。占卜时，不仅要刻记下占卜的时间、卜者的名字、卜问内容，还要记录预测及最后应验的情况。

从甲骨卜辞的有关内容来看，当时的占卜活动涉及气象、农业、祭祀、征伐、田猎、刍渔、行止、卜占、营建、梦幻以及疾病、死亡、吉凶、灾害、诸子、诸妇和家族等诸多方面，尤其是国境安全、年成丰歉、逸乐田猎、祖先及神灵祭祀等事务，是商代统治者最关注的内容。

2. 金文

图 4-1-3　西周中期的金文

金文（图 4-1-3）是指商周时期铸刻在钟、鼎、货币、兵器等青铜器上的铭文，也叫钟鼎文。它是商、周、春秋、战国和秦汉时期出于祭祀、纪年等方面的需要，采用浇铸的技术在青铜器上铸刻的文字。金文作为西周和春秋时期的主要文字，在不同时期呈现出各自的文字特点和书法特质。

钟鼎上的文字，有的简朴精美，有的矫健挺秀，有的雄浑奇逸，风貌多姿。金文笔画浑厚，首尾出锋，转折处多有波折；字体整齐道丽，古朴厚重，和甲骨文相比，脱去板滞，变化多样，形式更加丰富。著名的记录金文的作品有《毛公鼎》《散氏盘》《颂鼎》《大盂鼎》等。

西周金文大部分是铸在青铜器上的，到后期才出现刻在青铜器上的铸铭文字，也有非常复杂的工艺，大体上是先把文字书写在软坯上制成铸模，然后用熔化的铜液浇铸。正是因为制作工艺的特殊，金文才会显示出独特的书体风格。

西周金文多为鸿篇巨制，内容涉及赏赐、征伐、志功等诸多方面。如果要做硬性的划分，西周金文可粗分为早、中、晚三期。

（1）早期，以大盂鼎上的文字为代表，用笔方正，法度严谨，极富宏伟之气度。

（2）中期，笔画粗细趋于均匀圆润，文字也更加规整。大克鼎上的文字为其代表，有“质朴端庄、道劲舒展”之美。

（3）晚期，金文已发展到高峰，周代的夷王、厉王、宣王、幽王诸王时期的金文，呈现出多姿多彩的局面。周厉王时期的散氏盘上字画草率，字形扁平，奇古生动，已开草篆之端。周宣王时期的毛公鼎金文用笔纯熟，字迹秀劲，多达 490 字，皇皇巨作，为西周金文之冠。

3. 篆书

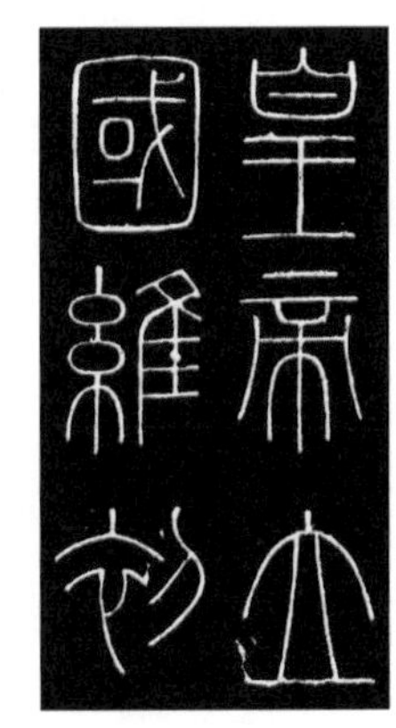
图 4-1-4　小篆

篆书包括大篆和小篆。秦始皇统一天下后，下令统一全国文字，推行小篆（图 4-1-4），将原来的籀文称为大篆。于是有了大小篆之分。

大篆是秦始皇统一汉字前对籀文的一种称呼。籀文得名于《史籀篇》。史籀是周宣王的史官，历史上称之为“史籀”，《史籀篇》据传是史籀的作品，当时是为教儿童而编写的，此书所用的字体就被称为籀文。《史籀篇》于魏晋后全部亡佚，许慎作的《说文解字》中收入籀文（即大篆）225 字，是从当时许慎尚能见到的九篇《史籀篇》中收集的，为后人留下了宝贵的文字研究资料。

小篆是秦始皇为统一全国文字所创的标准字体，故也称秦篆。小篆是由大篆简化而成的，“小”是简化的意思。秦灭六国，立号为皇帝后，建立了中国历史上第一个统一的封建王朝。秦始皇实行了一整套的改革措施，其中之一就是“书同文”的政策，这是对汉字改革方面的一项重要措施，也是秦始皇的一大功绩。

4. 隶书

隶书（图 4-1-5）也叫“佐书”“史书”，是由篆书简化演变而成的一种字体。隶书萌生于春秋战国时期的手写体，成熟并盛行于汉代。它上承篆书遗脉，下开楷书、行书、草书之源，无论是从应用文字的进一步规范定型化，还是从书法艺术的发展方面看，隶书的出现都是一个重要的转折点。学术界把甲骨文至小篆划为古文字系统，把隶书和至今使用的楷书划为今文字范畴，是非常确切的。

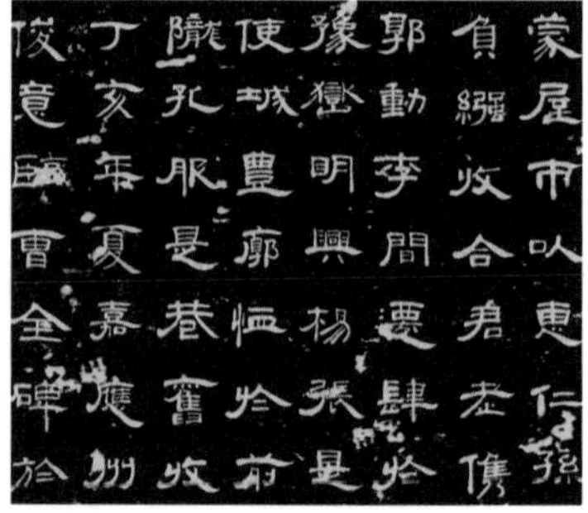

图 4-1-5 《曹全碑》隶书拓本

早期的隶书，字形构造保留篆书形迹较多，但已明显简约化；后在使用中加工发展，成为笔势结构与小篆完全不同的两种字体。把小篆与隶书进行比较就会发现：篆书呈纵势，隶书是横势；篆书繁复，隶书简便；篆书对称端庄，隶书姿势多样；篆书笔画基本一致粗细，纯用圆笔，转多折少，主笔次笔不明显，隶书笔画则有粗细轻重之分，用笔有提按，起笔有方圆，最重要的是有了明显的主笔次笔之分。隶书主笔的主要特征是“波挑”，在一个字中波挑通常只用一次，故有“雁不双飞”之说。由于主笔的运动势态是横向的，因此隶书用笔横势强烈，但隶书字形并不都是扁的，常常是扁、方、长交替出现，随字的横画多少而立型，显得生动而富有变化。

5. 草书

草书形成于汉代，是为了书写简便在隶书基础上演变出来的一种字体。它主要追求简捷，书写率意，草体最大的特点就是简化与连笔。草书可以分为章草、今草和狂草三种形式。章草是由隶书快写而产生的一种字体。今草根据草化程度可以分为小草、大草、狂草三类。

6. 楷书

楷书，也叫楷体、正楷、真书。由隶书逐渐演变而来，更趋简化，横平竖直。楷书的书写有鲜明的艺术特色，风格端庄秀丽，字形美观工整，法度森严，讲究“横平竖直”，是典型的方块字。

楷书与篆、隶书相比较，点画最为齐备，并且每种点画都有规范的要求。楷书以此八种点画组成的汉字，一点一画，不可率意，起笔收笔，笔笔精到，中锋侧锋，一丝不苟，提按使转，有“法”可循。

二、汉字书写

汉字是书法艺术的内核和灵魂，书法是对汉字造型的美化。古人历来重视对汉字书写的教育，认为“字如其人”，汉字笔画，是汉字美的基础，每一个笔画都是一个故事。汉字书法是中国文化的独特表现艺术，被誉为“无言的诗”“无形的舞”“无图的画”“无声的音”。

（一）汉字笔画

汉字笔画是汉字从篆书变到隶书之后才产生的。汉字在甲骨文、金文、篆书阶段，可以说是由线条构成的，直到隶书阶段才从线条变成笔画。

晋朝卫夫人在其《笔阵图》一文中，把汉字的笔画分成“一”“丶”“丿”“丨”“㇏”“乙”“㇇”七种，但没有给七种笔画定名。直到唐朝张怀瓘作“永字八法”（图 4-1-6），才定出八种笔画的名称，即侧（现称“点”）、勒（现称“横”）、弩（现称“竖”）、趯（现称“钩”）、策（现称“提”）、掠（现称“撇”）、啄（现称短“撇”）、磔（现称“捺”）。

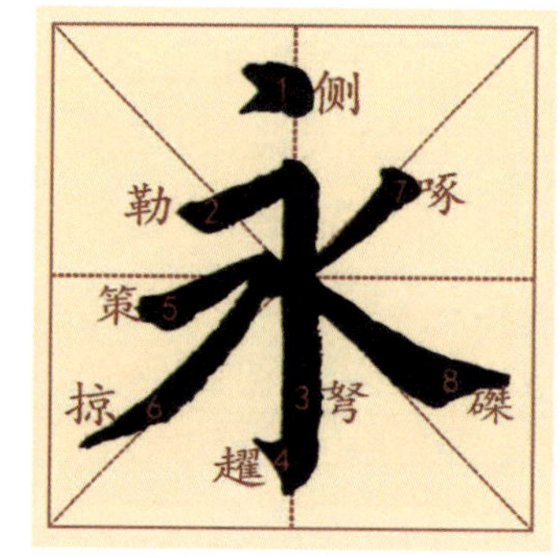

图 4-1-6　永字八法

此后，人们划分汉字的笔画渐趋细密，笔画的名称也日趋统一。

（二）书法流变

1. 楷书

楷书又称真书、正书，《辞海》释之为“形体方正，笔画平直，可作楷模”。诚然，“楷”书之楷，正有“规范”“模范”“法则”之意。这一方面说明楷书是一种写法标准的字体，另一方面亦说明习书之人当以楷法为标准，先学楷书，打好基础，再学其他类型的书法。

楷书是经由隶书长期发展演化而来的，在很长时期内，楷书的点画都带有隶书点画的特点。在写楷书时，有人会融入隶书的笔意，如颜真卿。隶书的形态与结构，与楷书非常接近，因此，在汉字学上，隶书亦归入楷书，隶书甚至有“隶楷”之称，而将楷书称为“今隶”。

当然，成熟后的楷书与隶书的差别也是明显的：在外形上，变隶书之平扁为长直；在点画形态上，比隶书的笔画形态要丰富得多；在结构上，较隶书更为紧凑。楷书是实用性与审美性都较高的书体形式，因此长期流行，至今不衰。

（1）晋楷。晋楷主要是指汉末魏晋时期，以钟繇、王羲之、王献之等为代表人物的楷书。钟繇被称为“楷书鼻祖”，其小楷精严。王羲之的《道德经》、《黄庭经》（图 4-1-7）与王献之的《洛神赋十三行》都是精品。

（2）魏碑。魏碑是南北朝时期北朝碑碣、摩崖、造像、墓志铭等石刻文字的总称，尤以北魏的书法水平为高。魏碑笔力雄健，朴拙险峻，极有骨力。碑碣、墓志铭的代表作有《张猛龙碑》《郑文公碑》《高贞碑》《元怀墓志》《张玄墓志》，造像记有“龙门四品”《魏灵藏造像记》《始平公造像记》《孙秋生造

微课视频：中国古代书法

像记》《杨大眼造像记》，以及摩崖《石门铭》，等等。待楷书有一定基础后，再练习魏碑，不仅可使点画形态有变化，更能锻炼笔力。

（3）唐楷。唐代是楷书的全盛时期。唐代楷书讲求法度，这与唐朝以书法取士，注重法度规范相关。盛唐气象造成了楷书的繁盛，经济的发展直接推动了文化事业的发展。唐代楷书以初唐四大家与后期的颜真卿、柳公权为代表，初唐四大家指欧阳询、虞世南、褚遂良、薛稷。

欧阳询的楷书，谨严灵动，瘦硬清寒，笔画粗细富于变化，笔道刚健有力，是楷书中的精品，其代表作有《九成宫醴泉铭》（图 4-1-8）、《化度寺碑》。虞世南的代表作有《孔子庙堂碑》，婉雅秀逸，沉厚安详。褚遂良的代表作为《雁塔圣教序》，瘦劲刚硬，极有锋芒。薛稷的代表作为《信行禅师碑》。柳公权与颜真卿齐名，人称“颜柳”，其书法以骨力劲健见长，后世有“颜筋柳骨”之誉，代表作有《金刚经碑》《玄秘塔碑》《神策军碑》。

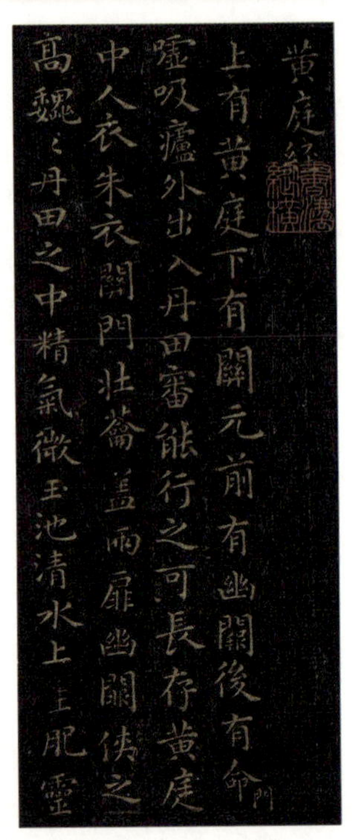

图 4-1-7　王羲之楷书《黄庭经》拓本

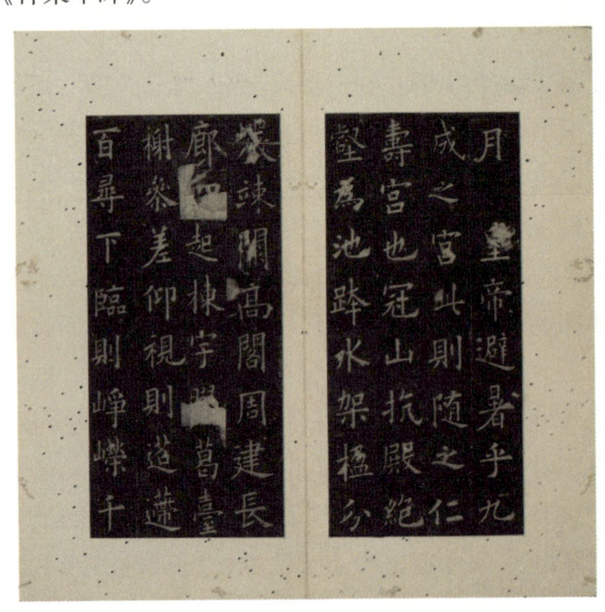

图 4-1-8　欧阳询楷书《九成宫醴泉铭》拓本

（4）元楷。元代书法出现了赵孟頫、鲜于枢等名家。赵孟頫的楷书作品有《汲黯传》《福神观记》《小楷道德经》等。

2. 草书

草书形成于汉代，是为了书写简便在隶书基础上演变出来的，其特点是结构简省、笔画连绵，书写较行书更加便捷放纵。草书有章草、今草和狂草之分。

（1）章草。章草始于东汉，由草隶演变而来。其特点是字字独立而不连写，保留了隶书笔法的形迹，笔画顿挫明显，粗细变化较大，横笔的尾部一般写成隶书似的捺脚状，向右上方挑起，结构一般为“左紧右松”。

我国早期章草作品不多见，传世名作有皇象的《急就章》、索靖的《月仪帖》等。

（2）今草。今草也称“小草”，始于汉末。相传是张芝对章草中蕴有隶书波折的笔画进行了改进，变不相关联的单字为笔意呼应、行气连贯的整体，使书写简约流畅。

史载，今草至王羲之父子臻于完善。其二人草书深受张芝影响，书写妍美流畅，或连绵回绕，或笔断意连，或体势纵横，或神采飞动。王羲之的草书佳作有《丧乱帖》《十七帖》《二谢帖》等。王献之的草书佳作有《地黄汤帖》《鸭头丸帖》等，均为后世临摹的经典之作。

“二王”以后的今草名家还有隋代高僧释智永，唐代孙过庭，宋代黄庭坚、米芾，元代鲜于枢，明代祝允明、徐渭，清代王铎、傅山等，他们的草书各有特点，风格迥然，令人赏心悦目。

（3）狂草。狂草是草书中最放纵的一种。其笔势连绵奔突、跳跃跌宕，字形狂放不羁、变化多端，龙飞蛇舞，得名于唐代张旭和怀素。

张旭，字伯高，吴郡（今江苏省苏州市）人，官至金吾长史，世称“张长史”。因其生性嗜酒，往往大醉后呼叫狂走，然后挥笔写狂草，故人称“张颠”。其草书笔画较粗，存有隶意，逆笔涩势，连绵回绕，体态奇崛狂放、起伏跌宕。张旭有“草圣”之誉，传世名作有《千字文》《肚痛帖》等。

怀素，僧人，俗姓钱，字藏真，僧名怀素，零陵（今湖南省永州市）人。相传因家贫学书无纸，曾种芭蕉万余株，取叶练字，名其居为“绿天庵”。学书勤奋，笔练不辍，以致秃笔成冢。为人性格豪放，不拘细节，好饮酒，“时酒酣兴发，遇寺壁里墙，衣裳器皿，靡不书之”。其狂草继张旭后有所发展，“以狂继颠”，时与张旭齐名，世称“颠张狂素”。怀素的草书笔法精妙，运笔圆转飞动，笔势连绵呼应、一泻千里，点画线条瘦劲凝练而富有弹性，结字布局奇逸多姿，疏密、斜正、大小、虚实多变，犹如“奔蛇走虺，骤雨旋风”，虽率意癫狂，变化多端，但法度谨严，动而不失规矩，静而不失变化，节奏鲜明，奔放流畅，给人以强烈的、昂扬激越的美感。传世佳作有《苦笋帖》《自叙帖》等。

3. 行书

行书是介于楷书与草书之间的一种字体，具有活泼流畅、易于书写以及书写时简便迅速的优点。它既有楷书笔意，也有草书笔意。偏重楷书时，叫作行楷；偏重草书时，叫作行草。行楷近似楷书，但比楷书活泼流畅。行草近似草书，但又比草书约束规整。行楷或行草，都有如行云流水，给人以“动”的感觉。“楷立、行走、草奔”的论述，概括说明了各自的特点。

行书起源于东汉末年。发展到晋代，王羲之、王献之父子把行书发展到鼎盛时期，达到了成熟阶段。王羲之的《兰亭集序》(图 4-1-9)，被称为“天下第一行书”。到了唐代，伴随着楷书鼎盛时期的出现，也出现了不少行书大家。颜真卿的《祭侄文稿》(图 4-1-10)、《争座位帖》，李邕的《李思训碑》，欧阳询的《千字文》，唐太宗的《晋祠铭》，这些行书都属上品之作。及至宋代，又有苏、黄、米、蔡四家之说，都善行书。苏东坡的《黄州寒食诗》，黄庭坚的《松风阁诗》，米芾的《乐兄帖》，蔡襄的《自书诗卷》等，都是这个时期流传下来的有代表性的作品。元代行书大家应属赵孟頫了。他的行书运笔如飞，清新秀丽。流传下来的印本很多，《洛神赋》长卷行书有很高的艺术价值。明清两代的行书名家，更是不胜枚举。明代祝允明的《前赤壁赋》，文徵明的《滕王阁序》，以及董其昌的《观海市》等，都可称为行书中的佳品。清代王铎的《拟山园帖》，宗师宋代米芾，加以自己的创新，挺拔有力。被人誉为“扬州八怪”之一的郑板桥，他的《道情》及其他诸多墨迹碑刻，是以隶、行、草杂为一起的行书，别具一格。

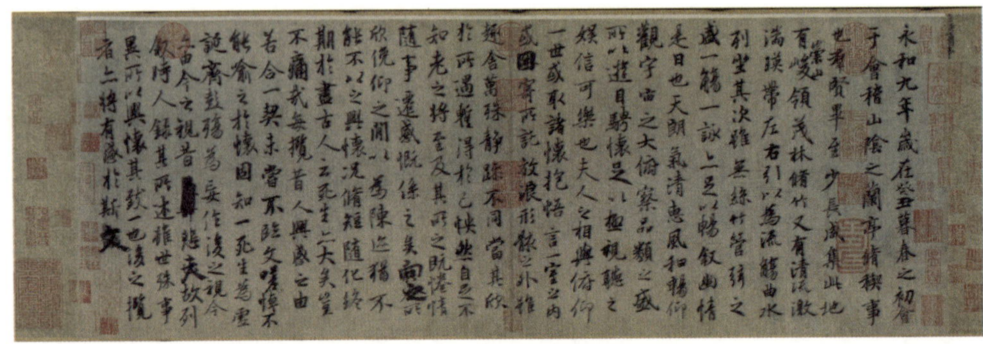

图 4-1-9　王羲之《兰亭集序》拓本

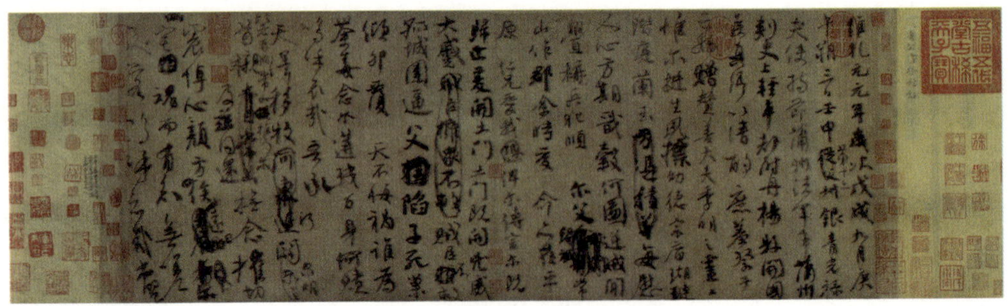

图 4-1-10　颜真卿《祭侄文稿》拓本

文化典藏

1.《中国书法简史》，王镛主编，北京：高等教育出版社，2004 年。

2.《永字八法：书法艺术讲义》，周汝昌著，周伦玲编，桂林：广西师范大学出版社，2021 年。

单元二
无声的乐章：古代绘画

中国古代绘画强调“外师造化，中得心源”，要求以形写神、形神兼备，做到“意存笔先，画尽意在”。国画是中国的传统绘画形式，是用毛笔蘸水、墨、彩作画于绢或纸上。工具和材料有毛笔、墨、国画颜料、宣纸、绢等，技法可分工笔、写意等。中国画在内容和艺术创作上体现了古人对自然、社会及与之相关联的政治、哲学、宗教、道德、文艺等方面的认知。

微课视频：古代绘画

一、人物画

中国人物画是在继承传统的基础上不断创新和发展起来的，形成了独特的语言体系和审美观念。中国人物画注重创新与发展，这一点可以从绘画材料和绘画表现技巧的多变，以及作品内容的表现手法等方面得到表达和体现。

魏晋南北朝时期是一个民族大融合的时期。文人已经有了较多的思想和言论自由，对主观情趣的要求逐渐强烈起来。他们用更多的注意力来描绘和刻画人物的性格和神态。

隋唐时期，中国画走向成熟，巨大的宽容度消融了外来文化的差异并将之化为自己的营养。这一时期是人物画发展的鼎盛时期，人才辈出。阎立本绘制的《步辇图》生动地刻画了不同人物的身份和精神气质，描绘了吐蕃民族地区使者与中原地区人民友好交往的画面。

五代和两宋时期，开始萌发了文人画的意向。这一时期在理论上突破了“以形写神”的局限，把表现主观感情作为绘画的主要目的。这一时期的代表画家是五代的石恪和南宋的梁楷。石恪敢于突破传统，常用简练夸张的形象，直抒主观心像。

元代人物画开始走向衰微，颜辉的粗笔及水墨淡彩画，刘贯通的肖像人物画比较突出。明代唐寅、徐渭也作写意人物画。明中期，南、北两派各有代表人物，江南的民间肖像画家则重色染，后全用粉彩渲染。

明清之后，在西方文化的不断冲击下，社会的方方面面也在改变。中国画中融入了一些西洋绘画的特征。人物画吸收西方绘画的表现方法，在创作中运用了表现明暗关系的方法，使画面和效果更加丰富多彩。

19 世纪末，中国人物画的发展突飞猛进，引入了西方美术的表现形式与艺术观念。这期间名家辈出，流派纷呈，绘画不断改革创新。

（一）《洛神赋图》

《洛神赋图》（图 4-2-1）为东晋著名画家顾恺之的代表作之一。这幅画作高 27.1 厘米，长 572.8 厘米，是根据三国时曹植的《洛神赋》创作的，由多个故事情节组成的类似连环画而又融会贯通的长卷。作品中具体生动的形象，完整地表现了赋的内容。

图 4-2-1 《洛神赋图》（节选）

画面第一段描绘了曹植在洛水河边与洛水女神瞬间相逢的情景。曹植步履趋前，远望龙鸿飞舞，一位“肩若削成，腰如约素”“云髻峨峨，修眉联娟”的洛水女神飘飘而来，又时隐时现，忽来忽往。第二段描绘了人神殊途，不得不含恨别离的情景。洛水女神驾六龙云车离去，玉鸾、文鱼、鲸鲵等相伴左右，热闹异常。岸边，曹植在众随从的扶持下，目送着洛水女神渐渐远去，眼神中倾诉着无尽的悲伤与无奈。洛水女神不停地回头望着岸上的曹植，眼神中流露出不舍与依恋。最后一部分描绘了就驾启程。曹植乘轻舟溯流而上追赶云车，希望再次见到洛水女神。但人神相隔，早已寻觅不到洛水女神的踪影。曹植思念与悲伤之情不能自已，以至于流连忘返，直到随从们驱车上路，仍然不断回头张望，最后怀着不舍和无奈的心情，踏上返回封地的归途。

《洛神赋》是在一种眷恋神往却好梦未圆的惆怅思绪下成篇的。它除了有钟嵘《诗品》所赞赏的“词采华茂”之外，更有一股流风回雪、进而还复的丝缕式结构，顾恺之与赋文共鸣的，不只在爱情主题上，还在艺术形式上。画与赋同，画又与赋不能同。从卷首的曹植到卷尾的曹植，经历了一个时间过程，这正是他采用长卷绘画的原因与优势。不仅人物反复出现，情节环扣着情节，画中的景色也烘托了故事的自然换场。在画的下方，山峰或水波始终似断还连，起伏有致的变化服从于贯穿全卷的节奏。这种分段寓于整体的布局尊重了赋作为诗文艺术的特点。但是，仅靠横向的展示似乎还不够贴切赋文的缠绵意味，顾恺之巧妙地调动了人物在空间位置上的变化。洛水女神在画中出现的频率最高，时而在曹植面前，“仪静体闲”“柔情绰态”；时而凌波似游，“体迅飞凫”“动无常则”；时而在半空云端，“竦轻躯以鹤立，若将飞而未翔”……洛神的形象反复出现，而且体形比例各有微妙变化，好似一个飘忽不定的精灵。这是空间艺术对时间性情节的特殊表现，对赋文表现出的境界进行了再度创造。为了体现缠绵的意味，画中不同时空的洛水女神有着共同的造型特点，她的身姿动势总是向着画卷左方（即与曹植别离的方向），头部或目光总是回转或凝视于后。这种“进止难期，若往若还”的仪态，准确地传达出女神依依难断的缱绻意绪。作品对曹植乍遇洛水女神的形象塑造也是独到的，他走在侍从的前面，忽见洛水女神时，“彼何人斯？若此之艳也！”怦然惊喜中曹植下意识地振臂拦住了侍从，示意他们别惊动了女神。一个细微的动作，形成了前行与止步的冲撞，又是一股力量的振荡与回旋。

《洛神赋图》是我国早期绘画与文学相结合的典范之作。顾恺之使用简练飘逸的线条、典雅鲜丽的颜色、大胆的构图、写实的手法，诗意般地表达了《洛神赋》的深刻内容，达到了诗情画意的境界。另外，画中作为人物活动背景的山石树木虽然形态古拙，但对于烘托人物的情感和意境也起到了很好的作用。

（二）《韩熙载夜宴图》

在南唐宫廷中有不少丹青妙手，曹仲玄、周文矩、顾闳中等人在人物画方面都很有造诣，而顾闳中更是其中的佼佼者，他以一幅流传千载的《韩熙载夜宴图》奠定了自己在画史中的地位。

《韩熙载夜宴图》（图 4-2-2）是五代十国中南唐画家顾闳中所作，也是顾闳中现在唯一传世作品。现存宋摹本，宽 28.7 厘米，长 335.5 厘米，现藏于北京故宫博物院。该画以连环长卷的方式描绘了一次完整的韩府夜宴的过程，琵琶演奏、观舞、宴间休息、清吹、欢送宾客五段场景，画家用屏风作为画面空间建构、营造美感的主要手段。

图 4-2-2 《韩熙载夜宴图》（节选）

整幅作品采用了打破时间概念的构图方式，把先后进行的活动展现在同一画面上，在不同的场景之间，精巧地运用了屏风、床榻、长案、管弦乐器等古代屋内常见的物品，将画面进行软分割，使画面既有彼此的独立空间，又不乏连贯性。画家对人物的刻画，以形写神，显示出了高超的艺术水平。设色工丽雅致，富于层次感，代表了古代工笔重彩的最高水平，对研究中国古代绘画、传统服饰、民族音乐以及古代人文生活艺术等方面具有极高的参考价值。

在这幅作品中，画家塑造了许多生动的人物形象。主人公韩熙载的形象尤为鲜明，他在不同的画面中穿着不同的服装，动作表情都有所不同，即使多次出现也不显得重复和单调。他的神态、举止都显得端庄、得体，乐而不淫。在欢愉的气氛中，我们似乎还能感觉到他内心的一丝怅然和抑郁。作品中，顾闳中过人的表现技法也得到了充分的展示。线条或粗或细，时疾时徐，忽而飘逸，忽而滞重，非常自如，富有变化。用色也绚丽明快，浓淡交错，对比强烈，使物象具有较强的质感。

这幅作品整体风格上与唐代宫廷人物画属于一个派别，但表现手法更加精妙自如，表现多人的场面时结构紧凑而不拥塞，对人物身体语言和内心情绪的挖掘更加深入。

（三）《唐宫仕女图》

《唐宫仕女图》是唐代张萱、周昉所作的一组五幅中国画，包括《虢国夫人游春图》《捣练图》《簪花仕女图》《挥扇仕女图》以及《宫乐图》。唐代作为封建社会最辉煌的时代，也是仕女画的繁荣兴盛阶段。中国古代仕女众生相，“倾国倾城貌，多愁多病身”，唐代仕女画以其端庄华丽、雍容典雅著称，《唐宫仕女图》描述了唐代女子众生相，尤其表现了唐代贵族妇女的生活情调，展现了唐代仕女画的主要艺术特征。

张萱、周昉是唐代最具盛名的仕女画大家，驰誉丹青。张萱，京兆（今陕西省西安市）人，生卒年不详，善画人物、仕女，画贵族人物最负时誉。张萱画贵族游乐生活场景不仅以人物生动和富有韵律的组合见长，还会注意环境和色彩对画面气氛的烘托和渲染。

周昉，字仲朗，京兆（今陕西省西安市）人。他出身显贵，擅画肖像、佛像，其画风“衣裳简劲，彩色柔丽，以丰厚为体。”画佛像，神态端严，时称神品。周昉多画贵族妇女，所作优游闲适，人物多容貌丰腴，衣着华丽。周昉绘画用笔劲简，色彩柔艳，为当时宫廷、士大夫看重，称绝一时。周昉的仕女画取材于现实生活中贵族妇女的行乐活动，具有强烈的时代感，迎合了中晚唐时期官僚贵族们的审美意趣。

图 4-2-3 《虢国夫人游春图》（节选）

《虢国夫人游春图》（图 4-2-3）长 148 厘米，宽 51.8 厘米。画面描绘的是天宝十一年（752 年），唐玄宗的宠妃杨玉环的三姐虢国夫人及其眷从盛装出游，“道路为（之）耻骇”的典型环境。画面描绘了一个在行进中的行列，人马疏密有度，以少胜多。全画共九人骑马，前三骑与后三骑是侍从、侍女和保姆，中间并行二骑为秦国夫人与虢国夫人。其中四人穿襦裙、披帛，另外五人都穿男式圆领袍衫。虢国夫人在画面中部的左侧，她身穿淡青色窄袖上襦，肩搭白色披帛，下着描有金花的红裙，裙下露出绣鞋上面的红色绚履。秦国夫人居右上首，正在面向虢国夫人诉说着什么。

《虢国夫人游春图》重人物内心刻画，通过精细的线描和色调的设置，浓艳而不失其秀雅，精工而不板滞。全画构图疏密有致，错落自然。人与马的动势舒缓从容，正应游春主题。画家不着背景，只以湿笔点出斑斑草色以突出人物，意境空潆清新。设色典雅富丽，具装饰意味，格调活泼明快。画面上洋溢着雍容、自信、乐观的盛唐风貌。

《捣练图》（图 4-2-4）长 145.3 厘米，宽 37 厘米。此图描绘了唐代妇女在捣练、络线、熨平、缝制劳动操作时的情景，刻画了不同人物的仪容与性格。画中人物动作凝神自然，细节刻画生动，表现出作者的观察入微。

《簪花仕女图》（图 4-2-5）长 180 厘米，宽 46 厘米。绘有仕女五人、女侍一人、犬二、鹤一。画中贵妇身披薄质轻纱，内着团花长裙，体态丰腴端庄，雍容华贵。

图 4-2-4 《捣练图》(节选)

图 4-2-5 《簪花仕女图》(节选)

《挥扇仕女图》(图 4-2-6)，绢本，设色，长 204.8 厘米，宽 33.7 厘米。此图描绘了 13 位头挽高髻、细目圆面、长裙曳地的妃嫔和宫女形象。全幅以横向排列的形式展示了人物的各种活动：执扇慵坐、解囊抽琴、对镜理妆、绣案做工、挥扇闲憩等。《挥扇仕女图》的作者注意到了画面横向疏密、松紧的韵律变化，纵向高低错落的层次变化，从而使得画面结构井然有序，避免了构图上的单调呆板。图中色彩丰富，衣纹线条近铁线描，圆润秀劲，富有力度和柔韧性，较准确地勾画出了人物的种种体态。

图 4-2-6 《挥扇仕女图》(节选)

《宫乐图》(图 4-2-7)长 70 厘米，宽 48.7 厘米。此图描写了后宫嫔妃、侍女十余人，围坐、侍立于方桌四周，团扇轻摇，品茗听乐，意态悠然的画面。侍立的二人中，一人轻敲牙板，打着节拍。方桌中央放置着一只很大的茶釜，画幅右侧中间一名女子手执长柄茶勺，正在将茶汤分入茶盏里。她身旁的宫女手持茶盏，似乎听乐曲入了神，暂时忘记了饮茶。对面的一名宫女则正在细啜茶汤，侍女在她身后轻轻扶着，似乎害怕她会醉茶。

图 4-2-7 《宫乐图》(节选)

二、花鸟画

中国花鸟画最初是为了装饰实用器皿或具有实用性质的工艺品而逐步发展起来的。在今山西省朔州峙峪出土了一件旧石器时代刻有羚羊、飞鸟及猎人图像的兽骨片。进入新石器时代后，人类在彩陶上画鱼、鸟、蛙、鹿和花草的图案。鸟的形象在彩陶中比较多见，有较写实的，也有较抽象的；有的展翅飞翔；有的描绘鸟头；有的似两鸟头相连，下衔一只小鸟；有的似后世传说中的三足鸟。

商周青铜器上也有许多花鸟的图形。商代鸮卣是一种盛酒器，通体为拟形的连体双鸦，器盖是鸦首，器的腹部是鸦腹，器足是鸦足。在商代，鸦的形象是极常见的。商代的母鼓方罍是一种盛酒或盛水器，其颈部饰有相对而鸣的凤鸟纹。西周的鸭形尊，是以鸭的形象为容器，造型生动逼真，做工精妙，特别是对鸭的头部做了准确细致的刻画，令人赞叹不已。

中国花鸟画在南北朝时期形成，重心是在南朝。刘宋时期的顾景秀以擅长画蝉雀而名噪一时。据史籍记载顾景秀曾画有《蝉雀麻纸图》《鹦鹉画扇》等，不过已经无迹可考。

花鸟画作为一个独立的画科出现在唐代，始于中唐，盛于晚唐。初唐的薛稷是著名的花鸟画家，是画鹤名手。初唐的章怀太子墓的壁画中有花鸟，这是唐代花鸟画的重要实物之一。其中有水墨画成的浓淡变化的墨竹是我国发现的最早的墨竹画。新疆阿斯塔那的唐墓壁画绘有花鸟屏风，非常精彩。画面绘有萱草、鸢尾、蒜苗等花草，在花草下有鸳鸯、锦鸡和野鸭，远处有云山和小雁。其画用墨线勾勒轮廓，然后填有青、绿、朱、黄、赭、白等重色。这幅壁画是在唐代花鸟画失传的情况下，花鸟画独立成科的重要佐证。

晚唐的边鸾、滕昌祐、刁光胤的花卉禽鸟画促进了花鸟画的发展，使其演进为独立艺术。

五代时期，花鸟画进入了一个新的发展阶段，西蜀和南唐的画院名扬全国，成为当时的绘画中心。花鸟画成就最突出的是黄筌和徐熙。

北宋前期的花鸟画，与五代西蜀的画风相近，时至北宋中叶，才逐渐发生变化。花鸟之外，蔬果、墨竹、畜兽、龙鱼都单独分科，绘画的题材更加广泛，风格上的变化也较为显著。当时的画院尽管把重彩勾填的黄氏画法作为标准，但是，院内院外不同的流派和新的画法不断出现，画家们已经不再满足于古人的画稿，而是从实际观察中“掇集花形鸟态”，注重写生。

南宋作品无论是在布局还是在形象塑造上，虽然还倾向于装饰趣味，但已注意到花枝穿插与空间的关系。表现形式上，一幅画中往往以工笔写翎毛，而以粗笔写树石，将工细与粗笔结合起来。此外，宋代写意花鸟画的发展，与宋代文人画的兴起关系密切，与水墨画法的运用更是密不可分。这些画家们或画墨花、墨鸟，或以飞白作树石，或画墨禽、墨果，或得其清逸意味，或取其神韵，各成一派，大大丰富了宋代花鸟画的表现方法。

元代的花鸟画虽然不如宋代兴盛，但花鸟画家们又各变其法，出现了向水墨花鸟画过渡的趋势。如钱选变宋代“院体”画的工丽细密为清润淡雅；王渊、边鲁变黄筌的工整富丽为简逸秀淡；陈琳、张中的花鸟画则以粗简为特色。这时梅、兰、竹、菊的水墨写意也不断发展，墨竹大为流行。画竹高手有李衎、赵孟頫、柯九思、顾安、吴镇、倪瓒等。

水墨写意花鸟画是明代画坛的重要内容，整个明代是水墨写意花鸟画的大发展时期。当然，由于受明代前期院体画派的影响，工整艳丽的花鸟画也十分盛行，一直延续到嘉靖以后。这一派代表人物为边景昭、吕纪等，都以宋代院体画和黄筌的工笔花鸟为宗。

清代花鸟画的发展十分繁荣，水墨写意画派得到进一步发展，出现了八大山人这样的一代大师；没骨花卉画派出现了恽格这样的大师；兼工带写的画派则出现了华嵒这样的大师。宫廷花鸟的传统工笔日趋衰落，扬州文人画派成为“后文人画”的典型，晚清海派花鸟画的蔚然兴起，又标志着其成为中国画商品化样式的最佳典范。

（一）《五牛图》

韩滉，字太冲，长安（今陕西省西安市）人，其父是唐代宰相韩休。韩滉能书善画，草书学张旭，画学陆探微，擅画农村风俗景物，尤以画牛“曲尽其妙”，他画的牛具有一种浑厚朴实的风格。其作《五牛图》（图 4-2-8）为中国十大传世名画之一，是现存少数几幅唐代传世纸绢画作品真迹之一，堪称“镇国之宝”。

图 4-2-8 《五牛图》(节选)

牛是唐代重要绘画题材之一，如归牛、渡水牛、戏牛、牧牛、斗牛、乳牛等。画牛题材的盛行，也反映了这一时期农耕文明的发达。韩滉、戴嵩等是这方面的代表画家。

《五牛图》现存于北京故宫博物院，黄麻纸本，为流传唐画中仅见；长 139.8 厘米，宽 20.8 厘米。

此图中的五牛姿态各异，全图不设任何背景，着重突出牛的温顺性格。画中的五头牛从左至右一字排开，居中一头为正面，透视运用精确；其余四头为侧面，姿态互异，各具状貌：一头牛在低头慢慢地食草；一头牛则纵趾而鸣，好像在呼唤着离去的伙伴；一头仿佛是撒野的猛兽，露出一副旁若无人的样子；还有一头牛似乎正在走向田头，令人回味无穷。

整个画面中的五头牛无不造型准确、神态生动，显示出农村古朴的氛围。勾线用笔粗简而饶变化，把牛的筋骨转折画得十分到位，由此可见画家细致入微的观察力，牛目光炯炯的眼神体现了温顺的个性。

在技巧的运用上，画家选择了具有块面感的线条去展现牛强健而行动迟缓的特点，可谓独具匠心。用多种色彩表现五牛毛色，敷色轻淡而沉着，使画中五件具有一种厚实感。

“点睛”是牵动全局的关键，画家着重刻画牛的眼睛，将牛眼适当夸大，使五牛都目光炯炯，鲜明地显示出各自不同的神色。通过对微小细节的刻画，达到了一种形神兼备的艺术境界。

(二)《照夜白图》

韩干，唐代杰出画家，蓝田（今陕西省西安市蓝田县）人，其作品以描绘骏马而闻名于世。他出生于一个贫寒的农家，但自幼聪颖过人，展现出了非凡的艺术天赋。成年后，韩干深入马群，观察马的形态、动态和神韵，通过长期的实践和摸索，逐渐形成了自己独特的画马风格。其著作包括《照夜白图》《洗马图》《八骏图》等。

韩干的画作注重细节的刻画和表现力的传达。他笔下的马匹栩栩如生，线条流畅自然，笔触生动有力。在色彩运用上，韩干善于运用浓淡相间的墨色和丰富的色彩层次，使得画面更加立体、富有层次感。此外，他还注重画面的构图和布局，通过巧妙的构图和合理的布局，使得画面更加和谐、统一。

“照夜白”是唐代天宝年间的一匹名马，《照夜白图》（图 4-2-9）正是描绘了这样一匹骏马在夜色中的形象。在画面中，一个拴马桩居于中央，所拴的白马正仰首瞠目，嘶鸣腾踢，似乎想要挣脱缰绳奔驰而去。这幅画作展示了韩干注重写生、突破传统的特色，同时也侧面反映了当时的社会精神。这幅画以其精湛的画技和深刻的内涵，成了中国绘画史上的经典之作。

图 4-2-9 《照夜白图》

从画面的构图看，《照夜白图》采用了一种简洁明快的构图方式，以一匹骏马为主体，背景则是一片朦胧的夜色。这种构图方式使得画面显得十分干净利落，同时也突出了骏马的形象和特点。从画面的表现技法看，《照夜白图》采用了写实主义的表现手法，对骏马的形态、肌肉、毛发等进行了极为细致的刻画。画家通过熟练的笔触和墨色运用，将骏马的神韵和气势表现得淋漓尽致，令人感受到骏马的生命力和力量。

韩干的作品不仅具有极高的艺术价值，也具有深远的历史意义。他的画作不仅反映了唐代社会的审美观念和文化传统，同时也展现了中国古代绘画艺术的辉煌成就。同时，他的作品也为我们了解古代马匹的品种、特征和饲养状况提供了宝贵的资料。

三、山水画

作为中国传统绘画的重要分支，山水画以自然景观为主要表现对象，通过对山川、河流、森林、田野等自然景色的描绘，表现出中国文化的精髓和民族审美观念。在技法上，中国山水画注重笔墨的运用和线条的表现力。同时，墨色的浓淡、干湿、层次变化也使得画面更加立体和生动。在构图上，山水画强调“远近法”“高远法”“层叠法”等构图法则，通过合理的布局和空间关系，营造出深邃、广阔的视觉效果。中国山水画不仅是一种艺术形式，更是一种文化传承和表达方式。它反映了中国人对自然和宇宙的认识和理解，蕴含着天人合一、物我本无间的人文思想。

中国山水画的起源可以追溯到古代的岩画和壁画。随着时间的推移，这些原始的绘画逐渐发展成为独立的艺术形式。魏晋南北朝时期，山水画逐渐成熟，出现了以顾恺之、宗炳等为代表的山水画大师。他们的作品注重空间感的表现，对山水的描绘已经达到了相当高的艺术水平。

唐宋时期，中国经济发展达到了巅峰，文化艺术也取得了巨大的成就。山水画在这一时期取得了巨大的发展，出现了以王维、范宽、米芾等为代表的一批杰出画家。他们的作品风格各异，既有雄伟壮丽的山水画卷，也有细腻入微的局部特写，将山水画的艺术表现力推向了新的高度。

进入元明清时期，山水画的风格和技巧继续发展，出现了以黄公望、文徵明、石涛等为代表的一批杰出画家。他们的作品注重笔墨意趣，强调个人情感的表达，使得山水画逐渐从自然景物的描绘向主观情感的表达转变。同时，这一时期的山水画也受到了不同地域和民族文化的影响，形成了多元化的风格和特色。

到了现代，中国山水画的传承与发展面临着新的挑战与机遇。许多画家在坚守传统的同时，也在不断探索新的表现形式和技巧。他们深入生活，汲取自然之美，将传统与现代相结合，创作出了许多具有时代特色的山水画作品。这些作品既继承了传统山水画的精髓，又注入了新的艺术元素，为山水画的未来发展开辟了新的道路。

（一）《千里江山图》

《千里江山图》(图 4-2-10) 是北宋青绿山水画名作，长 1191.5 厘米，宽 51.5 厘米，绢本，富丽堂皇，气象万千。作者王希孟，是徽宗时期宫廷画院的画师。

图 4-2-10 《千里江山图》(节选)

中国传统作画方式的特点之一即“多点透视”，画家不用固定自己的位置，可以边走边看，笔下的画也可以随着画家的行动而变换视角，让人观看起来有一种流动感，似乎也在随着画家一起游山玩水。

《千里江山图》便是这种多点透视运用的典范之一。千万山峰高高低低，重重叠叠，却不是绵延之山，而是傍江水而生，有的很像丘陵峦岫，温润可爱；有的又似堂堂大山，气势难当。部分之间或以长桥相连，或者是一片宁静水色，大江浩渺。山水间还有很多可读的细节，飞瀑通幽，房舍点缀其间，虽人小如豆，却动态宛然。画面内容异常丰富，虽共处一画，却没有杂乱的感觉，这与色彩的统一是分不开的。

青绿山水指的是用石青、石绿等矿物色为主要色彩作画的作品，隋唐的《游春图》与《明皇幸蜀图》即属此类。这卷《千里江山图》整体颜色的感觉仍然是相似的。山石在通体染过赭石色的基础上，以青、绿色系再多次染过，最后罩上石青、石绿，越接近山头，两种颜色用得越厚重。山与山之间两种颜色往往交替使用，讲究相互的搭配与衬托。山体之外其他对象的用色也都以浓厚为特点，使得整个画面统一在大青绿的基调中，色彩浓艳，极有分量。

文化强国

中学师生墙壁复刻《千里江山图》壁画

2023 年，吉林省长春市第一五〇中学师生共创的《千里江山图》浮雕壁画引发众人关注。这幅壁画覆盖了学校美术教室的三面墙，高度近 3.5 米，总长度达 11 米，是由该校美术老师段英子和 21 名同学共同完成的。他们在美术选修课和晚自习的时间里，共耗时 129 天完成了这幅作品。壁画的内容取自北宋画家王希孟的《千里江山图》中最具代表性、最引人入胜的片段，展示了万壑千岩、羊肠小道、涓涓细流和林户人家，色彩既鲜艳又充满古韵。

这幅《千里江山图》画作规模宏大，参与创作的人数众多，这无疑给整个创作过程带来了巨大挑战。起初，段英子将画面的每个区域平均分配给每个学生，然而她很快发现，学生们的美术天赋和空闲时间各不相同。为了应对这一挑战，她对分工进行了调整。那些美术基础扎实、兴趣浓厚的学生被分配了更多画面制作和更精细的描绘任务，而美术基础稍弱、时间相对较少的学生则负责相对简单的铺色工作。这样的安排确保了每位同学都能参与到壁画的创作中，共同分享创作的乐趣和成就感。

在筹划阶段，段老师原本打算将这幅画制作得更宏伟一些，以便覆盖教室墙壁更大的面积。然而，在实际操作中，考虑到学生们登高绘画存在的安全问题，她决定缩小画作的规模。鉴于大多数参与的学生没有绘画基础，她选择了更易上手的浮雕壁画，使用油画刀制作肌理，使得山石的质感能够轻松地凸显出来。为了降低难度，她不断创新教学方式，最终指导学生采用丙烯颜料与浮雕壁画相结合的方式重新演绎《千里江山图》。这种更加灵活、全身心投入的教学方式使学生能够更深入地理解名家的画作，仿佛亲身经历了画中的情境，游览了大宋的繁华街市，体验了祖国的大好河山。

段英子强调，她的课程目的并非培养专业的国画人才，而是希望通过课程让学生领略国画的魅力，体会中国传统文化的自信。这种沉浸式教学的方式适合每一位学生。“在这门课中，无论你是否会画画、画得如何，都能跨越千年与名家进行对话。”

（资料来源：光明网，2023 年 11 月 1 日，有删改）

（二）《清明上河图》

张择端，字正道，琅琊东武（今山东省诸城市）人，北宋末年画家，宣和年间任翰林待诏。擅画楼观、屋宇、人物。所作市肆、桥梁、城郭刻画细致，界画精确，豆人寸马，栩栩如生。存世作品有《清明上河图》(图 4-2-11)、《金明池争标图》等，皆为我国古代的艺术珍品。

图 4-2-11 《清明上河图》(节选)

《清明上河图》绢本墨笔淡设色长卷，长 528.7 厘米，宽 24.8 厘米。此画用笔兼工带写，设色淡雅，构图采用鸟瞰式全景法，真实地概括了当时汴京繁荣昌盛的社会生活。画家以传统的手卷形式作画，采用了“多点透视法”，画面长而不冗，繁而不乱，严密紧凑，一气呵成。画中摄取的景物，在 500 余人物的画面中，穿插着各种情节，组织得错落有致，又不失情趣。

在表现手法上，《清明上河图》以不断移动视点的办法，即“多点透视法”来摄取所需景象。大到广阔的原野、浩瀚的河流、高耸的城郭，小到楼台殿阁、商铺门面，为历代古画中所罕见。技艺百工从事各种不同的活动，神情姿态各异而且穿插安排着各种活动，其间充斥着戏剧性的情节，交相辉映，令观者读罢回味无穷。更难能可贵的是，画面中内容丰富多彩，而主体突出，首尾呼应，全卷上下左右浑然一体，疏密、繁简、动静、聚散等画面关系被安排得天衣无缝。这幅画充分体现了张择端对社会生活的洞察力以及对画面构成的掌控力。从内容分析，此画虽然属于风俗画，但是也极具北宋山水画用笔的特征，成为中国老百姓喜爱的传世佳作。

（三）《富春山居图》

《富春山居图》(图 4-2-12) 描绘了富春江两岸秀美的山水风光，展卷细览，只见坡陀起伏，丘冈绵延；云烟掩村舍，沙渚连平畴；渔舟出没于水波之中，绿树丛生于怪石之旁。作为一幅横长近七米的长卷，作者采用了“移步换景，景随人移”的方式写景，景物的衔接与连缀自然有序，毫无生硬拼凑之感。景物元素有开有合，有聚有散，总体上呈现出比较舒缓的节奏。长卷中出现了颇多的山峰与树木形象，但“一峰有一峰之态，一树有一树之姿”，并无雷同。画家虽然尊重客观物象，但在创作中不是对自然景象机械、刻板地再现，而是着力于挖掘、阐发富春江的神韵。此图的笔墨语言亦不凡。画家用含墨较少的渴笔勾皴（主要是披麻皴）画出山体结构，略加渲染，取得了疏朗秀润的效果；远山及洲渚则以淡墨抹出，往往横淡墨数尺，便能体现数十里之迥。

图 4-2-12 《富春山居图》（节选）

黄公望，元代画家，本姓陆，名坚，常熟（今江苏省常熟市）人，因过继浙江永嘉黄氏而改姓名，字子久，号一峰，亦号大痴道人、并西老人等。黄公望中年做过小吏，为他人连累而身陷囹圄。出狱后他隐居不仕，皈依全真教，寄情山水，往来杭州、松江等地。他工于诗词书法，善散曲，五十岁左右开始山水画创作，喜写生。最初他受赵孟頫影响较大，亦从荆、关、董、巨的作品中获得启发。晚年个人风格趋于成熟，但创作态度仍十分严谨。画史上把他与吴镇、倪瓒、王蒙并称为“元四家”。

《富春山居图》的创作，始于元至正七年（1347 年），黄公望此时已是八十高龄。到了至正十年（1350 年）作者在图上题款时，画面仍未完稿。然而，即便它是一幅未竟之作，仍得到后代无数人的尊崇。明代的邹之麟认为此图堪与王羲之的书法作品《兰亭序》媲美。后世的许多文人画士将此图奉为圭臬，临摹者众，临品有十余本之多。此图在清顺治（1644—1661 年）年间焚于火，前段烧残部分被人另行装裱，取名《剩山图》，今藏于浙江省博物馆；后段部分被称为《无用师卷》，今藏台北故宫博物院。

文化典藏

1.《中国美术简史》，薛永年、罗世平主编，北京：中国青年出版社，2010 年。

2.《历代名画记》，（唐）张彦远著，朱和平注译，郑州：中州古籍出版社，2016 年。

单元三
精神的律动：古代乐舞

音乐与舞蹈在起源之初曾经密不可分，随着诗歌的兴起，乐、舞又与诗结合在一起，成为中国传统表演艺术重要的文化特征。从远古迄于隋唐，歌舞一直是表演艺术的主流。隋唐以后，诗、乐、舞的综合发展，又把传统的戏曲表演艺术不断推向高峰。民间各族乐舞是中国传统音乐、舞蹈文化的重要资源，当被采撷进入宫廷后，经专业乐师的加工提高，不仅彰显着礼仪的功能，而且更加趋于典雅华美。

一、古代音乐

中国传统音乐融合了儒释道思想的精华，注重通过有限的自然形态来传达无限的生命意蕴，在虚实相生、有无统一、形神兼备、情景交融的基础上追求象外之象、景外之景和言外之意，强调隽永的韵味。在艺术形式上，中国传统音乐崇尚中和、典雅之美，节奏舒缓、轻悠，曲调“乐而不淫，哀而不伤”。孔子曾说“兴于诗、立于礼、成于乐”，认为好的音乐能够教化人心，塑造符合儒家道德规范的“仁人”品性，起到“移风易俗”、促进社会和谐的作用。

（一）古代乐器

当中国古典音乐流泻而出的一刹那，你可以清楚地感受到在空气中流动的是高山、是流水、是丝竹、是冬雪、是千古的生命，那份说不出、道不尽的感动，就是中国古典音乐之美，而中国民族乐器是中国古典音乐的重要载体。中华民族勤劳智慧的先辈们，在生产生活中发明了风格多样的音乐器材，也创作了题材丰富的音乐曲目。

微课视频：中国古典乐器

1. 琴

琴是我国古代最重要的弹弦乐器之一。相传远古的伏羲氏和神农氏，都曾经“削桐为琴，绳丝为弦”。《诗经》的第一篇《关雎》中，就有“窈窕淑女，琴瑟友之”的吟咏。由于它的声音不愠不躁、平正冲和，很合乎儒家“中和”的音乐美学思想，所以受到许多文人雅士的喜爱。

琴（图 4-3-1），又称古琴、瑶琴、七弦琴，是中国最古老、最重要的弹拨乐器之一。琴一般长约三尺六寸五（120～125 厘米），象征一年三百六十五天（一说象征周天 365 度），一般宽约六寸（20 厘米左右），厚约二寸（6 厘米左右）。琴体下部扁平，上部呈弧形凸起，分别象征天地。整体形状依凤的身形制成，其全身与凤身相应（也可说与人身相应）。一般以桐木作面板，梓木作背板，有头、颈、肩、腰、尾、足等。

图 4-3-1　琴

微课视频：古琴曲欣赏

琴共七弦，一端以岳山支撑琴弦，无品，琴面有十三个琴徽以定音位。其定弦法很多，并不固定。古琴的表现力特别丰富，运用不同的弹奏手法，可以有不同的艺术特色，它的散音（空弦音）嘹亮、浑厚，宏如铜钟；泛音透明如珠，丰富多彩，由于音区不同而有异。高音区轻清松脆，犹如风中铃铎；中音区明亮铿锵，犹如敲击玉磬。按音发音坚实，也叫“实音”。各音区的音色也不同，低音区浑厚有力，中音区沉着温润，高音区尖细清脆。按音中的各种滑音，柔和如歌，也具有深刻细致的表现力。

古时候，古琴的地位非常特别，它是高雅的象征，但又不属于雅乐系统；它受到文人雅士甚至僧道人物的喜爱，常弹奏于幽室旷野，竹林月下，但又绝非俗乐。古人把琴作为明道德、美风俗、禁淫侈、和人心的修身养性之器，因此形成了对琴的古淡圆润、静远雅洁的审美要求。今天，琴仍然受到许多人的喜爱。

2. 瑟

瑟（图 4-3-2）是古老的弹弦乐器，起源很早，《乐书》引《世本》说“庖牺（伏羲）作瑟”，不一定可靠，但在周代，瑟已经是重要的弹弦乐器了。瑟体多用整木斫成，瑟面稍隆起，体中空，体下嵌底板。瑟面首端有一长岳山，尾端有三个短岳山。尾端装有四个系弦的枘。首尾岳山外侧各有相对应的弦孔。另有

图 4-3-2　瑟

木质瑟柱，施于弦下。

先秦两汉时期的古瑟，考古发掘中多有发现。湖南省长沙市浏城桥一号楚墓（约为春秋晚期或战国早期）出土的瑟，是目前所知年代最早的实物。河南信阳和湖北江陵等地的楚墓、湖北随县曾侯乙墓、长沙马王堆一号汉墓都出土过瑟，弦数二十三至二十五弦不等，以二十五弦居多。

古瑟至南北朝时期失传。唐、宋以来文献所载和历代宫廷所用的瑟，与古瑟在形制、张弦、调弦法诸方面已有较大的差异。当时的瑟，首尾各有一长条岳山，两岳山外侧有数目相应的弦孔，依次张弦。当时的瑟共二十五弦，音高按十二律吕排列。正中一弦（第十三弦）不弹，其余二十四条弦可奏两个八度音程的二十四个音。以右手弹“中声”（低八度音区），左手弹“清声”（高八度音区），左右手也可同时弹奏高低八度的和音。基本指法是大拇指、食指、中指、无名指分别向内外方向拨弦，指法有擘、托、抹、挑、勾、剔、打、摘，共八种。后世定弦法略有变化，正中一弦也可弹奏，按五声音阶或七声音阶定弦。左手在必要时可按抑柱左弦段而取变化音。

3. 筝

筝（图 4-3-3）是秦地（今陕西省西部）的乐器，早在春秋战国时期，就已在秦地流行。它最早出现在秦李斯的《谏逐客书》中：“夫击瓮叩缶，弹筝搏髀，而歌呼呜呜快耳者，真秦声也。”所以筝也称“秦筝”。其实，在战国时期，筝已经广泛流传到齐、鲁、燕、赵等中原地区。《战国策·齐策》说：“临淄甚富而实，其民无不吹竽鼓瑟，弹筝击筑。”自汉代以后，筝更是打破了地域的界限，成为十分重要且受人喜爱的乐器。

图 4-3-3　筝

最早的筝可能有五弦。东汉应劭《风俗通义》引《礼记·乐记》载：“筝，五弦，筑身也。”近年在湖北省随州市战国初期的曾侯乙墓出土的乐器中，就有五弦筝一件。战国末年，筝已发展到十二弦。又经过八百多年的发展，至隋代才增加一弦。此后十二弦筝和十三弦筝长期并存，其中十三弦筝流传最广。元、明以后，又出现了十四弦筝和十五弦筝。清末，出现了十六弦筝。近年来，筝的制作有很大发展，研制出了二十一弦筝、二十五弦筝、二十六弦筝、四十四弦筝等，其中二十一弦筝的使用范围最广。

筝的外形和瑟有点相似，但琴面有撑弦柱（即雁柱），可以左右移动以定音高。筝的音量宏大、音域宽广，表现力十分丰富，尤其长于表现那种凄清哀怨的情愁，所以古人常把它称作“哀筝”。当然，筝并非只能表现哀怨的情绪，它也可以表现宁静和平、欢快热烈，甚至气势磅礴的作品。

4. 二胡

我国的拉弦乐器很多，有二胡、板胡、高胡、中胡、京胡、坠胡、马头琴等，堪称一个庞大的家族。但是，它们的出现都很晚，最早用马尾做弓的拉弦乐器是胡琴，出现在北宋时期，它本是少数民族乐器，所以称作“胡琴”，《元史·礼乐志》记载：“胡琴、制如火不思，卷颈，龙首，二弦，用弓捩之，弓之弦以马尾。”元代以后，拉弦乐器才被大量地使用。

到了明清时期，随着戏剧的繁荣，伴奏效果比弹弦乐器好的拉弦乐器才受到重视，得到空前的发展。在众多的拉弦乐器中，最受人们喜爱的是二胡。二胡的音色柔美恬静，表现力很强。20 世纪初，在著名民族音乐家刘天华和阿炳（华彦钧）的努力下，二胡从伴奏乐器变为独奏乐器。刘天华创作的《良宵》《病中吟》《光明行》和阿炳创作的《二泉映月》《听松》等十余首二胡曲，可以说是有史以来的第一批二胡独奏曲。尤其是著名的《二泉映月》，旋律优美抒情，意境深邃高远，几十年来，不知倾倒了多少中外听众，成为我国音乐宝库中一份弥足珍贵的财产。

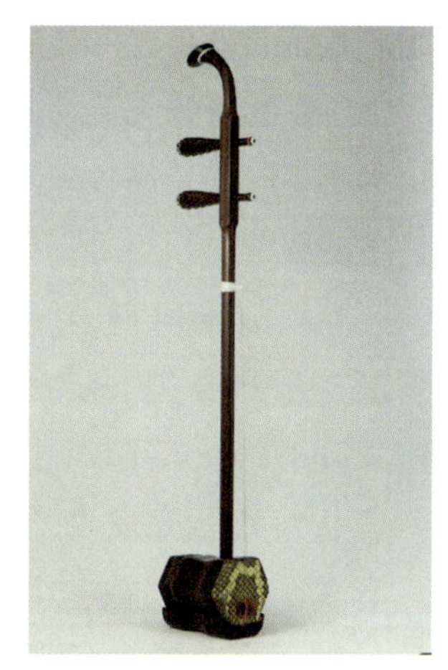
图 4-3-4　二胡

二胡（图 4-3-4）的结构比较简单，一般是圆形或六角形琴筒（近代出现椭圆形琴筒），一边蒙蛇皮或蟒皮，一边是雕花窗格。琴杆一头插在琴筒里，一头雕有龙头等装饰，有两个调弦用的琴轴。蟒皮上有琴码，琴杆上有千斤。琴弓用竹制，马尾夹在两弦之中，拉奏发声。

5. 琵琶

古时候称琵琶，实际上是两种不同系统的乐器，一种叫“汉琵琶”，是由弦鼗演变出来的阮一类的汉民族本土乐器；一类则是由西域传入的曲项琵琶。到唐代以后，琵琶就只指后者了。

图 4-3-5　琵琶

唐以后的琵琶（图 4-3-5），音箱是梨形的，琴项上部向后弯曲，所以叫“曲项琵琶”，项的下半部分（有的书叫“琴杆”）有几个音格，叫作“相”，老式的琵琶有四相。音箱部分背面呈弧形，正面是薄桐木板，上面有竹做的音格，叫作“品”。旧式的琵琶有九至十三品，四弦。

琵琶的表现力非常丰富，既可以表现铁马金戈、狂风暴雨般的磅礴气势，又可以表现小浦夜月、渔舟晚唱的淡远轻柔。所以琵琶曲目也就有文曲、武曲之分。文曲细腻柔和，武曲豪放雄健。清末琵琶演奏家李芳园说：“文曲宜静，宜有余音；武曲宜威，宜雄壮。”（《南北派十三套大曲琵琶新谱·凡例》）文曲注重左手的吟、揉等技艺，武曲注重右手的滚、轮、双、扫等手法。唐人所说的“曹刚有右手，兴奴有左手”，实际上指的就是他们演奏风格的不同。

琵琶的结构比较复杂，以前使用的四相十三品琵琶，由于不具备所有的半音，因此在转调上很不方便。现在的琵琶已经有六相，二十一品、二十三品、二十六品，具备了所有的半音，不仅转调方便，而且极大地增强了琵琶的表现力。

6. 编钟

钟是我国最古老的乐器之一，据说它的起源可以追溯到黄帝时期。据《宋书·乐志》引《世本》说，钟是“黄帝工人垂所造”。最早的钟是陶制的，在陕西省西安市客省庄龙山文化遗址出土有陶钟。早在三千多年前的殷商时期，就已经有金属铸造的钟，而且有了几个一组、能演奏简单旋律的编钟。

乐钟有特钟和编钟两种。特钟单独悬挂，一架一枚，也有直立在座上敲击的。而编钟则由大小不同、音高各异的若干枚钟编成，可以演奏旋律。出土的商代文物中，就有许多三枚一组的编钟。

春秋战国时期，音乐艺术有很大的发展，乐器也进一步完善。近年来的考古发现有河南信阳出土的春秋末期一套十三枚编钟、安徽寿县出土的春秋末期一套二十五枚编钟、山西侯马出土的春秋时期一套九枚编钟、山西长治市出土的战国时期一套八枚编钟等许多造型精巧、音色优美的编钟。其中最著名的，是在湖北随州市战国初期曾侯乙墓出土的一套编钟（图 4-3-6）。

图 4-3-6　战国曾侯乙编钟

曾侯乙墓出土的这一套编钟共六十五枚，铜木结构的钟架长 10.79 米，高 2.67 米。编钟分三层悬挂于钟架上。上层的钟名“钮钟”，共十九枚，体积较小，最小的仅 2.4 千克，声音高亢清脆。中下层的钟名“甬钟”，共四十五枚。悬挂于中层的甬钟有叫“琥钟”的长乳甬钟十一枚，叫“嬴孚钟”的短乳甬钟十二枚，叫“揭钟”的长乳甬钟十枚。下层是十二枚揭钟（长乳甬钟）和一枚镈钟，最大的一枚重达 203 千克。

这套编钟是目前我国出土的形制最大的一套编钟，它数量多、规模大、音律准、音域宽，总音域达到五个八度，而且保存完好，至今仍能演奏。尤其令人感到惊奇的，是它的音阶结构居然和现代国际通用的 C 大调七声音阶的音列完全相同，其中还包含完整的半音阶，可以演奏完整的五声和七声音阶的中外乐曲。

（二）宫廷音乐

宫廷音乐指的是在宫廷内部或朝廷仪式中为宫廷统治者演奏的音乐。宫廷音乐是伴随着阶级社会产生的，是直接为统治者掌握和利用的音乐。宫廷音乐有雅乐与燕乐之分。宫廷雅乐是历代统治者用于各种祭祀和朝会典礼的音乐。宫廷燕乐是皇帝和后妃们宴饮和休闲娱乐用的音乐。宫廷音乐或取材于民间音乐，或受外来音乐影响，甚至直接由外来音乐演变而来。

1. 发展

历史发展到了周代，宫廷音乐已经比较繁荣了。其中比较著名的是“六代乐舞”。在这六代乐舞中，《大武》是周代初年的作品。六代乐舞共同颂扬了先秦不同时期创业首领的文治武功。周公将这六部乐舞加以集中、整理，规范成一个整体，作为国家的礼制，用于祭祀、庆典等活动，并对它们的演出仪制、祭祀对象、服饰道具、乐歌宫调、舞者身份、演出场合都做了明确的规定。

六大舞又分为“文”“武”两类，前四舞属文舞，《大武》《大濩》等属武舞。文舞持龠、翟而舞，故又称俞租舞；武舞持干、戚而舞，又称干戚舞。两类乐舞的划分，与舞蹈的内容形式有一定联系，但据后世儒家考证，其划分标准主要是受祭帝王得天下的手段，所谓“以文德得天下的作文舞，以武功得天下的作武舞”，这一定例直贯串到以后历朝历代的封建帝制。除此之外，在周代宫廷之中，还有一些丰富多彩的乐舞形式，如颂乐、雅乐、房中乐、四夷之乐、小舞、宗教性乐舞等，它们共同构成了周代宫廷音乐的繁荣。

2. 类型

中国宫廷音乐，按其演奏场合，大致可以分为外朝音乐和内廷音乐两大类；按其功能性质，又可分为典制性音乐和娱乐性音乐。典制性音乐包括祭祀乐、朝会乐、卤簿乐等，娱乐性音乐包括筵宴乐、行幸乐、吹打乐等。

3. 特点

宫廷音乐的特点主要表现于三个方面。

（1）功利性，用音乐来表现统治者的威严、高贵，为统治者歌功颂德，是享受、娱乐的手段之一。

（2）礼仪性，大多在一定的礼仪场合演奏，依其不同的场合功能而使用不同的乐曲，即仪式进程的不同阶段也有不同的乐曲，同一名称的乐曲也会根据场合不同而有不同的乐队编制、演奏处理。

（3）旋律、节奏的“雅化”，以优美纤细、典雅端庄为基本风格特征。

二、古代舞蹈

中华民族的舞蹈文化源远流长，记录中华民族舞蹈发展轨迹的文物图像和文字连绵不断，这在世界文化史上也是罕见的。距今五六千年前的新石器时代舞蹈纹彩陶盆的出土，向世人展示了原始舞蹈整齐的队势及群体性、自娱性的特点。

在中国舞蹈当中，最能表现东方之美的当属中国古典舞，它翩若惊鸿，婉若游龙，精美绝伦，让人叹为观止。中国古典舞起源于中国古代，融合了中国传统武术、杂技、戏曲中的动作和造型，具有东方式的刚柔并济的美感。根植于中国传统文化沃土的古典舞蹈非常强调“形神兼备，身心互融，内外统一”。神韵是中国古典舞的灵魂，神在中而形于外，“以神领形，以形传神”的意念情感造化了神韵的真正内涵。

古典舞的渊源可以追溯到中国古代宫廷舞蹈或时代更遥远的民间舞蹈。至周代开始，到汉、晋乃至唐、五代的宫廷都设立了专门的乐舞机构，集中培养专业乐舞人员，并对流行于民间的自娱性舞蹈和宗教舞蹈乃至外邦舞蹈进行整理、研究、加工和发展，形成了宫廷舞蹈。如周代的《六代乐舞》、唐代的《九部乐》等。宋元之后，战乱频繁，文化受到破坏，舞蹈的发展也受到影响，汉唐许多著名的舞蹈失传。元、明、清以后，才得到进一步发展。中国古典舞的代表作有《飞天》(图 4-3-7)、《春江花月夜》《踏歌》《扇舞丹青》《盘鼓舞》《胡旋舞》(图 4-3-8)、《爱莲说》《桃夭》等。

微课视频：中国古典舞

图 4-3-7 敦煌壁画《飞天》

图 4-3-8 石刻《胡旋舞》墓门

（一）祭祀舞蹈

祭礼舞蹈是起源于原始社会的图腾崇拜舞蹈和巫术仪式的舞蹈，是按照舞蹈功能划分的舞蹈种类之一。人们把与自己氏族有密切联系的动物或植物作为自己氏族的族徽或图腾标志，奉为自己的祖先或保护神。在图腾崇拜的仪式中，人们用舞蹈颂扬祖先和神明的功绩，以求神明的庇佑。

除此之外，巫术活动中还有“雩祭”“傩祭”“祀高谋”，分别是以舞蹈求雨、驱疫、求子的巫术仪式活动。“雩祭”由巫率众在天旱时跳舞求雨，如求雨不成，女巫常遭“曝”和“焚”的惩罚。“傩祭”是一种在每年岁末，戴着面具，由“方相氏”带领在室内驱赶鬼、疫的舞蹈活动。“祀高某”则是每年春季举行的以择偶、置婚配为目的的歌舞活动。周代整理的六代舞便是祭祖的舞蹈。后代的宫廷“雅乐”也通常用于封建帝王祭祖，祭天、地、山、川之神以及佛、道、儒等宗教活动之中。“以舞通神”是其重要的环节和作用，也使舞蹈艺术得到了不断发展。

扎根民族文化土壤的祭祀舞蹈

我国少数民族中，大多有祭祀舞蹈，像云南景颇族的“目瑙纵”，纳西族的“东巴舞”，藏族的“卡斯达温”，彝族的“苏尼且”等。那么，这些少数民族的祭祀舞蹈有哪些共性特征呢？

（1）以“圆”为“形”。“圆”有团圆美满之意。作为一个几何图形，这种“圆”在祭祀舞蹈中随处可见。如景颇族的“目瑙纵”，中间搭塔台，舞者以此为中心在四周环绕着塔台进行歌舞，场面宏大，令人震撼。而这种圆形的队列分布，也是一种向心力和凝聚力的体现。以圆形为队列进行舞蹈，既方便群体相互交流，也可使围观者随时加入进来，具有全民参与性。

（2）以“力”传“神”。当通过言语等方式无法表达出人们的情感时，舞蹈便产生了。在许多祭祀活动中，舞者在进入舞蹈高潮时，经常会呈现一种近乎癫狂的状态。这是一个循序渐进的过程，随着时间的推移，舞者的动作频率逐渐加快，似乎进入一种“超我”的境界。

（3）以“虚”表“实”。在藏族出征祭祀舞“卡斯达温”中，舞者会通过手中所持的刀与枪来表现他们的尚武情结。在舞蹈中，他们头戴插牛尾的头盔，一边歌一边舞地从寨中走出，这正是以舞蹈过程中非现实的“虚”景来表现战争场面的“实”景。舞者通过这种模拟的方式，表达对勇士凯旋的美好祝福。

（二）宴饮舞蹈

早在农业出现之前，原始氏族部落就在季节变换的时候举行各种祭祀典礼仪式，在这些祭奠仪式上，往往会有一些简单的舞蹈动作。西周时期，宴会十分讲究礼仪，但每当酒酣耳热之际，人们总是忍不住起身舞蹈，把饮酒娱乐的氛围推向高潮。

据史册记载，唐太宗李世民不但在乐舞艺术上有所创新，还重视对西域乐舞精髓的直接吸纳。歌舞至唐玄宗时期达到极致。唐玄宗李隆基创造了《秦王破阵曲》和《霓裳羽衣曲》，且《秦王破阵曲》被誉为大唐的国歌。至今保存下来的唐代酒筵歌舞主要分为两类：一类是艺术观赏性质的酒筵歌舞；另一类是酒筵游戏性质的歌舞。

（三）民间舞蹈

民间舞蹈起源于人类劳动生活，它是由人民群众自创自演，表现一个民族或地区的文化传统、生活习俗及人们精神风貌的群众性舞蹈活动，所以也被称为“土风舞”。

民间舞蹈最突出的特征就是它的民俗性。我们从舞蹈功能的角度可以将民间舞蹈分属五大类：节令习俗舞蹈，生活习俗舞蹈（如自娱自乐、社交择偶、健身竞技、表演卖艺等），礼仪习俗舞蹈（如在生育礼、成人礼、婚礼、寿礼、丧礼、祭礼、兵礼等礼仪活动中进行的舞蹈），信仰习俗舞蹈（如在道教、佛教、原始宗教、民间俗信活动中跳的舞蹈），劳动习俗舞蹈。

民间舞蹈是中国传统舞蹈艺术的源泉。风情醇厚、多姿多彩的民间舞蹈在中国历史文化长河中世代生息演进，流传至今，以其绚丽的风采深得中国各族人民和世界各国朋友的喜爱和珍视，被誉为世界舞蹈宝藏中的瑰丽之花。中国是一个拥有 56 个民族的文明古国，每个民族和地区都有自己的历史文化、生活习俗和审美情趣，这些因素共同作用使得民间舞蹈具有样式多、内容广、风格别及动律异的鲜明特色。

文化典藏

1.《中国古代音乐史稿》，杨荫浏著，北京：人民音乐出版社，1981 年。

2.《中国舞蹈史及作品鉴赏》，冯双白、茅慧主编，北京：高等教育出版社，2010 年。

文化视野

从传统画卷中奏出的文化强音

一群娇憨可爱、活泼生动的唐装仕女从古画中走来，穿越《捣练图》《簪花仕女图》等七大国宝，带领观众经历一场博物馆奇妙之旅。2021 年春节，河南卫视的春晚节目《唐宫夜宴》将传统画卷与数字科技完美结合，创意精美的舞台效果引人惊叹。

一、根植传统文化，唱响时代心声

以传统文化为核心的节目设计最能打动观众。这里有一条清晰的轨迹可循：2005 年的《千手观音》、2008 年的《飞天》，还有 2020 年登上重庆卫视春晚舞台的网红舞蹈《丽人行》。这些发于传统内核的创意节目，都是让观众印象深刻、回味无穷的春晚经典，这些作品也是近年来在弘扬中华优秀传统文化的时代背景下，广大文艺工作者不断探索的成果。

《唐宫夜宴》从博物馆里的三彩乐俑得来的灵感，融合了唐俑服饰造型特点，将传统文化元素在节目中运用得淋漓尽致。《唐宫夜宴》通过结合当代人的视觉审美来讲述唐朝的故事，一群穿着唐朝服饰嬉戏的少女成了观众眼里熟悉的陌生人，她们在一颦一笑中生动地展现了唐朝独有的美学风范。

中华文明，弦歌不辍，守住根与本，便能拥有更辽阔的精神家园。2 月 14 日，河南卫视春晚总导演陈雷在接受媒体专访时坦言："我们希望通过春晚这种形式，让年轻人重新认识自己的民族文化，热爱自己的民族文化，将民族文化融入生活、情感和行为。"

二、传统与时代结合，奏出文化强音

与其说这是一支舞蹈，不如说它更像是一件融媒体作品，融入了国宝、国风和国潮的元素。陈雷在介绍《唐宫夜宴》时说："通过新的形式让年轻人看到老祖宗留给我们的瑰宝。"《唐宫夜宴》的"出圈"，印证了创作团队对观众心理的准确把握，也开拓了传统文化创新推广的新思路。不少网友表示，看完节目真的想去河南博物馆转转。

2021 年的春节盛宴中不只《唐宫夜宴》"出圈"，继《诗词大会》后，中央广播电视总台大年初一播出的《典籍里的中国》，让观众欣赏了一场大戏，品读了一本好书，也收获了思想上的洗礼，很多情节令人热泪盈眶，非常精彩。同时本节目凭借《尚书》等硬核文化内容及其蕴涵的中国智慧引发了广泛关注，节目播出当晚话题阅读量超过 4.5 亿。

如今，传统文化经典回归到人们的视线中。"新国潮"的流行，随处可见的汉服唐装爱好者和备受欢迎的优秀传统文化节目，都一一向我们证明中华文明的无限魅力。鲁迅先生曾说"只有民族的，才是世界的"，只有根植传统文化，才能唱响时代心声、奏出文化强音。

（资料来源：《人民资讯》，2021 年 2 月 16 日，有删改）

【活动描述】

传统艺术是道器合一的产物。进入当代社会之后，无论是在道的层面还是在器的层面，传统艺术都受到了空前的挑战，但同时也在不断适应时代变化中获得了新的发展。请你通过以下活动了解当前中华传统艺术的传承与创新。

【活动准备】

请全班自行结成 3 ～ 8 人的小组，每组选定一个中国传统艺术的展览，追溯传统艺术的起源与发展，并以小组展示的形式，向同学们分享你们的收获与感受。

【活动过程】

（1）确定展览的主题、时间与地点，小组一起进行参观。参观后交流感受并确定展示方案，填写以下表格。

活动主题：中国传统艺术展览分享			
展览名称		时间与地点	
展览感受			
展示准备工作			
展示方案			

（2）组内讨论，收集相关素材，准备展示使用的 PPT 和有关材料。

（3）进行班级内展示，向大家分享展品的特点、背后的故事及创新性发展。

（4）对展示进行复盘，总结此次实践活动的收获与经验，并邀请其他同学为自己填写评价。

模块五　科技闪耀

文化导航

灿烂丰富的中国传统文化不仅体现在文化、思想、文学、艺术等人文科学方面，在自然科学方面，古代中国同样取得了巨大的成就。纵观历史，我们的祖先几乎在科学技术的各个领域（从数学、天文、地理、生物、医学、农学等学科，到建筑、冶金、纺织、机械、造船、航海、造纸、印刷、制陶等技术领域）都取得了令世人瞩目的成就。

目标指引

‖知识目标‖

1. 认识中国古代的农具和医疗工具。
2. 理解中国古代水利工程的现实意义。
3. 了解古代医学理论。
4. 了解中国古代农学著作和医学著作的主要内容及其代表人物。

‖能力目标‖

1. 能充分认识中国古代农业和医学取得的成就。
2. 能用科学的世界观和方法论分析中国古代科技的现实意义。
3. 能从中国古代科技成就中汲取古人的智慧。

‖素养目标‖

1. 在学习中国古代科技所取得的成就中增强民族自豪感。
2. 树立正确的劳动观念。
3. 培养勤劳、创新、奋斗的劳动品质。

文化脉络

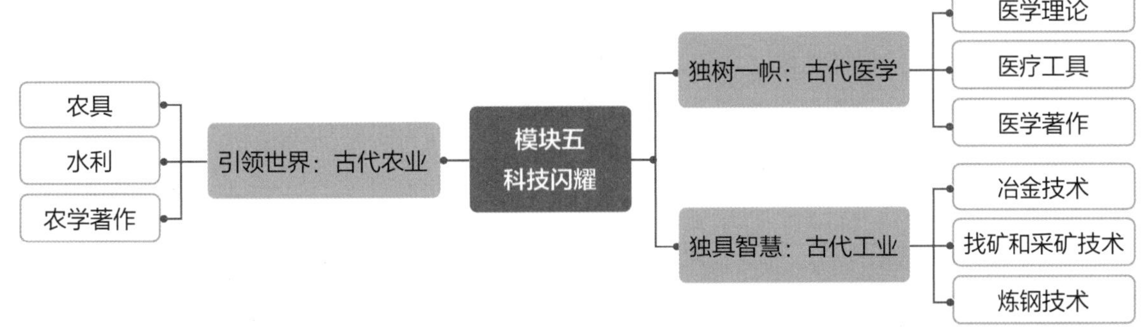

单元一
引领世界：古代农业

微课视频：古代农学

中国古代社会历来是农业社会，古代文明归根结底是农业文明，历朝历代都对农业高度重视，认为农业是立国之本、筑邦之基。中国是世界上最早进行农业生产的国家，并且在农具的制作、农耕技术的演进、农业历法的观测、水利的兴修等方面都领先于世界。

一、农具

农业科技的进步从生产工具上就可以体现出来，我国各个历史时期都创造并创新了新农具。原始时期有木质的耒、耜，之后出现了石耜、骨耜、石铲、石锄及犁铧等，西周创造了青铜中耕农具钱和镈、碎土覆种工具耰等。春秋战国时期已有铁犁铧、铁锄、连枷、石磨等。汉代创造了耦犁、耧车、耱、辘轳、翻车、风扇车等。魏晋南北朝时创造了人字耙、水碾等。隋唐时出现了曲辕犁、筒车、立井水车等。宋元时创造的农具更多，有踏犁、秧马、高转筒车、水击面罗、水轮三事等。明清又有风力水车等农具的出现。中国传统农具形式多样，种类丰富。除用人力畜力外，还会利用风力和水力作为动力。不少农具的发明早于世界其他地区，对国外也产生过深远影响。

（一）耕作农具

中国古代在北方旱作地区，为了达到抗旱保墒的目的，在耕作上有一套耕、耙、耱的技术。同样，在南方水田地区，为了使稻田土壤松软柔和，也有一套耕、耙、耖的耕作技术。这些耕作上的要求，都是靠犁、耙、耢和耖等农具来完成的。

1. 犁

犁是由一种原始双刃三角形石器发展起来的，被称作“石犁”。中国犁的前身是耒耜，而耒耜是由最原始的尖木棒发展起来的。中国在商周时期还出现过青铜犁，在战国时出现了铁犁。铁犁的出现是我国农具发展史上的重大变革。

汉代，出现了犁壁。当时的犁是直辕犁，有单辕和双辕之分，基本上是二牛抬杠式的（图 5-1-1）。犁壁的出现是耕犁发展史上的第一次突破。有壁犁除了能深耕翻土外，还能开沟作垄，兼有中耕培土和除草之效，耕速也比原始的犁快，有利于抢时耕作，不误农时，更加适应了精耕细作的需要。因此，犁壁的出现在中国犁的发展过程中，具有承前启后的深远影响。

图 5-1-1　直辕犁

中国犁在农具发展史上的第二次突破是曲辕犁的出现（图 5-1-2）。曲辕犁的发明，标志着中国耕犁的发展进入了成熟的阶段。在唐代，曲辕犁已发展到相当完备精巧的程度。曲辕犁的应用和推广，大大提高了劳动生产效率和耕地的质量。

图 5-1-2　曲辕犁

耕犁的发明是农业史上的一件大事，它使个体经济终于成为现实，从而为封建农业最后取代奴隶制农业奠定了坚实的物质技术基础。

2. 耙

“耙”，在古代又称为“爬”或“耀”。耙的构造很简单，就是在木制框架上，装上很多木齿或铁齿（图 5-1-3）。耙是“水陆俱必用之”的整地农具，能“散坺去芰”，即有破土、松土和爬除根茬的作用；在旱地上使用，还有保墒防旱之效。

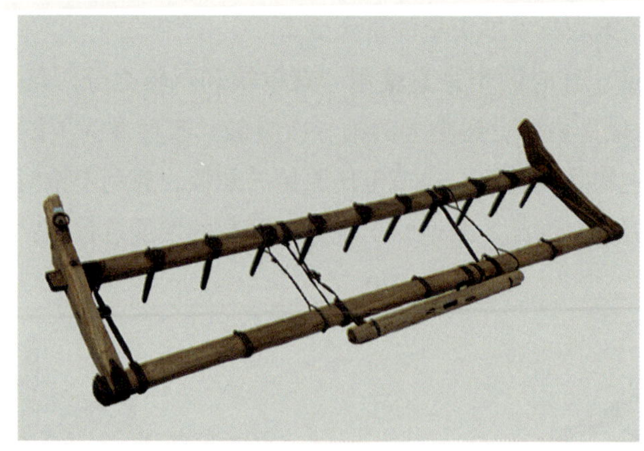

图 5-1-3 耙

3. 耢

“耢”，也是一种整地农具。耢用在耕或耙后，可以把土块磨得更细，主要也是为了保墒防旱。耢是抗旱保墒耕作法中非常重要的农具，作用很大，但它的构造却特别简单，多是用柳、荆等树条编制而成。

4. 耖

耖是水田农具，稻田在耕耙之后，为了使田泥更加松软细平，常常用耖再耖田。耖在晋代已经出现（图 5-1-4）。1963 年在广东省连县龙口大队发掘的西晋古墓里有犁田耙田模型。模型中间纵贯一条田埂，分为两块耕田：一块田中，有一人使牛犁田；另一块田中，有人使牛耙田，用的是耖耙，下有六根长齿，上有横档，就是现在用的耖。耕耙之后再耖，可使田泥“琉通”“始熟”“匀滩”，保证耕作质量，使稻秧有个良好的土壤条件。

总之，犁、耙、耢、耖等农具是中国耕、耙、耢耕作体系中不可缺少的重要农具，它们共同保证了精耕细作的实现。

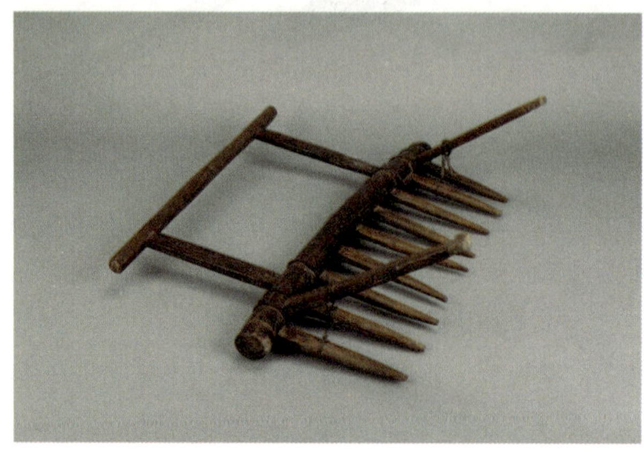

图 5-1-4 耖

（二）收割农具

作物成熟后必须收割，古代用于收割的农具主要有以下几种。

1. 镰刀

“镰”是镰刀的简称，是十分古老的收割（切割）农具。镰形器在旧石器时代末期就已出现。新石器时代遗址中常出土有石镰和蚌镰，商周时期出现了青铜镰刀，其形制已与战国、西汉的铁镰相差不大。大致从战国开始，铁镰取代了铜镰。自汉代以后，其形制基本定型，一直沿用到今天。

镰刀属刀类，主要功用是切割不太粗壮的植物的茎秆。不装柄的镰刀基本形状为长条单刃形，但具体形状却五花八门，如有的近似半月形，有的近似三角形、长方形、梯形……长短、大小、宽窄也有差别，长的有一尺余，短的只有两三寸。柄也有长有短，有粗有细，有圆有方，有曲有直（图 5-1-5）。

图 5-1-5　镰刀

由于不同的作业需要，出现了几种特殊用途的镰刀。如汉代发明了一种专门用来收割禾草和撒播的“钹镰”。钹镰是两边有刃的大镰刀，双手执握用以砍削禾秸。至宋元时期，又发明了一种收割农具叫“推镰”。虽然也叫“镰”，但与普通镰刀大不相同，是把长条形铁刀装在带有两个轮子的架上，后有长柄，使用时用力向前推去，可铲割作物。

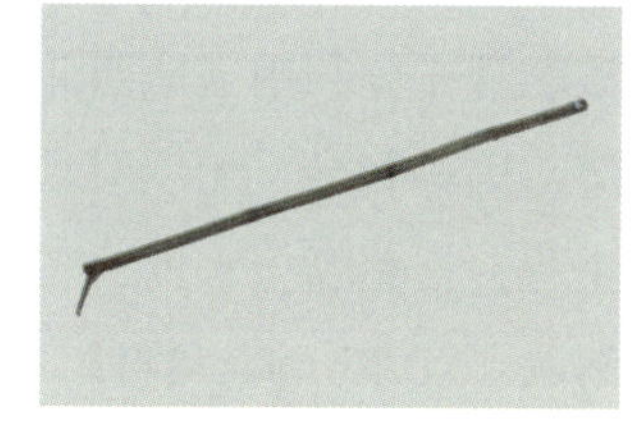

图 5-1-6　禾钩

2. 禾钩

禾钩（图 5-1-6）是一种非常不起眼的小农具，取一根不大的树杈就可以砍制一个禾钩。其实禾钩的结构是非常简单的，只是一个长约二尺的木钩，农民用这个木钩，将芟割的禾穛或草蒿钩敛到一起，然后打成捆，比用手敛更加省力和快捷。

3. 禾担

禾担（图 5-1-7），“负禾具也，其长五尺五寸。剡扁木为之者谓软担；斫圆木为之者又省力又快捷。谓之楤。扁者宜负器与物；圆者宜负薪与禾。凡山路崎险，或水陆相半，舟车莫及之处，如有所负，非担不可。又田家收获之后，塍埂之上，禾积星散，必欲登之场圃，荷此尤便”。其实这是发明非常早的农具，只是没有人专门记述它，至《王祯农书》始有记述。

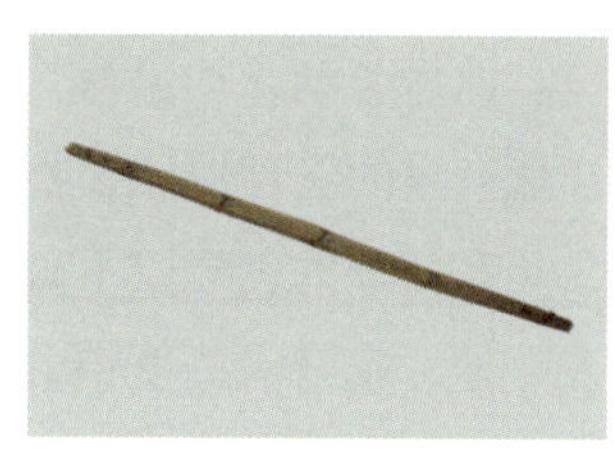

图 5-1-7　禾担

二、水利

中国自古重农，举凡“水利灌溉、河防疏泛”，历代无不列为首要工作。农业在国民经济发展中具有决定性意义，中国农民长期在“旱”与“涝”的双重威胁下艰难劳作，水利成为中国传统农业发展的命脉。在我国几千年的文明历史中，勤劳、勇敢、智慧的中国人民同江河湖海进行了艰苦卓绝的斗争，修建了无数大大小小的水利工程，有力地促进了农业生产。其中一些在经历了两千多年的考验后，至今仍发挥着重要作用。

（一）都江堰

都江堰（图 5-1-8）位于成都平原西部的岷江上，是全世界迄今为止唯一留存、年代最久、以无坝引水为特征的宏大水利工程。岷江发源于岷山山脉，从成都平原西侧向南流去，是地道的地上悬江。古代每当岷江洪水泛滥，成都平原就成为一片汪洋；一遇旱灾，又是赤地千里，颗粒无收。公元前 256 年，秦国蜀郡太守李冰和他的儿子吸取前人的治水经验，率领当地人民，主持修建了著名的都江堰水利工程。该工程充分利用当地西北高、东南低的地理条件，根据江河出山口处的特殊地形、水脉、水势，因势利导，无坝引水，将岷江水流分成两条，引其中一条水流入成都平原。都江堰水利工程包括鱼嘴分水堤、飞沙堰溢洪道、宝瓶口进水口和百丈堤、人字堤等附属工程，科学地解决了江水分流、排沙、控制进水流量等问题，这样既消除了水患，又保证了防洪、灌溉、水运和社会用水综合效益的充分发挥。都江堰建成后，“水旱从人，不知饥饿，时无荒年”，千百年来一直发挥着防洪灌溉作用，使川西平原成为“天府之国”，促进了四川经济、文化的大发展。

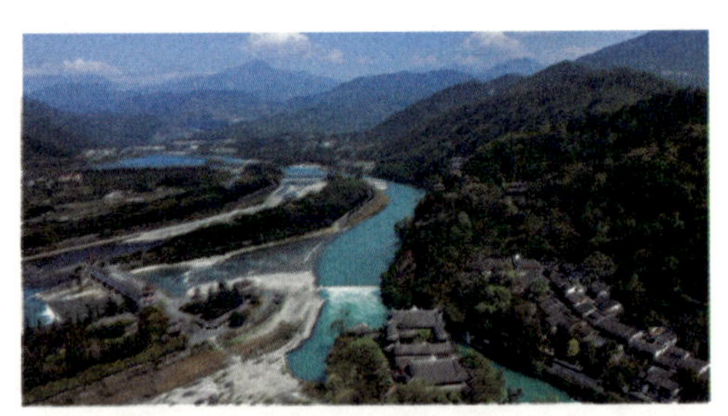

图 5-1-8　都江堰

都江堰水利工程完工后，历朝历代都非常重视对它的维护和修缮。汉灵帝时设置“都水掾”和“都水长”，负责维护堰首工程。蜀汉时，诸葛亮设堰官，并征集 1200 人专门负责维护。此后各朝，均以堰首所在地的县令为主管。到宋代时，制定了施行至今的岁修制度。都江堰有效的管理保证了整个工程历经两千多年依然能够发挥重要的作用。

都江堰的创建以不破坏自然资源、充分利用自然资源为人类服务为前提，变害为利，使人、地、水三者高度谐和统一，是全世界迄今为止仅存的一项古代的“生态工程”。因其在历史和水利科学方面的突出价值，于 2000 年被确定为世界文化遗产。

文化漫谈

都江堰放水节

清明放水节是都江堰市的民间习俗。在农历二十四节气的清明这一天，为庆祝一年一度都江堰水利工程岁修竣工和进入春耕生产大忙季节，民间都要举行盛大的庆典仪式。

公元前256年李冰治理岷江，修筑都江堰水利工程，根治了岷江水患，使成都平原成为“水旱从人”的“天府之国”。人们为了纪念李冰，每年都举行一系列相关活动，包括官方祭祀和群众祭祀活动。官祭活动首先由主祭官宣读祭文，并献帛、献爵、献花，然后瞻仰二王庙。群众祭祀活动主要是拜谒二王庙，祈愿一年风调雨顺，五谷丰登，六畜兴旺。放水节最重要的活动是在都江堰渠首鱼嘴分水工程处举行砍断连接杩槎的竹索，使外江水流入内江的开水仪式。

清明放水节再现了成都平原农耕文化漫长的历史发展过程和民俗文化，体现了中华民族崇尚先贤、崇德报恩的优秀品质，具有弘扬传统文化的现实意义。

（二）京杭大运河

大运河北起北京，南达杭州，流经北京、河北、天津、山东、江苏、浙江六个省市，沟通了海河、黄河、淮河、长江、钱塘江五大水系，成为贯穿南北的交通大动脉（图 5-1-9）。

图 5-1-9　京杭大运河

京杭大运河开掘于春秋时期，完成于隋朝，繁荣于唐宋，取直于元代，疏通于明清（从公元前 486 年始凿，至 1293 年全线通航），前后共持续了 1779 年。经历三次较大的兴修过程，特别是到了隋朝，隋炀帝动用了两百余万人，开凿贯通了大运河，加强了南北交通，巩固了当时隋王朝对全国的统治。

京杭大运河之兴建，主要为运粮，也就是“南粮北运”，将江南富饶的粮产运到缺粮的北方，“贡赋通漕”。这不仅解决了中国北方的粮食问题，也巩固了中国北方的边防。2002 年，京杭大运河被纳入了“南水北调”东线工程。2014 年 6 月 22 日，第 38 届世界遗产大会宣布，大运河项目成功入选《世界文化遗产名录》，成为中国第 46 个世界遗产项目。京杭大运河历久弥新，冠绝古今，表现了中国人民创造历史、开拓文明、继往开来的决心。

（三）灵渠

图 5-1-10　灵渠大小天平

灵渠，始建于秦代，位于广西兴安，是世界上最古老的运河之一。它有着“世界古代水利建筑明珠”的美誉，长约 30 千米，宽约 5 米，由铧嘴、大小天平（图 5-1-10）、陡门、南渠、北渠、秦堤等主要工程组成，与都江堰、郑国渠被誉为“秦代三个伟大水利工程”。

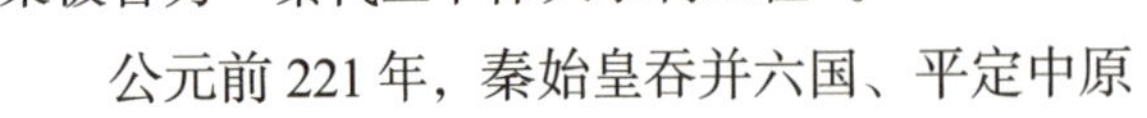

公元前 221 年，秦始皇吞并六国、平定中原后，便立即派出三十万大军，北伐匈奴；接着，又挥师五十万南下，平定“百越”。公元前 214 年，为尽快征服岭南，秦始皇下令开凿灵渠。这项艰巨的任务，由监御史史禄和三位石匠负责。古代人非常佩服史禄开凿的灵渠，称赞他是“咫尺江山分楚越，使君才气卷波澜”。

历代都曾对灵渠进行修建，一开始名为秦凿渠，漓江上游为零水，也叫零渠、灵渠，又因为在兴安境内，所以又称为兴安运河，唐代以后就叫灵渠。

灵渠沟通了长江、珠江水系，将湘江源头与漓江源头相连，打通了南北的水上通道。灵渠的开凿，为秦朝统一岭南提供了重要保证，对巩固国家统一，加强南北方的政治、经济、文化交流，密切各族人民往来，都起到了积极作用。

三、农学著作

在以小农经济为主体的古代中国，历代统治者都以“农”为天下之根本，所以在中国古代科学技术体系中，农业科学技术始终占有重要的地位。农业科学技术理论也十分丰富，形成了一个农学文献系统。尤以北魏贾思勰的《齐民要术》、元代司农司的《农桑辑要》、王祯的《王祯农书》和明代徐光启的《农政全书》最重要，它们都是我国古代相应时期的农业经验的总结，代表了当时农学的最高成就。

（一）《齐民要术》

北魏贾思勰撰写的《齐民要术》是中国现存最古老、最完整的大型综合性农书，也是世界上第一部涉及多方面知识且被完整保存下来的农学巨著。贾思勰是青州益都（今山东省寿光市）人，曾做过高阳郡（今山东省临淄市西北）太守。他是一位具有我国传统“农本思想”的地方官员，这一点从他写的这部农书的书名中就可以看出来。在中国古代，统治者为了加强封建统治，将老百姓按与封建国家的关系编定户籍，叫“编户齐民”。《齐民要术》的意思就是老百姓谋生的主要方法。

《齐民要术》全书10卷，共92篇，书首是贾思勰的自序。在序中，首先列举了经史中记载的许多教训和故事，说明了农业生产系统化的重要性，并指出创作本书的目的就是告诉大众务农的方法。其次，贾思勰指出了本书的资料来源，“采据经传，爰及歌谣，询之老成，验从之行事”，即摘录古今书籍，搜集口头传说、民谣、谚语，访问有经验的老农，并加以亲身实验。《齐民要术》搜集了大量资料，其中谚语和歌谣有30多条，征引古代和当代著作约160种。

《齐民要术》总结的主要是北方旱地耕作的经验。北方干旱少雨，如何平整土地，恰当地保持土壤的水分，也就是保墒，是保证农作物生长的重要一环。《齐民要术》中提出了一系列精耕细作的技术原则。如书中强调了秋耕的重要性，认为初次耕地要深，再次耕地时要浅，耕地时要选择土壤湿度适当的时机等。又如耕地后把地耱平，中耕除草，以及抢墒播种等经验，也是由贾思勰总结出来的。

《齐民要术》对作物种子的选育非常重视，仅《种谷篇》中介绍的谷子的品种就有80多种。书中对各品种的品质和特点进行了细致的分析，如作物的成熟期、植株高度、产量、质量等，这些都是以前农书中没有的。书中还介绍了浸种、晒种和用药物拌种防治病虫害等选种和育种技术，有些技术在现代农业生产中仍被使用。

嘉种选育

春秋时期的《诗经·大雅·生民》中提到“诞降嘉种，维秬维秠，维穈维芑”。“嘉种”，也就是现代所说的优良品种。战国时期，人们进一步提出了“良种”的标准。比如，当时北方地区的主要粮食作物“粟”(俗称“小米”）的良种标准是：苗要长得壮，穗子要大，籽粒要圆，米质要好，做出来的饭口感也要好，等等。谁来培育良种呢？值得庆幸的是，历史上关心农业的圣人名士很多。比如，汉代有一位很有名的农学家，叫氾胜之。他总结出了一套现在叫“穗选法”的育种技术，在历史上起到了很大的作用。“穗选法”就是在庄稼还未成熟时，到地里去观察，有符合良种条件的植株就记下来，等到它成熟了，就选出来单收单藏，来年再种再观察，如果还符合标准，以后就扩大繁殖，用作大面积播种。这样，一个良种就被选出来了。

贾思勰继承了我国农学注重天时、地利、人力三要素的传统。他在《齐民要术》中指出：“顺天时，量地利，则用力少而成功多。任情返性，劳而无获。”清楚地论述了我国古代因时制宜、因地制宜的先进农业生产思想。根据这一思想，书中把农业操作的时间按照不同作物分为上、中、下三时，又将土地分为上、中、下三等，认为同一种作物因播种地方和时间的不同，播种方法也应有所不同。

《齐民要术》在学术上的成就和贡献在于系统总结了 6 世纪我国北方旱地农业科技知识，特别着重总结了《氾胜之书》后我国北方关于精耕细作的新经验、新成就。因此，该书的出现标志着我国北方旱地精耕细作体系的成熟。其内容丰富、资料多、记述详细，被世人称为“中国古代的农业百科全书”，在我国农业发展史上具有里程碑的意义。

（二）《农桑辑要》

《农桑辑要》是元代以司农司的名义编撰的大型综合性农书，也是我国现存的第一部官修农书。

全书约六万字左右，共分七卷十篇，十篇分别为：典训篇、耕垦篇、播种篇、栽桑篇、养蚕篇、瓜菜篇、果实篇、竹木篇、药草篇和孳畜篇。典训篇主要是以历史上的重农资料为依据来论述农为天下之本，具有总论性质。耕垦篇综述了对土地的整理利用。播种篇论述了谷物、油料、纤维三类农作物的耕作与栽培方法。栽桑篇和养蚕篇是关于蚕桑生产的。药草篇则包括染料、药材等。孳畜篇讲解了家畜、家禽、鱼和蜜蜂的饲养管理。

《农桑辑要》有一个突出特点，就是对蚕桑生产非常重视。《齐民要术》中没有养蚕专篇，养蚕只是《种桑柘》篇的附录，而《农桑辑要》中栽桑和养蚕各占一整卷，虽然从卷数上看只占总共七卷的七分之二，但实际篇幅却占全书的三分之一，要比《齐民要术》多出约九倍。因此《农桑辑要》在一定程度上能够反映七百年前我国蚕桑生产的水平。

《农桑辑要》成书于至元十年（1273 年），当时元已灭金，还没有兼并宋朝。黄河流域常年战乱且生产凋敝，因此它主要是为指导黄河中下游地区的农业生产而编写的，没有涉及江南水田生产，这是其不足之处。但它作为我国现存第一部由国家组织力量进行编撰的大型综合性农书，对推广农业科学技术，促进元代农业生产的发展，起到了巨大作用。

（三）《王祯农书》

《王祯农书》是中国古代四大农书之一，曾被国外农学专家誉之为中国古代最有魅力的一部农书，以作者王祯命名。王祯，字伯善，为元初东平（今山东省泰安市）人，元世祖至元年间曾任泰安州教授，元成宗元贞元年（1295 年）任旌德（今安徽省宣城市旌德县）县尹，大德四年（1300 年）转任永丰（今江西省上饶市广丰区）县尹，他在此期间完成了《王祯农书》。

《王祯农书》由《农桑通诀》《百谷谱》《农器图谱》三个部分组成，全书十三万余字。《农桑通诀》为全书的总论，从整体上介绍了我国农业发展的历史和生产经验的总结，不仅系统论述了开垦、播种、施肥、收获、储藏的生产全过程，而且论述了家畜禽鱼、果木蚕桑等各种动植物的育养知识。《百谷谱》则具体地就各种谷物、蔬菜瓜果、棉花、茶叶等农作物的栽培技术进行了详细论述，并把各种作物分成了若干属类。《农器图谱》介绍了各种农业生产工具的原理、构造和使用方法。该书涉及各种粮食作物和经济作物的品种、起源和栽培技术，以及各种林木的种植、家畜的饲养、虫鱼的养殖等方面。可以说，《王祯农书》囊括了广义农业上的方方面面的内容，广泛涉猎农林牧副渔业多个层面，是一部内涵丰富、展示全面的农学全书，继承并且超越了以往的各种农书。

在农书编纂方法上，《王祯农书》专门列有《农器图谱》的部分，绘制了 306 幅图画，收录了 105 种农具，占全书篇幅的五分之四，这在农学史上是首创之举。图文并茂是该书的一大特色亮点，在此之前的农书均以文字为主，介绍农具时十分抽象，不利于农业知识的理解和传播。《王祯农书》将农具分成二十门，每门细分若干项，每项之下又专门画图演示，并配以文字注解说明，极大便利了读者学习。书中图片囊括了耕种、灌溉类农具七十余种，详细解释了其构造、来源、演变和用法，另外还有大量关于田制、仓廪、运输等农业方面的图片。

《王祯农书》集中反映了一个时代的农业生产技术，代表着这个时期的农学发展水平。它记载了元代农业发展的实际状况，在农书编纂、农学理论、农具制作等方面都有很多突破性的创新，是涵括完备的农业知识的百科全书，标志着传统农学达到了新的水平，对后世的农学发展有巨大的贡献。

（四）《农政全书》

《农政全书》成书于明代崇祯元年（1628 年）前后，作者徐光启是政治家、农学家、数学家。这部百科全书式的图书不仅在屯垦、救荒、水利、栽培、蚕桑、农器等多方面继承总结了中国古代农业技术，还在此基础上形成了独特的“农本（农业是国家之本）”思想。

《农政全书》全书 50 余万字，共分十二大类，每类又分若干细目，大致分类及基本内容如下：第一大类，农本三卷，主要论述农业是立国之本，农业在国计民生中的重要作用；第二大类，田制二卷，主要考证和论述井田制度和区田、画田、围田、架田、柜田、梯田、涂田、沙田等土地利用的方式；第三大类，农事六卷，主要是关于土地屯垦、农事季节和气候条件的掌握等方面的内容；第四大类，水利九卷，主要论述了水利的重要性，以及西北和东南的水利建设，并介绍了西方的水利方法和器械；第五大类，农器四卷，主要介绍了耕作、播种、收获和加工用的农具，基本上是从《王祯农书》中转录而来；第六大类，树艺六卷，主要叙述了各种农作物及果树的栽培技术；第七大类，蚕桑四卷，主要是关于栽桑养蚕的技术；第八大类，蚕桑广类二卷，主要是关于棉、麻、葛等纤维作物的栽培和加工技术；第九大类，种植四卷，主要关于经济林木、特用作物和药用作物的栽培技术；第十大类，牧养一卷，有关家禽、家畜、鱼、蜂的饲养、管理及中兽医技术；第十一大类，制造一卷，是关于农产品贮藏加工、房屋建造及日常生活常识方面的记述；第十二大类，荒政十八卷，综述了历代有关备荒的议论和实行的政策，分析各种救荒措施的利弊，最后又附上《救荒本草》《野菜谱》所收的473种救荒植物的图谱和名录。

从上述十二大类的主要内容可以看出，《农政全书》不像一般农书仅局限于讨论具体的农业生产技术，而是站在更高的角度，视野涉及广义农业的各个方面，包括发展农业有关的社会环境、政治措施等，高度概括了中国的传统农学，探讨了发展农业应有的社会条件。

《农政全书》较为全面地反映了徐光启以“农”“政”的辩证关系为基础，展现了经济、技术与农业生产部门相统一的“大农业”系统观和生态观。《农政全书》的精要之处还在于，徐光启并没有将农业问题拘泥于对以往的农业科学知识的总结，而是将目光放到了更为长远的政治生态上，将农政措施和农业技术相结合，使《农政全书》超越了以往的纯技术性的农业书籍，集中表达了徐光启以农治国的农业生态观。

文化典藏

1.《中国农具通史》，周昕著，济南：山东科学技术出版社，2009年。

2.《格致·考工·源流：中国古代科技发明创造》，国家博物馆（国家古籍保护中心）、中国科学院自然科学史研究所编，北京：北京大学出版社，2020年。

单元二

独树一帜：古代医学

中国的医药是中华民族贡献给世界文明的一份伟大财富，它独特的医疗思想和实践体系成为世界医药学发展史上的重要组成部分。中国医药学是一个伟大宝库，直至今天仍为世界各国所重视。

微课视频：古代医学

一、医学理论

传统中医学的形成时期，正是中国传统哲学的学说被普遍用来解释自然和人类社会种种现象的时代。传统中医学的发展，一直与传统哲学相互关联。传统中医学接受了哲学上的理论成果，并以此作为创建和发展的基础，从而使传统哲学思想渗透在传统中医学理论的各个领域。

（一）经络说

经络是人体内运行气血的通道，以其经脉和络脉构成复杂的经络系统，广泛分布于人体各部。古代医家在长期的医疗实践中发现了经络，并通过理性思维建立了经络学说。千百年来，经络学说不仅一直指导着针灸临床实践，而且作为中医基础理论之一，对认识人体生命活动，解释人体生理功能和病理现象，具有重要的理论意义，在指导中医临床各科的诊断和治疗中也发挥着重要作用。可以认为，经络概念的提出、经络学说的建立使针灸学走上了理性认识的发展道路，为中医学理论体系的构筑奠定了坚实基础。

1. 经络系统的组成

经络，包括经脉和络脉，再加上连属部共同形成经络系统。经脉就是纵横于体内的主干线，可分为正经、奇经和经别三大类。正经是人体的基本经脉，共十二条，又称十二正经，每条都有阴阳属性，如手三阴经、手三阳经、足三阴经、足三阳经。它们是气血运行的主要途径，每一条都有固定的起止点、循行部位，相互间有固定的交接顺序，并有一定的指向，与脏腑有直接的络属关系。奇经共有八脉，包括督脉、任脉、冲脉、带脉、阴跷脉、阳跷脉、阴维脉、阳维脉。奇经的作用是联络和调节十二正经。经别是从十二正经别出的支脉，作用是加强十二正经中互为阴阳的两经之间的联系。

络脉是经脉的分支，纵横交错，遍布全身，其作用是渗灌气血，滋养全身。络脉包括别络、浮络和孙络三部分。别络是指从十二正经以及督脉、任脉各分出的一支别络，再加上脾的大络，共有十五支。浮络是指浮现于体表的络脉，孙络是各细小络脉的总称。

连属部是十二正经与筋肉和体表的连属部分，包括经筋和皮部两部分。经筋是十二正经之气汇聚、发散、联络于筋肉和关节的体系，又称十二经筋。皮部是十二正经的功能活动反应于体表的部分，又称十二皮部。

2. 经络的功能

传统中医一般用“经气”指称经络的功能，它主要包括以下几个方面。

第一，沟通人体内外上下，联结五脏六腑。中医认为，人体由五脏六腑、四肢百骸、五官九窍、皮肉筋骨脉组成，而经络就是负责沟通和联络各个脏腑器官的。

第二，贮运血气，濡养脏腑。人体的各个组织器官要维持正常功能的运转，均需血气的滋养，而血气的传送以经络作为通道。如维持人体生命活动的阴阳二气，化生涵养于身体之中，通过经络的传输，进入到不同的部位和不同的脏腑，发生“质转”而成为脏气、腑气、营气、血气等。

第三，营运阴阳。经络遍布全身，对于刺激具有传导作用，所以中医往往通过针灸等方法激发经络的调节作用，滋阴抑阳或润阳和阴，以改善阴阳失调、气血不足的状况，使人体恢复健康。

3. 经络说的特色

传统中医的经络学说将全身的各个器官和组织联结为一体，从而解释身体机能的运作和生理病理现象，可以看作是中医注重整体性的一个表现。它是中医建构的人体脏腑功能和结构的一个模型，同时也是将太极阴阳模式贯彻于人体的一种理论范式。十二条正经不仅分为手、足两大系统，而且被进一步分为阴阳对偶，其余各条经脉也分别被赋予了不同的阴阳属性。不仅经络如此，每一个脏器也都有阴或阳的属性，传统中医学将阴阳调和、阴平阳秘作为身体健康的动因和表现。

（二）气

气，是中国古代哲学标示物质存在的基本范畴，是运动着的、至精至微的物质实体，是构成宇宙万物的最基本元素，是世界的本原。气是中国古代对世界本原的粗浅认识，从云气、水气到量子、场，均被涵盖其中，可谓“至大无外”“至小无内”。

1. 哲学上的气

在中国古代哲学领域，气是一个涵盖物质与精神、自然与社会的哲学范畴，其内涵既是客观存在的实体，又是主观的道德精神，兼容并包，错综复杂。

受限于古代中国的科学发展水平，中国古代哲学对气的认识便不可避免地带有朴素直观的特性，以具体物质形态的气体为模型，构想了气的聚散、絪缊、升降、振荡等运动形式，把气规定为具有动态功能的客观实体，成为一种具体的物质形态，从而把自然科学的具体物质概念与哲学的物质概念并用。因此，气这一哲学范畴具有抽象与具体、一般与个别的双重意义。此外，气这一哲学范畴是一种整体的本原性的概念而不是结构性的物质概念。

2. 医学上的气

气的医学内涵是在哲学内涵的基础上产生的，是指“构成人体、维持人体生命活动的最精微的物质”。精是气的精华部分，气能生精，精可化气。在人体形成之后，先天之精气与后天摄入的五谷精微，并肺吸入的自然界清气融合而成人体之气，具有营养、推动、温煦、固摄、防御、介导等多种功能，维持着人体的正常活动。

3. 中医气的功能

（1）推动作用。气对于人体的生长发育，各脏腑经络等的生理活动，血的生成和运行，津液的生成、输布和排泄等，均起着推动和激发其运动的作用。

（2）温煦作用。气是人体热量的来源。人体的体温、各脏腑经络等组织器官、血和津液等液态物质的循环运行等均需气来维持。

（3）防御作用。主要体现在护卫全身的肌表，防御外邪的入侵。

（4）固摄作用。主要是对血、津液等液态物质具有防止其无故流失的作用。气的固摄作用和推动作用是相反相成的两个方面。气一方面能推动血液的运行和津液的输布、排泄；另一方面又可固摄体内的液态物质，防止其无故流失。这是维持人体正常血液循环和水液代谢的重要环节。

（5）气化作用。气化是指通过气的运动而产生的各种变化。具体说，是指精、气、血、津液各自的新陈代谢及其相互转化。气化过程，实际上就是体内物质代谢的过程，是物质转化和能量转化的过程。

二、医疗工具

自从有了人类，就有了疾病，医疗活动也应运而生，与此相伴的还有医疗工具的产生。这里我们对中医里传统的针灸工具和碾药工具进行简单介绍。

（一）针灸工具

针灸是一种中国特有的治疗疾病的手段。它是一种“内病外治”的医术，通过经络、腧穴的传导作用，应用一定的操作法，来治疗全身疾病。针灸包括了针法和灸法，针法是用针刺人体各部穴位的医术，灸法则是用艾或灯芯去烧穴位的疗法。二者都需要借助医疗工具。

1. 针法工具

中医里的针法工具主要有针灸针和针灸铜人。

（1）针灸针。《灵枢·官针》曾记述“九针”，其形状和用法不尽相同，有镵针、圆针、鍉针、锋针、铍针、圆利针、毫针、长针、大针。1968 年，在河北满城西汉墓中出土了九根汉代的针具（四根金针、五根银针），给“九针”提供了极为宝贵的实物佐证，是目前已知最早的古代金属针灸针。

（2）针灸铜人（图 5-2-1）。为了便于针灸教学，使针灸得到普及推广，宋代王惟一于 1207 年主持铸造了两具针灸铜人，是人类教育史上形象实物教学法的重要发明，是世界上最早的教学模型。根据文献记载，铜人体同成年男性，用青铜铸成，躯体外壳可以拆卸，胸腹腔能够打开，腔内五脏六腑可见；体表刻有 14 条经络循行路线，且经络上穴位悉备，穴位与体腔相通，教学时，是学生学习针灸经络穴位的依据；考试时，体表涂蜡，使穴位、经络被覆痏之后，孔穴亦即被蜡所堵，再向体内注入水银（一说注入水），令被试者选穴针刺，若取穴有误，则针不能入，如果取穴正确，则拔针后水或水银会从针眼中射出。

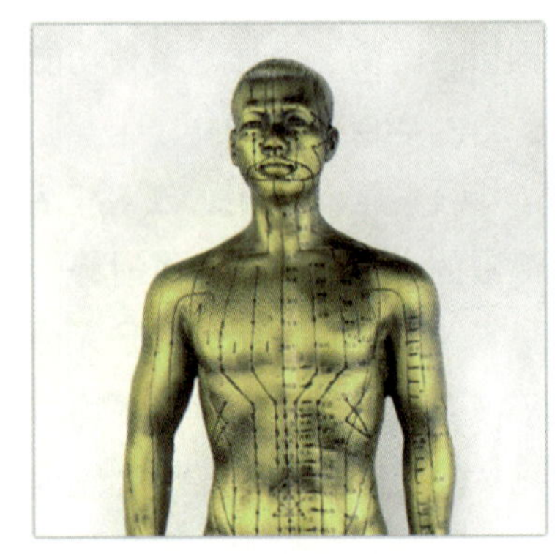
图 5-2-1　针灸铜人

文化强国

石学敏：一生用心在针灸

出生于天津一个普通农民家庭的石学敏，于 1957 年考入当时刚刚建立的天津中医学院（天津中医药大学的前身）。1968 年，石学敏随中国医疗队前往阿尔及利亚。在阿尔及利亚，石学敏凭借良好的医术获得了当地民众的认可，有时他一天要诊治 300 多名异国患者。石学敏为祖国争得了荣誉，也让世界认识了中医针灸。

20 世纪 70 年代初，石学敏谢绝了国外医疗机构的高薪聘请，回到天津。回国后，石学敏致力于探索中风病的针灸治疗。他在继承了古代医家对中风认识的基础上，基于中医辨病、辨证的理解，探求中风的病因病机，独创了一套新的针刺疗法，探索出治疗中风病的新途径。

此后，石学敏以新的针刺法和丹芪偏瘫胶囊为主，配合康复训练、饮食、心理、健康教育等疗法，形成一整套完整、独特、规范的治疗中风病的综合治疗方案——石氏中风单元疗法。石学敏致力于针灸的科学研究，在他的努力下，医院组建了老年病研究室、分子生物学实验室等，推动国内针灸临床科研达到新的水平。

随着年纪的增长，石学敏把更多精力放在了传承针灸上。经过大量临床与实验，1986 年，石学敏提出了“针刺手法量学”，科学地衡量了针刺手法，使传统针刺手法向规范化、剂量化、标准化发展，填补了针灸学发展的空白。

2014 年，石学敏被授予国医大师的称号。他在发表感言时深情地说：“我将以老骥伏枥之志，将国之精粹发扬光大；将医之精华传达于世界；将传道授业作为毕生之追求。我愿意继续为祖国的中医发展和人才培养发挥自己的余热。力虽绵薄，志却甚坚。”

（资料来源：《人民日报》，2021 年 9 月 24 日 14 版，有删改）

2. 灸法工具

“灸”，是烧灼的意思。灸法是用艾绒等燃烧材料，点燃后熏灼或温熨体表一定部位，通过调整经络脏腑功能来防治疾病的一种方法。

施灸的材料很多，但多以艾叶为主。其气味芳香，辛温味苦，容易燃烧，火力温和持久，易于渗透肌肤，取材方便，且具有温经通络、行气活血、祛湿逐寒、消肿散结、回阳救逆及防病保健的作用，故为施灸的最佳材料。

（二）碾药工具

古代是用碾子、杵等把药材压成粉末。

1. 药碾子

药碾子，由铁制的碾槽和像车轮的碾盘组成，所以也称“铁药碾”（图 5-2-2）。它是船型铁制品，配有扁圆形研具，是我国传统碾药用具之一。人们常用它将药材研碾为细面，以便进一步制作丸、散、膏、丹等。它通过推动铜磙在铜碾子槽中来回压碾研磨，使药材饮片分解、脱壳。

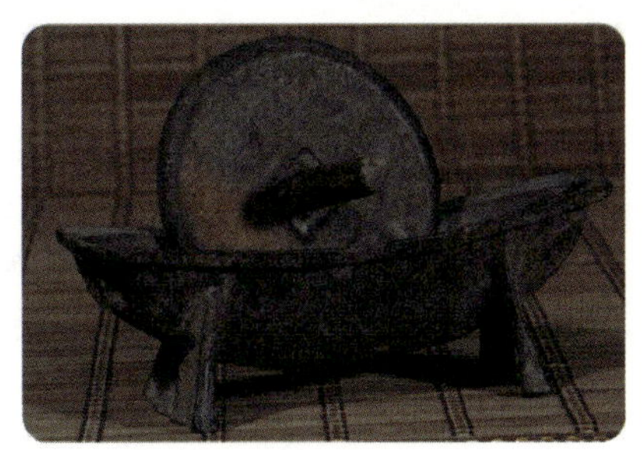

图 5-2-2　铁药碾

药碾子的使用方法大致分为两种。一种是用双手来推碾轮，主要利用双臂和腰背的力量，让碾轮在碾槽中前后滚动通过切割、挤压等力量达到粉碎药物的目的。这种使用方式适用于对易粉碎的药物，进行短时和少量的操作，碾压力量较小，体力消耗比较大，优点是易于掌握，可以近距离观察药物粉碎状况，以便随时调整碾轮行进方向和使用力度。另一种使用方法是用双脚来踩动碾轮，其中又包括坐立两种方式，比较容易和省力的方式是坐在凳子上，双脚踩在木柄两端，依靠双腿的前后运动来转动碾轮。

铁药碾因其形制大小及质地的不同，加工药物的对象及用途也有不同。药碾在汉唐医药文献中不多见，不如杵臼、乳钵使用普遍。但多处唐墓中却发现瓷碾。因其容量较大，适于碾磨粉碎的药物种类较多，又省时省力，宋以后在方药著作中出现次数渐渐增多，明代文献中也将之列为药室必备器具，到了清代使用更加普遍。尽管如今中药研磨机被广泛应用，但是古老的中药碾子仍在发挥着重要的作用。

2. 铜杵臼

元或明代的铜杵臼（图 5-2-3），高 17 厘米，口径 9 厘米，足径 5.5 厘米，壁厚 0.3 厘米，造型上宽下窄，呈桶形。

铜杵臼采用九火铜精炼而成，虽薄但质感极重。据记载，中国古代在配制昂贵中药时，有“金锅银铲”之说，也就是说，在古代制作中药铜器工具时，大多掺有贵金属以增加药效。在古代铜杵臼不仅用来捣碎药材，也是中药房的一种象征。

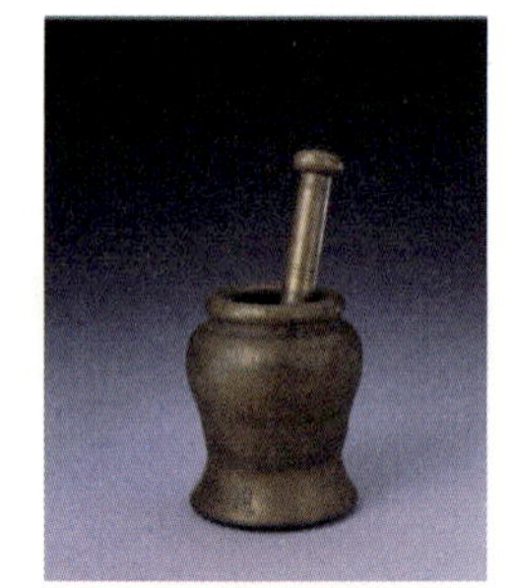

图 5-2-3　铜杵臼

（三）砭石

砭石，古代原始的医疗工具，一种楔状石块（图 5-2-4），约起源于新石器时代。用砭刺患部以治疗各种疼痛和排脓放血等。金属针具即从砭石发展而来，《黄帝内经・素问・异法方宜论》：“其病皆为痈疡，其治宜砭石。”

图 5-2-4　砭石

中医认为上品砭石有安神、调理气血、疏通经络的作用，是加工制作医疗器械的上品（主要用来制作刮痧板、砭锥、砭砧等，近来被加工成各类饰品，但依然属于中医健康保健类范畴，而并非纯饰品或珠宝）。古人在没有炼铁术前就是靠砭石来治疗伤痛、疾患，古有砭针、砭刀等医疗工具。

三、医学著作

中国古代医药有着悠久的历史和极强的生命力，古代人民在长期同疾病做斗争的过程中积累了丰富的医药学知识和医疗经验，构建并发展了独特的医学理论体系。历代医家一脉相承，形成绵延数千年的医药学传统。两千年来，名医辈出，经典医籍不断问世，留下了浩如烟海的医学文献，成为我国古代科学的重要组成部分。

（一）《黄帝内经》

《黄帝内经》简称《内经》，是中医学的奠基之作，也是现存最早的中医理论经典著作。《黄帝内经》共 18 卷，162 篇，由《素问》与《灵枢》（各 9 卷）组成。《黄帝内经》之书名，最早见于刘向《七略》和班固《汉书・艺文志》。这是一部托名黄帝的著作，撰者已难以稽考。

《黄帝内经》是与《难经》《伤寒杂病论》《神农本草经》并列的中国传统医学四大经典著作之一。它是研究人的生理学、病理学、诊断学、治疗原则和药物学的医学巨著。在理论上建立了中医学上的“阴阳五行学说”“脉象学说”“藏象学说”“经络学说”“病因学说”“病机学说”“病症”“诊法”“论治”及“养生学”“运气学”等学说。其医学理论是建立在中国古代道家理论的基础上的，反映了中国古代的天人合一思想。

《黄帝内经》的内容十分丰富，《素问》偏重人体生理、病理、疾病治疗原则原理，《灵枢》则偏重于人体解剖、脏腑经络、腧穴针灸等。二者的共同点是均系有关问题的理论论述，基本上不涉及治疗疾病的具体方药与技术。因此，它成为中国医学发展的理论渊薮，是历代医学家论述的理论依据。

《黄帝内经》全面总结了秦汉以前的医学成就，为后世中医学的发展提供了理论指导。在藏象、经络、病因病机、生理病理、养生和预防、诊断、治疗原则等方面，都为中医学奠定了理论基础。《黄帝内经》的问世，标志着中医学进入了系统的理论总结新阶段。《黄帝内经》的影响是深远的，历代著名的医家在理论和实践方面的建树，无一不继承了《黄帝内经》的学术思想。

（二）《伤寒杂病论》

《伤寒杂病论》是中国古代最早的理论联系实际的临床诊疗专书，作者是张仲景，成书于 200 ~ 210 年。中医说的伤寒实际上是一切外感病的总称，也包括瘟疫这种传染病。《伤寒杂病论》是集秦汉以来医药理论之大成，并广泛应用于医疗实践的专书，是我国医学史上影响最大的古典医著之一，被后世医家誉为“万世宝典”。

《伤寒杂病论》系统地分析了伤寒的原因、症状、发展阶段和处理方法，创造性地确立了对伤寒病的“六经分类”的辨证施治原则，奠定了理、法、方、药的理论基础。在方剂学方面，药物配伍精炼，主治明确，如麻黄汤、桂枝汤、柴胡汤、白虎汤、青龙汤、麻杏石甘汤等著名方剂，经过千百年临床实践的检验，被证实有较高的疗效，为中医方剂学提供了发展的依据。

《伤寒杂病论》问世以后，由于战乱兵燹，原著散佚。其中有关伤寒的内容，经晋代王叔和搜集整理成《伤寒论》，一直流传至今。而有关杂病的内容一度失传，直到北宋时，翰林学士王洙才从翰林院的“素简”中找到一部《金匮玉函要方》，这实际上是《伤寒杂病论》的节略本。此书分为三卷，上卷论伤寒，中卷论杂病，下卷记载方剂及妇科的理论和处方。林亿等人在校订此书时，考虑到《伤寒论》已有传本，于是删去上卷，而只保存中、下卷杂病和治疗妇人病的部分。他又把下卷的方剂分别列在各科证候之下，编为上、中、下三卷。此外，还收集各家方书中转载仲景治杂病的医方及后世一些医家的良方，分类附在每篇之末。因为是节略本，所以书名叫《金匮要略方论》，简称《金匮要略》。

（三）《神农本草经》

《神农本草经》，简称《本草经》或《本经》，是我国现存最早的药物学专书，首载于梁代阮孝绪的《七录》。《隋书·经籍志》也提到了《神农本草经》。但前两书均未交代该书的作者与成书年代，这个问题一直存在争议。该书的成书年代有战国说、秦汉说、东汉说。《神农本草经》的原著已于唐代初年失传，现今流传的版本是后人从《证类本草》《本草纲目》等书中辑录出来的。

《神农本草经》共三卷（也有四卷本），内容十分丰富，反映了我国东汉以前药物学的经验与成就。《神农本草经》收载药物 365 种，首创药物的三品分类法，分为上、中、下三品，其中上品、中品各 120 种，下品 125 种。这是中国药物学最早、最原始的药物分类方法，对指导临床应用有一定的意义。

《神农本草经》较详尽地记载了药物的功效，特别是有关植物药的记载。如人参“主补五脏，安精神，定魂魄，止惊悸，除邪气，明目，开心，益智，久服轻身延年”；菊花“主风，头眩肿痛，目欲脱，泪出，皮肤死肌，恶风湿痹、久服利血气”。其中对许多药物的认识，千百年来在长期临床实践中得到反复的检验，一直沿用至今，如人参补益、麻黄定喘、黄连止痢、黄芩清热等。

此外，《神农本草经》还概括地记述了中药学的基本理论，论述了方剂君、臣、佐、使的组方原则，提出了药物七情和合的理论（药物的七种配伍情况），阐述了药物的性味及采集加工炮制方法，记载了临床用药原则和服药方法。

总之，《神农本草经》是集东汉以前药物学大成之作，它系统地总结了秦汉以来医家和民间的用药经验，不仅为我国古代药物学奠定了基础，对后世药物学的发展也有着重要影响。但是，限于当时的历史条件和科学水平，书中也不可避免地存在一些错误，有一定的局限性。

文化强国

让青蒿素更好地造福人类

2022年是青蒿素问世51周年。青蒿素是重要的抗疟药物，曾挽救了数百万人的生命，为全球抗疟事业作出巨大贡献。屠呦呦，中国中医科学院首席研究员，在抗疟药物研发的道路上，默默耕耘了半个多世纪，为人类健康和中医药科技创新做出重大贡献。

20世纪60年代，由于疟原虫对奎宁类药物产生抗药性，全世界面临着一道难题：必须寻找有效的抗疟新药。1969年，屠呦呦接受了国家疟疾防治研究项目“523”办公室的研究任务，被任命为中医研究院中药抗疟研究组组长。

课题组广泛收集整理历代医籍，先后进行了300余次筛选实验，最终确定了以中药青蒿为主的研究方向。但实验结果显示，青蒿提取物对鼠疟原虫的抑制率只有12%～40%。

屠呦呦改用沸点较低的乙醚进行实验，用乙醚提取青蒿素。经历多次失败后，屠呦呦团队最终于1972年发现了青蒿素。

青蒿素的提取，只是第一步。屠呦呦团队先后与中国科学院等单位协作，用X—衍射方法确定了青蒿素的立体结构。1992年，屠呦呦团队又发明出抗疟疗效更好的双氢青蒿素。

2015年，屠呦呦获诺贝尔生理学或医学奖；2017年，她荣获国家最高科学技术奖；2019年，她被授予“共和国勋章”。

如今，屠呦呦已年过九旬，仍然牵挂着青蒿素和疟疾研究。廖福龙告诉记者，近些年他们一直在围绕青蒿素的作用机理、抗药性等问题展开研究，还针对常见于非洲地区的恶性疟治疗进行了深入的机理研究。

“中国医药学是一个伟大宝库，青蒿素正是从这一宝库中发掘出来的。未来我们要把青蒿素研发做透，让青蒿素更好地造福人类。”屠呦呦说。

（资料来源：《人民日报》，2022年10月6日02版，有删改）

文化典藏

《中医药与中华文明简述》，苟天林编著，北京：中国中医药出版社，2019年。

单元三

独具智慧：古代工业

无“农”不稳，无“工”不强，无“商”不富。工业具有强大造血功能，对经济持续繁荣和社会稳定有重要意义。中国工业发展史，最早可追溯至夏商时期，这一时期，手工业已出现分工，除石器外还有制铜、制陶、制骨造车、造酒等行业。秦汉时期手工业门类齐全，影响较大的有冶铁、铸铜、纺织、漆器制造、造船等。到了唐代，手工业生产繁荣，规模及品质都高于前朝。宋代是中国古代工业文明的巅峰。这一时期，丝织业、制瓷业、船舶制造业、矿冶业最为突出。

中国古代一直是制造业强国，中国古代的制造业深深影响了世界文明的发展。

一、冶金技术

源远流长的中国古代冶金技术造就了独具特色的中国冶金技术文化，它构成了中国传统社会文化的主体与核心，是推动中华文化前进的重要力量之一。

（一）木风箱

敦煌榆林窟西夏壁画的锻铁图中有木扇的身影，《王祯农书》在记载水排时也有说道：“古用韦囊，今用木扇。”这种“木扇”事实上就是简易的木风箱。在箱头部分装有两块长方形的盖板，上面安装有拉杆，一人用左右手分别做推与拉的操作，就可以鼓风（图 5-3-1）。

图 5-3-1　木风箱

北宋曾公亮的《武经总要·前集》与元代陈椿的《熬波图》中，都记载有一种更为先进的木风箱，并附有图谱。这种装有简易活门的木风箱，比欧洲要早五六百年出现。

比这种简单木风箱更先进的，是活塞式鼓风的木风箱，至迟在明代产生。

木风箱较牢固，风量较大，还可以改装成畜力与水力推动，因此，木风箱是现代鼓风机发明以前最先进的鼓风器具。而现代鼓风机的发明，同样是在木风箱的基础上产生的。木风箱的发明，在世界古代科技史上称得上是一项重要的贡献。

（二）胆铜法

胆铜法，又叫作“水法炼铜”。西汉时期的“炼丹家”们将铁砂投入蓝色的胆水中，黑灰色的铁砂渐渐地变成了金黄色，“炼丹家”们以为发现了能“点铁成金”的法术。可是后来才发现，那诱人的金黄色只是一层铜，而不是黄金。

然而，从科学的角度和人类更长远的利益上看，“炼丹家”们的收获远远超过了黄金的价值。因为单从炼铜这一生产来看，胆铜法与火法炼铜相比，成本更低、速度更快、质量更高，具有非常明显的优势。从此以后，人们纷纷用此法炼铜。

已经相当完善的胆铜法技术工艺成为宋代炼铜的主要方法之一。北宋时期，用胆铜法炼铜的作坊有十多处，年产铜达 500 多万吨，占当时铜产量的 20% 左右。到南宋时，更占到了 85% 左右，由此可知其规模的宏大。

二、找矿和采矿技术

我们的祖先从旧石器时代开始就与矿物结下了不解之缘。石器时代、铜器时代、铁器时代的逐步演进，丰富了劳动人民对矿物的认识并促进了找矿、采矿技术的发展。

《管子・地数篇》中最早出现有关找矿的记载。该书总结了当时的找矿经验，提出“山，上有赭者，其下有铁；上有铅者，其下有银；上有丹砂者，其下有黄金；上有慈（磁）石者，其下有铜金。此山之见荣（矿苗的露头）者也”。其中，除了把铜和铁的硫化物混称为黄金或铜金外，总体上符合现代关于硫化矿床的矿物分布理论，也和现在“矿床学”中提到的共生现象相接近。

与《管子》同时代的《山海经》，不但指出了可以根据矿苗的共生或伴生（如赤铜与砺石，铁与文石，黄金与银，白金和铁等）来找矿，而且较为详尽地叙述了与矿物相关的知识。该书记载了矿物 89 种，其中有金属、非金属和各色垩土；记载了矿物产地 309 处，并分别加以说明。

我国发现的最早的采矿遗迹，是在广州市西南西樵山新石器时代的制石工场遗址（距今约 5000 多年）发现的，一排开采硬度很高的霏细岩石的矿坑，横向坑穴最深达 37 米以上。令人惊奇的是，这些矿坑内壁上有火烧过的痕迹，巷道地面上堆积了很厚一层经过火烧的磷石块和炭屑。经专家研究，认为当时的采石方法是先用“火攻”，将岩石烧得炙热，然后泼水骤冷使其开裂。在5000多年前，我国劳动人民已掌握热胀冷缩的规律，并用来开采岩石，这在世界矿业史上也是华丽的一章。

先秦的典籍记载中，已有金、银、铜、铅、锡、汞等金属的应用。这些矿产的获取，除金外，一般都需通过凿山采掘。《吴越春秋》中，有“干将作剑，采五山铁精”的说法。《吕氏春秋·贵生篇》中记载，越国人民，杀死其三代国王，一个叫搜的王子害怕了，逃进“丹穴（即汞矿）”中，越人烧艾烟熏逼他出来。由此可见，当时已经开采出较深的汞矿了。《汉书·禹贡》中记载说：“今汉家铸钱，及诸铁官（矿场）皆置吏卒徒，攻山取铜铁，一岁功十万人以上……凿地数百丈。”从中可以看出汉代采矿规模之大，掘进之深。

三、炼钢技术

中国是世界文明发达最早的国家之一，古代钢铁生产历史悠久，对于社会进步起到了重要的推动作用。

（一）百炼钢

百炼钢是我国一种古老的炼钢工艺。

在古代文献中，宋代沈括的《梦溪笔谈》对百炼钢有较详细的记载，说把“精铁”锻打一百多次，一锻一称一轻，待到重量不减，就成纯钢了。并且说“凡铁中有钢，正如面中有筋，濯尽柔面，则面筋乃见”。沈括说的“精铁”，应是一种可锻铁，包括钢和熟铁。这种可锻铁中，含有比较多的非金属物质，“一锻一称一轻”就是指最大限度地排除非金属物质。说最后质量不减是相对的，实际上，不断地加热锻打，氧化铁皮不断地产生和脱落，钢的质量必然会减轻。反复地加热锻打是百炼钢工艺的主要特点，锻打可以去除杂质，均匀成分，致密组织，提高强度。百炼钢是在块炼铁渗碳钢反复锻打的基础上，伴随着炒钢的发展而兴起的。百炼钢凝聚着我国古代劳动人民的勤劳和智慧，在一定程度上反映了当时制钢技术的先进水平。

文化强国

唐笑宇：一位“85后”炼钢工的“火红”人生

在这个身高近一米八的炼钢汉子眼里，转炉里的“火红”，是他最喜欢的颜色。他上班时“总会习惯性地多看几眼”背后，感觉很亲切。这一炉炉“火红”中，有他14年前的梦想，也有再出发的新目标。

他就是党的二十大代表、河钢集团邯钢公司邯宝炼钢厂特档技术主管、转炉车间副主任唐笑宇。

2017 年 9 月，在“重科杯”全国模拟炼钢—轧钢比赛中，唐笑宇一赛成名，力夺企业组单项冠军的他，又帮团队拿下团体冠军。

这次夺冠后，唐笑宇开始了新一轮的备战，他的目标是第十二届模拟炼钢挑战赛世界总决赛的冠军。为此，他练习了所有能找到牌号的钢种，研究了模拟炼钢系统里每个因素对成本的影响，记下了上百个毫无规律的长串数字和公式……

最终，此前以 1 美分 / 吨钢的成本差，以中国区第二名的身份晋级决赛的唐笑宇，凭借领先第二名 4.29 美元 / 吨的绝对优势，摘取了职业组总冠军。他坦言，赛前就坚信自己能拿冠军，甚至和工友开玩笑“比赛就是去取冠军”。

采访时，他还主动讲起自己戴五星红旗胸章领奖的细节，希望用工匠精神，在世界擦亮“中国制造”的闪亮名片。忽然间，他又觉得应该带面五星红旗，“夺冠后可高高举起”。

作为一名“85 后”炼钢工，对于未来，唐笑宇希望淬炼自身过硬本领，通过科技创新为国家炼出更多的高端钢、精品钢，为世界钢铁提供更多的中国样本。唐笑宇说，随着科技高速发展，他所处的行业发展得远比想象更快。无论自己过去成绩如何，都需要不断学习，继续创新，这也是他的新目标。

（资料来源：中国新闻网，2022 年 9 月 27 日，有删改）

（二）炒钢

炒钢，因在冶炼钢铁的过程中要不断地搅拌，好像炒菜一样而得名。炒钢的原料是生铁，其过程是先把生铁加热到液态或半液态，靠鼓风或撒入精矿粉，使硅、锰、碳氧化，让含碳量降低到钢的成分范围。炒钢多可得到一种低碳钢，控制得好，也可得中碳钢、高碳钢，有时也会得到熟铁。

我国发现的最早的炒钢实物是在 1974 年山东苍山出土的东汉永初六年（112 年）的“钢刀”。

炒钢具有效率高、质量好的优点。炒钢利用生铁做原料，在液态、半液态下进行可以连续大规模地生产。炒钢的生产过程分两步：第一步是炼制生铁，第二步是炼制成铜。因而，可以说炒钢是两步炼钢的开始，具有划时代的意义。

（三）灌钢

所谓灌钢，用宋代苏颂的话来说，就是“以生柔相杂和，用以作刀剑锋刃者”。“生”就是生铁，“柔”应该是一种可锻铁，可以是钢，也可以是熟铁。可见，灌钢是由生铁和可锻铁在一起冶炼而成的，是用来做刀刃的一种含碳量比较高的优质钢。生铁含碳量高，可锻铁含碳量低，为了得到预期的灌钢成分，可以根据需要来改变生铁和可锻铁之间的配比。

在历史上，灌钢有三种不同的操作方法，在 1740 年坩埚炼钢发明以前，古代各国一般都是使用固态炼钢和半液态炼钢，总是很难做到渣铁分离。灌钢法既能高效率地生产，又能比较好地控制成分，得到高碳钢，并且能造成一定的渣、铁分离。在古代炼钢工艺中，灌钢法是首屈一指的。

文化典藏

1.《天工开物》，杨维增译著，北京：中华书局，2021 年。

2.《典籍里的中国工匠》，詹船海编，上海：上海科技教育出版社，2021 年。

文化视野

新时代科技文化创新当坚定文化自信

新时代推进科技文化创新当坚定文化自信，没有文化自信，就不可能有科技文化创新。文化自信，是指一个国家、一个民族对自身文化的优越性、生命力以及未来发展前景的坚定信念。中华民族素有文化自信的气度，坚定文化自信体现的正是中国精神、中国价值和中国力量。有了这种文化自信，我们就有了科技文化创新的定力，就有了科技文化创新的方向。

一、中国古代丰厚的科技文化成就是当代科技创新的深厚根基

中国是一个文化资源大国，也是一个科技文化资源大国。在封建社会，中国的科学技术一直保持着让西方望尘莫及的水平，走在世界的最前列，创造了光辉灿烂的科技文化。中国古代科技文化具有不同于其他民族科技文化的独特传统，它是依照自己的方式发展起来的，其鲜明特质就是它的实用性、政治伦理性、技术经验性、整体性以及直觉性等。

中国古代科技文化中的整体性思维、“天人合一”思想、经世致用理念以及人文情怀等，表征着中国古代科技文化的独特气质和品格，对于今天的科技文化创新发展仍然具有重要意义，也是今天科技文化创新发展必须坚持和弘扬的基本精神。

二、新时代的优秀科技文化是实现高水平科技自立的深厚土壤

党的二十大报告指出：“坚持面向世界科技前沿、面向经济主战场、面向国家重大需求、面向人民生命健康，加快实现高水平科技自立自强。”[①]科技文化是建设世界科技强国、实现高水平科技自立自强的重要内容，也是建设世界科技强国、实现高水平科技自立自强必需的良好氛围和深厚土壤。世界科技强国也一定是世界科技文化强国，建设世界科技强国需要坚强有力的科技文化的引领和支撑，实现高水平科技自立自强必须夯实科技文化根基。

总之，站在新时代坚持和发展中国特色社会主义、全面建设社会主义现代化国家的战略高度上来看，科技文化要创新必须坚定文化自信，以文化自信推动科技文化创新，以科技文化创新实现科技文化自强，着力构建新时代中国特色、中国风格、中国气派的科技文化体系，不断提升科技文化在当代中国科学技术发展中的适应性和引领性，进一步夯实建设世界科技强国、实现高水平科技自立自强的文化基础，以更好地服务于新时代全面建设社会主义现代化国家、推进中华民族伟大复兴的伟大实践。

（资料来源：中国社会科学网，2022 年 12 月 27 日，有删改）

① 2022年10月16日，习近平在中国共产党第二十次全国代表大会上的报告。

【活动描述】

中国古代农具的演变过程是中国农业文明的一个重要组成部分，也是中国人民智慧的结晶。从最早的木耒、木犁，到后来的铁锄、铁耙，再到现代化的拖拉机、收割机等农业机械，每一代农具的更新换代都代表了人类农业生产技术的进步。请你通过以下活动了解中国古代农具的发展与演变。

【活动准备】

请你选定一个中国古代农具，通过搜集资料，分析其用途，利用身边的材料复刻出来，向同学们分享它的用途、演变与创新性发展。

【活动过程】

（1）选定好农具，通过搜集资料了解其用途、发展演变过程，准备好制作农具的材料，并填写以下表格。

活动主题：中国传统农具复刻	
古代农具	
用途	
发展演变过程	
制作农具材料	

（2）准备相关材料，根据搜集的历史资料，尽可能复刻出和原版农具一致的等比例模型。

（3）在班级内展示，向大家分享该农具的特点，用途，以及你是如何制作的。

（4）对活动进行复盘，总结此次实践活动的收获与经验，并邀请其他同学为自己填写评价。

模块六　非凡技艺

文化导航

中华五千年奔腾不息的文明长河里，诞生过浩如繁星的艺术珍品。无论是精妙绝伦的秀丽瓷器，还是美轮美奂的宏伟建筑，无一不是匠心独运的杰作。中华传统技艺根植于中华民族悠久的文化传统，洋溢着浓郁的中国特色，包含着深刻的美学思想。无论外部环境如何变化，中国历代优秀的匠人们都表现出了非凡的匠心精神和品质。在全球化的今天，我国正处于实现中华民族伟大复兴的关键时期，我们面临着从“制造大国”向“制造强国”转型的挑战，重振大国匠心，重塑大国匠魂，助推国家和社会的发展是每个青年学生的使命担当。

目标指引

‖知识目标‖

1. 了解中国古代工艺在各时期的特点和分类。
2. 了解中国古代建筑的分类。
3. 了解中国古代建筑的基本特点和代表作品。

‖能力目标‖

1. 能够分析中国古代工艺的文化支撑。
2. 能够鉴赏不同风格的古代建筑。

‖素养目标‖

1. 能够从中国非凡的技艺中体会到我国传统文化的博大精深。
2. 培养良好的技艺认识和职业观念，培养大国工匠精神。

文化脉络

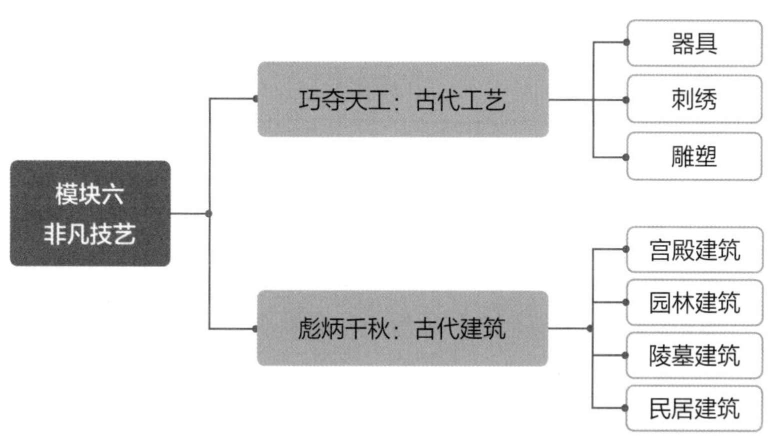

单元一
巧夺天工：古代工艺

微课视频：古代工艺

古代工艺是中国人民为满足自己的物质需要和精神需要，在不同的历史条件下，采用各种物质材料和工艺技术创造的人工造物和制作技艺的总称。古代工艺是中华传统文化的重要组成部分，既体现了工艺造物的一般本质特征，在内涵和形式上达到了实用性与审美性的统一，又显示了中华民族文化自身具有的鲜明个性。

一、器具

中华文明源远流长、博大精深，中国是世界四大文明古国之一。数千年来，我国传承下来数不胜数的器具瑰宝，如青铜器、瓷器、漆器等。

（一）青铜器

中国是世界上较早进入青铜时代的国家之一。铜器的出现大致可追溯到新石器时代的仰韶文化时期，陕西临潼姜寨的仰韶文化遗址中就曾发现有铜制品残片及炼铜工具。青铜是按照一定比例在纯铜中加入锡或铅等金属而成的合金，相对于纯铜来说，青铜具有熔点低、硬度大、可塑性强、色泽光亮、抗腐蚀性好等优点。先秦时代的能工巧匠在长期的生产实践中，逐渐掌握了铸造不同器物所需的不同金属成分配比，使其能够最大限度地满足使用和审美的需要。

1. 夏代青铜器

夏代是中国文明社会的源头，也是先秦青铜器的初创期。通过文献记载可知，在夏代就已经能够规模性地铸造出具有一定技术水平的青铜器，20 世纪 50 年代以来的考古发现更进一步印证了这一事实。在河南偃师二里头文化遗址中，曾陆续出土一批夏代青铜器，这些作品中以爵、斝（图 6-1-1）等酒器居多，还有一些兵器、乐器以及青铜装饰品等。就目前考古发现的实物而言，夏代青铜器总体上造型风格古朴、凝重，一般无装饰，少数有单层凸起的弦纹、乳钉纹或镂空，器物壁一般较薄，表现出明显的初创时期特征。

图 6-1-1　连珠纹青铜斝

2. 商代青铜器

商代是青铜艺术逐渐从萌芽走向成熟再走向鼎盛的时期，也是中国青铜器发展史上的第一个高峰期。此时青铜铸造工艺得到空前的发展，器物种类也明显增多。根据不同的时代风格与特点，可以将商代青铜器分为前、后两个时期。

商代前期青铜器以河南郑州二里岗和湖北黄陂盘龙城等遗址中出土的器物为代表，这一时期青铜器与夏代青铜器类似，造型规整庄重，器壁仍然较薄，纹饰相对简洁舒朗，多采用带状浅浮雕纹样进行装饰。

图 6-1-2　后母戊鼎

商代后期，青铜器的发展进入鼎盛时期，在种类和数量上都更加丰富，铸造工艺更加精湛高超。以河南安阳妇好墓为代表的殷墟青铜器集中展现了商代后期的青铜器铸造工艺。在此时，高浮雕装饰开始广泛应用于青铜器上，且出现拟形青铜器，器壁也明显增厚，装饰日益繁复，以后青铜器上的诸多典型纹样如饕餮纹、云雷纹、夔龙纹、蕉叶纹等从此时逐渐成熟并开始广泛流行。值得一提的是，商代后期开始出现铸有铭文的青铜器，但此时的铭文还多为简单的词句或族徽。后母戊鼎（图 6-1-2）是商代晚期青铜器中的重要作品，其器形硕大，重量在目前已出土青铜器中也居于首位，1939 年出土于河南安阳。这件作品四面腹壁的正中及四隅各有凸起的短棱脊，腹部边缘饰有云雷纹和饕餮纹，四足上端饰浮雕式饕餮纹，下衬三周凹弦纹，整体厚重、敦实，给人威严、庄重之感。

3. 西周青铜器

图 6-1-3　利簋

西周是中国古代奴隶社会的鼎盛时期，这时期青铜器艺术在夏商两代的基础之上继续发展。在风格特点上，西周早期青铜器以对商代青铜器的继承为主，除少数器物外，其基本面貌与商代后期青铜器没有太大的区别，此时期重要的青铜器作品有大盂鼎、利簋、何尊、伯矩鬲等。利簋是 1976 年出土于陕西省临潼县（今西安市临潼区）零口镇的一件典型西周早期青铜器（图 6-1-3）。该簋为周武王时利（周代官吏）所作，因而得名，又因其铭文中有“武征商”字样，所以利簋又被称为“武王征商簋”。

进入西周时期，青铜器上的铭文字数明显增多，出现了不少长篇的器物铭文，这些文字不仅在书法史上占有重要的地位，又因记载了制器时间、器主、制造缘由、纪念对象等多方面的内容，成为研究周代历史的重要文献资料。青铜器艺术到西周晚期成熟，然后开始走向衰落。此时期由于礼乐制度的兴盛，传统的青铜器被赋予了更多新的内涵，其铸造与使用都体现了不可僭越的分封等级制度。列鼎、列簋一类的成套青铜食器日益增多，而爵、斝等酒器的数量则急剧减少甚至绝迹。在纹饰方面，商代青铜器中常用的饕餮纹、夔龙纹等开始逐步被窃曲纹、重环纹、波带纹等取代。西周中后期能够鲜明地展现周代艺术风格特色的青铜器有颂壶、史墙盘、毛公鼎等。

4. 春秋战国青铜器

春秋战国时期是中国历史由青铜时代迈入铁器时代的过渡时期，是社会大变革的重要阶段。政治上，传统的分封制、礼乐制遭到破坏，周王室衰微，丧失其中心地位，逐渐失去了对诸侯国的控制；经济上，生产力发展，土地兼并情况严重，井田制逐渐瓦解，新的封建生产关系开始产生；思想上，社会风气空前开放，出现百家争鸣的繁荣文化景象。在这样的社会背景之下，青铜器迎来了第二个发展高峰。

春秋早期的青铜器承袭了西周晚期的风格，器物造型、装饰纹样的变化均不大，但制造工艺明显粗陋、草率。春秋中期至战国时期，在制造工艺和风格样式等方面，青铜器开始发生巨变。在此时期，由于礼崩乐坏，作为礼器的青铜器的地位大大下降，取而代之的是铜镜、带钩、铜剑等日用生活器和兵器；青铜器上传统的饕餮纹基本绝迹，蟠螭纹、蟠虺纹、垂叶纹等兴起；青铜器的铸造工艺和装饰方法也日新月异，失蜡法、复合金属熔铸法、刻画、镶嵌、错金银、鎏金等工艺技术应运而生，并日臻成熟；此时的青铜器多已没有了以往的大气、庄严之感，转而向精巧的方向发展，整体装饰富丽繁缛；制造中心也由中央王室转移到了诸侯各国，从而形成了青铜器多元发展的局面，出现了更显著的地域特色。春秋战国具有代表性的青铜器作品有秦公簋、莲鹤方壶、王子午鼎（图 6-1-4）、曾侯乙墓编钟等。

图 6-1-4　王子午鼎

（二）瓷器

瓷器最早起源于中国，是古代劳动人民的一个重要创造。大约在前 16 世纪的商代中期，中国就出现了早期从陶器发展演变而成的瓷器。经过西周、春秋战国到东汉，历经了

1600 ～ 1700 年的变化发展，逐步发展成熟。

1. 唐代瓷器

到隋唐时期，瓷器已成为人们社会生活中不可或缺的一种生活用具。此时瓷器品种不仅大大增加，而且器型多种多样，既有各种生活用具，如碗、盘、壶、盆、杯、罐、唾盂等，也有用于娱乐文房之器，如棋盘、砚台等。唐代陶瓷在装饰技法上更加多样化，晚唐五代时期的越窑青瓷，色调如千峰翠色一般晶莹青翠。邢窑白瓷也异军突起，为后代彩绘瓷的发展开辟了空间。

2. 宋代瓷器

宋代是我国瓷器发展的一个重要阶段，瓷器在胎质、釉料和制作技术等方面又有了新的提高，烧瓷技术达到完全成熟的程度。宋代闻名中外的名窑很多，耀州窑、磁州窑、景德镇窑、龙泉窑、越窑、建窑，以及被称为宋代五大名窑的汝、官、哥、钧、定等生产的瓷器都有它们自己独特的风格（图 6-1-5 至图 6-1-9），其中，汝窑为宋代五大名窑之冠。宋代是瓷业最繁荣的时期。

图 6-1-5　北宋汝窑天青釉莲瓣鸳鸯钮熏炉

图 6-1-6　南宋官窑青釉葵花式洗

图 6-1-7　南宋哥窑青釉双耳簋式炉

图 6-1-8　北宋钧窑天蓝釉红斑梅瓶

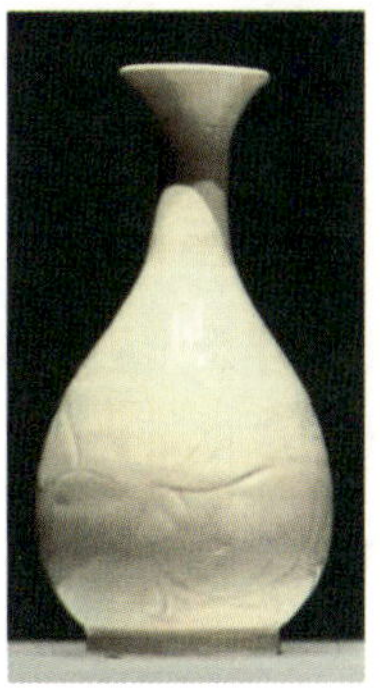
图 6-1-9　宋定窑白釉刻画萱草纹玉壶春瓶

3. 明清时期瓷器

清朝康熙、雍正、乾隆三代的瓷器工艺水平达到了顶峰。这个时期除了青花瓷的烧造工艺有了进一步提高、五彩瓷的色彩更加丰富外，还创造了极其名贵的珐琅彩瓷器和淡雅柔丽的粉彩瓷器。珐琅彩是在瓷质的胎上，用各种珐琅彩料描绘而成的一种釉上彩瓷，亦称为“瓷胎画珐琅”，具有代表性的是玉壶春瓶（图 6-1-10）。制作这种专供帝王赏玩的珐琅彩瓷极度费工，不可能有很大发展，乾隆以后就销声匿迹了。粉彩瓷是装饰性最强的一种精美瓷器，由于在彩料中加入砷元素作为乳浊剂而呈现出珐琅质的“玻璃白”，器表装饰吸收了中国画技法，色彩柔和，线条秀丽，给人粉嫩温润之感。

图 6-1-10　瓷器玉壶春瓶

（三）漆器

漆器是指用漆涂在各种器物的表面上制成的日常器具、工艺品和美术品。中国的漆器工艺历史悠久，浙江余姚的河姆渡原始社会遗址中就曾发掘出木胎漆碗、漆筒等大量漆器。漆器主要使用天然漆为原材料。天然漆经炼制后非常透明，防腐性能和耐酸性能良好。

漆器的制作工艺相当复杂。首先需制作胎体，胎为木制，偶尔也用陶瓷、铜或其他材料，也有用固化的漆直接刻制而不用胎。胎体完成后，漆器艺人会运用多种技法对表面进行装饰，可以抛光到与瓷器媲美的程度。漆层在潮湿条件下干燥、固化后非常坚硬，有耐酸、耐碱、耐磨的特性。漆器是中国古代在化学工艺及工艺美术方面的重要发明，和陶瓷、丝绸一样，都是中国民族文化的瑰宝。

我国是世界上用漆最早的国家。《韩非子・十过》中记述虞舜做食器“流漆墨其上。”“禹作祭器，墨漆其外而朱画其内。”原始社会晚期遗址中也曾发现漆制实物。古代种植漆树相当普遍，战国时期的哲学家庄子就曾担任过管理漆园的官职。早期漆器一般在木、竹胎上髤涂，既可防腐，也可用于装饰。随着漆艺的发展，逐步出现在各种器物上彩绘、描金、戗金、填漆，或在器胎上漆至一定厚度，再在上面雕刻图案的做法，还有的会在漆器上镶嵌金、银、铜、螺钿、玉牙及宝石，组成华丽的花纹。

汉代作为漆器的鼎盛期，漆器品种增多，技法丰富，图案会根据不同的器物，以粗率简练的线条或繁缛复杂的构图来表现，以增强人或动物的动感与力度。汉代漆器以黑红为主色，黑红产生光亮、优美的特殊效果。在红与黑交织的画面上，形成富有音乐感的瑰丽的艺术风格，展现了一个人神共在、流动飞扬、变幻神奇的神话般的世界。唐代的金银平脱，宋代的一色漆器，元代的雕漆，明代的百宝嵌，清代的脱胎漆器等，都是具有代表性的特色名品。明清两代是中国漆器的全盛时期，漆艺与建筑、家具、陈设相结合，由实用转向陈设装饰领域，进入了以斑斓、复饰、填嵌、纹间等技法为基本工艺的千变万化的新时代。

现代漆器工艺主要分布于北京、江苏、扬州、上海、重庆、福建、山西平遥、贵州大方、甘肃天水、江西宜春、陕西凤翔等地。其中，北京雕漆是在木胎或铜胎上聚饰数十层甚至上百层，再进行浮雕，色彩以朱红为主，风格富丽华贵（图 6-1-11）。江苏扬州漆器以镶嵌螺钿为特色，在光线的照映下，看起来非常精美。福建脱胎漆器，以其色泽光亮、轻巧美观、不怕水浸、耐温耐酸碱腐蚀为特点（图 6-1-12）。中国的炝金、描金等工艺品，对日本等地都有深远影响。

图 6-1-11　漆器玉壶春瓶

图 6-1-12　福州脱胎漆器“七彩聚福瓶”

二、刺绣

刺绣是指用绣针牵引颜色丰富的彩线，按照设计的花纹在纺织品上绣制，以绣迹描绘勾勒的色彩斑斓、图案绝美的一种手工艺。中国是东方丝绸之国，刺绣是中华民族传统工艺之一，将洁白的丝绸刺绣成五彩缤纷的绣品，美妙绝伦。刺绣手工艺作为我国古代人民智慧的结晶，既是中华民族的骄傲，更是人类艺术的灿烂瑰宝。

苏州的苏绣、湖南的湘绣、四川的蜀绣、广东的粤绣各具特色，被誉为中国的四大名绣。此外还有京绣、鲁绣、汴绣、瓯绣、杭绣、汉绣、闽绣等地方名绣，我国的少数民族如维吾尔、彝、傣、布依、哈萨克、瑶、苗、土家、景颇、侗、白、壮、蒙古、藏等也都有自己特色的民族刺绣。

（一）苏绣

苏绣（图 6-1-13）是以苏州为中心的刺绣，苏绣作品深受笔墨丹青的影响，常以中国水墨绘画为题材进行创作，作品栩栩如生，饱含笔墨韵味，有“以针作画”的美誉。

苏绣以精细、雅洁著称。其图案清雅、秀丽，色泽文静、柔和，针法细腻、灵活，绣工细致，构思巧妙，纹理清晰，形象传神，具有平、光、齐、匀、和、细、密等特点。苏绣的题材以小动物为主，如《猫戏图》《风穿花》《鱼虾图》等。苏绣中的双面绣，两面有同有异，刺绣技艺高超，是刺绣中的精品，先后有80多次作为馈赠国家元首级的礼品，在近百个国家和地区展出，有100多人次赴国外做刺绣表演。1982年，苏绣荣获全国工艺美术品百花奖金杯奖，双面绣《金鱼》《小猫》是苏绣的代表作。1984年，《金鱼》荣获第56届“波兹南国际博览会”金质奖。

图6-1-13　苏绣作品

此外，最早起源于唐朝上元年间的苏州发绣也是艺术瑰宝。它是以头发丝为原料，结合绘画与刺绣制作的艺术品。发绣以发代线，利用头发黑、白、灰、黄和棕的自然色泽，以及细、柔、光、滑、亮的特性，用接针、切针、缠针和滚针等不同针法刺绣。与丝绣相比，发绣有着清秀淡雅、线条明快、针迹细密、耐磨耐蚀、有弹性、不褪色、好收藏等特点。2012年，苏州发绣技艺成功申报了苏州市“非物质文化遗产”。

文化漫谈

南通仿真绣

南通仿真绣又称“沈绣”，是苏绣的重要分支。近代著名刺绣艺术大师沈寿在清末时曾任农工商部工艺局绣工科总教习，后应邀到江苏南通主持女工传习所。在“西学东渐”的历史背景下，她吸收西洋美术精华，在中国传统苏绣的基础上创立了“仿真绣”。这种绣法创造性地以旋针、虚实针来表现物体的肌理，用丰富多彩的丝线调和色彩，完成的作品色调自然柔和、丰富多彩，尽显写实之功。“仿真绣”往往取材于西洋油画中的人物肖像和风景等，以人物绣最出彩，其针法变化多端，表现画中人的五官十分传神，由此，南通仿真绣又称“美术绣”，南通地区则誉之为“沈绣”。仿真绣是传统刺绣在形式上的创新，它为中国传统刺绣的现代发展开辟了一条新路。

沈寿口述的《雪宧绣谱》是中国第一部较为系统、完整的刺绣理论著作，它将仿真绣及中国刺绣艺术从实践经验提升到理性认识的层面，为仿真绣的传承和发展奠定了坚实的基础。

受沈寿“以新意运旧法”艺术思想的影响和启发，南通女工传习所的仿真绣传人又创制了双面绣、双面异色绣、双面异色异形绣、彩锦绣等一批新绣种，将传统平绣发展为现代平绣，使刺绣艺术达到了更新的艺术高度。

（二）湘绣

湘绣是以湖南长沙为中心的刺绣，湘绣擅长用丝绒线绣花，在当地称作“羊毛细绣”。湘绣以写实居多，常以中国画为蓝本，构图严谨，色彩丰富鲜艳，独特的针法富有表现力，形象生动，质朴优美，风格豪放，享有“绣花能生香，绣鸟能听声，绣虎能奔跑，绣人能传神”的美誉（图 6-1-14）。

图 6-1-14　湘绣《藏獒》

湘绣吸取了苏绣、粤绣、蜀绣的技法优点，逐步发展成自己的特色。湘绣作品中，丰富而热烈的色彩使用是受到粤绣的影响；千变万化的针法，来自蜀绣的浸染；图案题材中大量出现中国山水画的内容，就要归功于对苏绣的借鉴了。

湘绣主要以纯丝、硬缎、软缎、透明纱和各种颜色的丝线、绒线绣制而成。湘绣传统上有 72 种针法，分平绣类、织绣类、网绣类、纽绣类、结绣类五大类，还有后来不断发展完善的毛针以及乱针绣等针法。1982 年，在全国工艺美术品百花奖评比中，湘绣荣获金杯奖。2014 年，湖南省湘绣研究所被文化部（2018 年不再保留文化部，组建文化和旅游部）列入第二批国家级非物质文化遗产生产性保护示范基地。

狮、虎是湘绣的传统题材，其中虎更加著名。为了表现猛虎皮毛的质感，湖南刺绣艺人在毛针的基础上创制了鬅毛针。后来，又被著名匠师余冬姑、余振辉姐妹俩不断完善。刺绣时丝线排列成聚散状撑开，一端粗疏、松散，一端细密，使之如同真毛一样，一端入肉，一端鬅起。经过艺人层层加绣后，虎毛刚劲竖立，力贯毫端，毛色斑斓，生动逼真。

（三）蜀绣

蜀绣是以四川成都为中心的刺绣，又名“川绣”，与苏绣、湘绣、粤绣齐名，为中国四大名绣之一，是在丝绸或其他织物上采用蚕丝线绣出花纹图案的中国传统工艺。作为中国刺绣传承时间最长的绣种之一，蜀绣以其明丽清秀的色彩和精湛细腻的针法，形成了自身的独特韵味，其内容丰富程度居四大名绣之首（图 6-1-15）。

蜀绣与蜀锦并称“蜀中瑰宝”。蜀绣以软缎、彩丝为主要原料，技法被称为“穷工極巧”，针法包括12大类122种，而70余道衣锦线更是蜀绣独具。蜀绣既长于刺绣花鸟虫鱼等细腻的工笔，又善于表现气势磅礴的山水图景。

蜀绣构图简练，却形象生动，色彩鲜艳，富有立体感，短针细密，针脚平齐，片线光亮，变化丰富，具有浓厚的地方特色。1982年，蜀绣荣获全国工艺美术品百花奖银杯奖；2006年5月20日，被列入第一批国家级非物质文化遗产名录。

图 6-1-15　蜀绣《荷花情》

（四）粤绣

粤绣是以广东潮州和广州为生产中心的手工丝线刺绣的总称，包括潮绣和广绣两大分支。粤绣于明代中后期开始形成特色，以布局饱满、图案繁茂、色彩富丽著称，成为向朝廷进贡的上等物品。在故宫博物院里，收藏着很多精美的粤绣作品。荔枝和孔雀是粤绣的传统题材。

粤绣有五大特点：一是用线多样，除丝线、绒线外，也用孔雀羽毛捻搂作线，或用马尾缠绒作线；二是用色明快，对比强烈，追求效果华丽；三是多用金线作刺绣花纹的轮廓线；四是装饰花纹繁缛丰满，热闹欢快；五是绣工多为男工。古时粤绣的绣工大多是潮州、广州的男子，这与中国其他地区的传统“女红”有明显区别，在中国刺绣艺术中独树一帜，世所罕见。总之，粤绣构图饱满、布局紧密、色彩浓郁、绣面富丽堂皇，璀璨夺目，富有立体感，装饰性强，多用于戏装、婚礼服等。

2012年，林智成（潮绣）、康惠芳（潮绣）、陈少芳（广绣）、孙庆先（潮绣）被文化和旅游部列入国家级非物质文化遗产项目传承人。潮绣大师康惠芳于2015年8月11日被联合国授予“文化大使”称号。

三、雕塑

雕塑是中国古代艺术的精华，在题材内容、形式风格、雕塑技法及其使用的材质上都具有鲜明浓郁的民族特色和时代特色。按种类划分，中国古代雕塑可以分为石雕、木雕、玉雕等。

（一）石雕

石雕主要是指以花岗岩、大理石、叶蜡石等天然石料为原料，运用圆雕、浮雕、透雕和线刻等技法雕刻出的各种艺术欣赏品和实用品（图 6-1-16）。根据用途不同，石雕可分为三类：一是用于建筑的构件和装饰；二是为宗教服务的摩崖石刻、洞窟艺术和神佛造像等；三是供室内陈设的欣赏品和具有实用功能的文房用品与生活用品。

石雕的发展历史相当悠久，可以追溯到旧石器时代中期在浩瀚冗长的中国历史中，石雕的创作一共经历了四个可圈可点的时期。

图 6-1-16　伏虎石雕

第一个时期是先秦时期，这个时期的人们创造了原始的石雕。第二个时期是商代，人类从石器时代进入了青铜时代。这一时期的石雕作品尤以人物雕像最引人注目，这些人物刻画细致，服饰发式清晰可辨，是古代雕刻家对社会生活的直接表现。第三个时期是唐代，这一时期的中国社会繁荣、商贸发达，多民族文化互相交融。唐代的石雕也融合中外、综合南北，为后世雕塑艺术树立了光辉典范。最后一个时期是明清时期，这一时期的建筑艺术达到高峰，应运而生的建筑石雕开始绽放出璀璨的光彩。

石雕讲究造型逼真，雕刻手法圆润细腻，纹式流畅洒脱。其传统雕刻工艺主要有圆雕、浮雕、透雕、沉雕等，还有近些年盛行起来的影雕。

圆雕，又称“立体雕”，是指对石料进行全方位雕刻的工艺，是石雕中最基本、最常见的雕刻工艺（图 6-1-17）。一件好的圆雕作品要做到立体感强、生动、逼真、传神，所以对石材的选择要求比较严格，从长宽到厚薄都必须具备与实物相适当的比例。

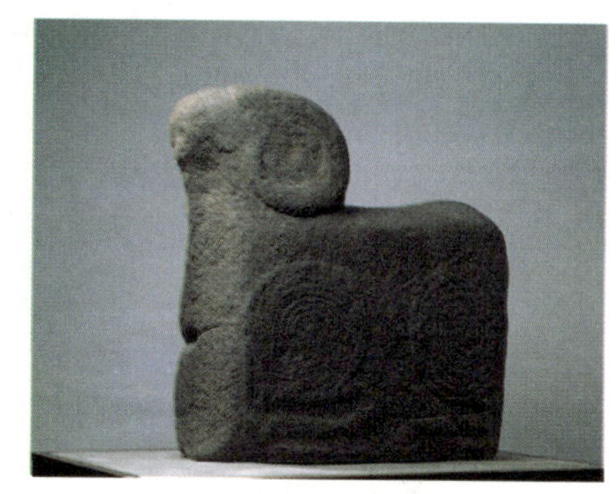
图 6-1-17　石羊

浮雕，指在石面上雕出浮凸的图像的雕刻技法，多用于建筑物的墙壁装饰。与圆雕不同的是，浮雕只从正面表现出“半立体感”，背面或贴在石料上，或进行简略雕刻。根据浮雕作品在石面上凸起程度的不同，浮雕可分为浅浮雕和高浮雕。

透雕，在浮雕作品的基础上，保留凸出的物像部分，将背面进行局部镂空。透雕有单面透雕和双面透雕之分。单面透雕只刻正面，双面透雕则将正、背两面的物像都刻出来。透雕属于浮雕技法的延伸。

沉雕，指将石料打磨平整后，在石面上描摹图案，再依图案刻上线条来表现图案或文字的石雕工艺。因线条下凹如沉入状而称“沉雕”。沉雕多用于建筑物墙面装饰的雕刻和碑塔、牌坊、墓葬、摩崖石刻、楹联匾额以及工艺品等的题刻。其中以摩崖石刻、碑牌和楹联匾额的题刻最多。沉雕工艺要求线条柔顺鲜明，字体雄浑苍劲。

影雕，指利用纯黑色、青色等纯色石材，经水磨抛光后，用特制的、像针一样细小的合金钢头工具在磨光面上描绘出雕琢的图像轮廓的石雕工艺。其根据黑白明暗成像的原理，通过调节针点疏密粗细、深浅和虚线变化来表现图像。

石雕的艺术综合价值极高，它反映了社会生活，表达了艺术家的审美感受、审美情感、审美理想。石雕的历史是艺术的历史，也是文化内涵丰富的历史，更是形象生动而又实在的人类历史。

（二）木雕

中国传统木雕（图 6-1-18）艺术的起源可以追溯到新石器时期，考古学家的研究成果表明，在 7000 多年前的浙江余姚河姆渡就已有木雕品。随后，商代出现了以圆雕、浮雕、线刻等雕刻手法的木雕制品，这是中国木雕发展史的第一座高峰。

图 6-1-18　木雕作品

到了春秋战国时期，镶嵌和雕花的装饰手法被广泛应用到木雕工艺当中。木雕行业开始完善。秦汉两代木雕工艺趋于成熟，绘画、雕刻技术十分精美。施彩木雕的出现，标志着古代木雕工艺达到了相当高的水平。

唐代是中国工艺技术大放光彩的时期，此时的木雕工艺也日趋完美。许多保存至今的唐代木雕佛像都是中国古代艺术品中的杰作，具有造型凝练、刀法熟练流畅、线条清晰明快的工艺特点。

两宋时期木雕作品比较多见，这时的木雕已采用组织细密的木材为载体进行制作，这就更有利于木雕作品的传世。

元、明时期由于海外贸易的急速发展，木材种类有所增加，从海外进口的许多硬质木材，使木雕工艺得到了长足发展。明清时期是木雕艺术的一个辉煌时期，木雕作品的题材多为生活风俗、神话故事，诸如五谷丰登、龙凤呈祥、平安如意、松鹤延年等，深受当时社会的欢迎。

中国木雕分布极广，由于各地的民俗、文化和资源条件、取材不一，工艺不同，形成了诸多具有浓郁地方特色、各有千秋的流派。其中最著名的是泉州木雕、东阳木雕、乐清黄杨木雕、广东潮州金漆木雕、福建龙眼木雕，这五大流派被称为“中国五大木雕”。

（三）玉雕

玉石经过加工雕琢成为精美的工艺品，这种工艺品就被称为玉雕。中国玉雕造型丰富，工艺精湛，流派纷呈。经过数千年的发展、积累和不断创新，中国玉雕艺术具有鲜明的时代风格和地域特色。

新石器时期的红山文化玉器少见呆板的方形玉器，而以动物形玉器和圆形玉器为特色，主要用于表现图腾崇拜、祭祀天地、贵族随葬。这个时期的先民不仅会挑选玉材的优劣，而且追求玉器的对称、静态感和稳定感，玉器表面被打磨得平滑而有光泽，具有较高的审美价值。

商周玉器中大量出现装饰品和生活用品，造型丰富，纹饰精细，形象生动逼真，当时的工匠已能熟练运用双线勾勒、圆雕、浮雕等雕琢技法。

春秋战国出现玉带钩、玉剑饰、玉印章等玉器，制作精巧。玉璜多为三分之一圆形片状，龙形玉璜的造型极富动感，如翩翩起舞的玉人，形制从平面雕刻向浮雕发展，纹饰排列规整，镂空、透花技术十分娴熟。

汉代玉器奠定了中国玉文化的基本格局。该时期的工匠普遍重视玉料选择，尤其崇尚白玉，大量和田玉进入中原，为汉代玉雕奠定了物质基础。此时的玉器设计打破了对称等传统风格，内容丰富多样，并且抛光技术达到了很高的水平，玉衣片等玉器表面被打磨得光洁如镜（图 6-1-19）。汉代玉雕作品中采用了大量镶嵌技术，有金镶玉、玉镶金等。

图 6-1-19　西汉圆雕玉仙人骑奔马

唐代玉雕题材广泛，包括飞禽走兽、花鸟鱼虫、神话人物等等。精致的玉步摇大量出现，飞天玉佩盛行。玉雕大量采用阴线刻画细部，十分注重表现人物的肌理、动态，使其有强烈的雕塑感。

两宋玉器承袭了两宋画风，讲究画面构图，形神兼备。宋代的玉雕主要采用镂雕和圆雕，多以阴线刻画。此时的皇家用玉品种丰富，民间用玉也比较多，仿古玉开始出现。

元代玉器做工渐趋粗犷。渎山大玉海是元世祖忽必烈宴请群臣时的盛酒器，清朝时又经过四次修饰，现高 70 厘米，重 3500 千克。玉海体椭圆，内空，体外周身浮雕波涛汹涌的大海和浮沉于海中的海龙、海马、海螺等。其膛内光素无纹，但阴刻有清乾隆帝御制诗三首及序。玉海形体厚重古朴，气势雄伟，雕刻纹饰既粗犷豪放，又细腻精致，具有强烈的艺术感染力。

明代玉器品种繁多，雕琢工艺精美。由于镂雕技术的高度发展，不仅可以在片状玉料上雕出上下不同的双层图案，而且在镂雕立体器物时兼顾里外多层纹饰，做工十分精细，人们称之为“花下压花”。民间观玉、赏玉之风盛行，在经济、文化发达的大城市中都开有玉肆，最著名的碾玉中心是苏州。

清代玉雕工艺达到空前的高峰，一些富有立体感并使用了多种玉雕技巧的大型作品层出不穷，最著名的是“大禹治水图玉山”“会昌九老图玉山”“秋山行旅图玉山”等作品。仿古玉是清代非常重要的玉雕成就，主要分纹饰仿古和造型仿古两种，其中装饰玉器多仿汉代纹饰和造型，陈列玉器多仿商周的青铜器造型及纹饰。

文化典藏

1.《瓷器中国》，陈克伦著，上海：上海书画出版社，2021 年。

2.《雕塑》，汤兆基主编，郑州：大象出版社，2019 年。

单元二

彪炳千秋：古代建筑

我国古代劳动人民在人类文明发展的漫长历史进程中，创造了光辉灿烂的建筑艺术。中国古代建筑以其独特的取材、巧妙的结构和别具风格的造型艺术在世界建筑史上占有重要地位，被称为“凝固的诗，立体的画”。

微课视频：古代建筑

中国古代建筑品类繁多，形式多样，包括宫殿建筑、园林建筑、陵墓建筑、民居建筑等。

一、宫殿建筑

殿是古建筑中最高级、最豪华的一种类型，是封建帝王专有的建筑场所。“宫”，在秦以前是居住建筑的通用名称；“殿”，原指大房屋。秦汉以后，“宫殿”成为帝王居所中重要建筑的专用名。“宫”主要指帝王生活起居的地方；“殿”指帝王朝政的场所。中国历朝历代都会耗费大量的人力、物力、财力，使用当时最成熟的技术和艺术来营建这些宫殿建筑。因此，在一定程度上，宫殿建筑能反映一个时期的最高建筑成就，是中国传统建筑文化的主要类型。

宫殿建筑除了具有最基本的居住、办公、游乐功能之外，还具有重要的象征功能。它象征着至高无上的皇权，是最高政治权威的表征。宫殿建筑反映了鲜明的等级观念，从建筑装饰上看，宫殿建筑等级制十分明显，门窗、屋顶、藻井天花、和玺彩画都是中国古建筑中的最高等级。

在周代，宫殿建筑的布局就有了比较完整的规制，前朝后寝、三朝五门制基本形成，对后来的宫殿建筑布局产生了深远的影响。隋代以后的宫城，大多模仿周制设立三朝。为了表现君权受命于天和以皇权为核心的等级观念，宫殿建筑采用严格的中轴对称的布局方式。中轴线上的建筑高大华丽，轴线两侧的建筑则低矮简单。这种明显的反差体现了皇权的至高无上，中轴线的纵长深远更显示了帝王宫殿的尊严华贵。

中国古代宫殿普遍采用“前朝后寝”的格局。前朝是帝王上朝治政、举行重大典礼、朝贺和宴请的地方；后寝是皇帝与后妃们生活居住的寝宫，内有御花园等。如北京故宫，以三大殿为主体的南部是“前朝”，乾清门以北则属于以生活起居、日常活动为主的后寝。春秋战国时期，宫殿建造盛行高台建筑，以台阶形的夯土台为核心，逐层建造木构房屋。高台建筑充分利用了夯土台来扩大建筑的体量感，克服了木构架建筑体量受限的缺点，使建筑显得高大雄伟。直到明清时期，主要殿堂仍然建在高大的台基之上。

故宫是一座辉煌的建筑艺术殿堂，集中体现了中国古代建筑的最高成就（图 6-2-1）。首先，在建筑布局上，它强调“中正无邪”，即中轴对称，宫殿里最尊贵的建筑在中轴上，较次要的在两边，成为它的陪衬。北京的皇家建筑从永定门开始，经前门、天安门、端门、午门、太和殿、景山、地安门、鼓楼、钟楼形成一条长约 8 公里的中轴线，贯穿北京城的南北。故宫在这条中轴线的中部，其中最重要的建筑（外朝三殿和内廷三殿）都落在这条中轴线上，其余建筑则对称布置左右，形成强烈的反差与对比。其次，故宫建筑群以层层推进，步步深入，给人以深远、悠久之感。同时，修建故宫的匠师们，还把正阳门和太和门之间的 1700 米距离分成六个空间，采用大小不同、纵横有别的设计，形成了雄伟壮阔的天安门广场、长方形的午门广场及太和殿前气势森严的正方形广场。设计者们想通过这一系列的变化来凸现太和殿的威严，从而昭示天子在上、臣民在下的封建等级思想。

图 6-2-1　故宫

二、园林建筑

中国园林建筑历史悠久，文化内涵丰富，个性特征鲜明，在世界园林艺术中独树一帜，为世界三大园林体系之最。

中国古典园林的本质是通过对山、水、建筑、植物等要素的有机组合，构成一个富有情趣的、饱含艺术意境之美的环境。中国古典园林与欧洲或伊斯兰园林等世界其他园林体系相比，有着鲜明的民族特色：一是重视自然美，在造园的总原则上，必须以天然景物为基础，即使是改造和模拟自然，也必须遵循“有若自然”的原则；二是追求曲折多变，在布局方面，一般不采用宫殿的中轴对称手法，不追求完整的空间格局，而是在师法自然的基础上，采用灵活多变的自由方式；三是强调意境的营造。受传统山水画意境的影响，中国园林不仅重视园林的形式美，而且要求通过外观的景致体现出人的内在精神世界。

中国古典园林一般分为皇家园林和私家园林两大流派。

（一）皇家园林

皇家园林的特点是规模大、景点多和气势奢豪，以北京颐和园为代表。颐和园（图 6-2-2）位于北京西郊，建成于清乾隆十五年（1750 年）。19 世纪与 20 世纪之交，颐和园曾先后被英法联军和八国联军侵略者破坏，分别经过两次重修。颐和园占地近 300 万平方米，其中水域面积占了四分之三。园内殿、堂、楼、阁、廊、榭、亭、桥等建筑拥山抱水，绚丽多姿，构成了一幅优美的图画。整个园区由政务活动区、生活区和游览区三大部分组成，其中游览区以北京西山为背景，把自然景色和人工建筑巧妙地结合起来，显示出山外有山、景中添景的美学特征。游览区又可分为万寿山前山、昆明湖、后山后湖三部分。其中万寿山的前山最显皇家气势，自山脚的排云殿到山顶的佛香阁，层层推进，层次分明。在着色上，这些建筑都采用了金色琉璃瓦屋顶，两侧的建筑则皆为绿色琉璃顶，起陪衬作用，充分显示出皇家园林的特色。

图 6-2-2　颐和园

（二）私家园林

与皇家园林相比，集中于江南的私家园林规模较小，以修身养性、闲适自娱为主要功能。这类园林的主人多为文人学士或退隐官员，园林风格以清高风雅、淡素脱俗为主要追求，充溢着浓郁的书卷气或闲适之气。苏州的拙政园、留园、网师园等都是这方面的杰作，其中尤以拙政园最著名。

苏州拙政园是中国四大名园之一，规模较大（图 6-2-3）。园林中心有一大片水面，约占园面积的三分之一。全园可分东、中、西三部分，其中以中部为主。中部庭园的主体建筑为远香堂。远香堂建在园林中心水面的南岸，这里的堤堰简洁明快、坦坦荡荡，如同一幅巨大的山石盆景作品，与水面北岸藤萝牵挂的村郊野趣形成鲜明的对比。水面之中，堆土成岛，将水面自然划分成不规则的几块空间。与远香堂相对的岛上建有雪香云蔚亭，是远香堂的主要对景。水面的设计安排也十分自然流畅，一条沟渠蜿蜒南下至园子的尽端，并在尽端建水阁“小沧浪”作为收尾。“小沧浪”的北面还架设一座略呈拱形的风雨桥“小飞鸿”，在增加空间层次方面起到

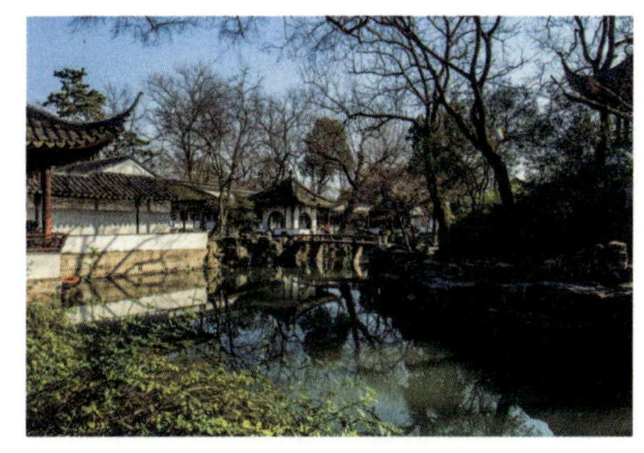

图 6-2-3　苏州拙政园

绝妙的作用。游人如果从“小沧浪”向北望去，透过“小飞虹”可见深远的水面和宽大的空间，还有北部的荷风四面亭与见山楼遥遥相望的场景，层次丰富，意境深邃，令人叹为观止。

虽由人作，宛自天开

“虽由人作，宛自天开”是明代园林艺术家计成的观点，也是中国园林艺术创作的最高准则。这句话的意思是“园林虽是人工创造的艺术，但其呈现的景色必须真实，好像是天然造化生成的一般”。这一观点强调园林造作应顺应自然，使人为美融入自然，成为大自然的一部分，要真实表现山林的“有高有凹，有曲有深，有峻有悬”（《园冶》）。中国人这种深沉的山水自然意识，使中国园林成为自然山水园的精神发源地。

三、陵墓建筑

宫殿建筑是为了显示在位帝王的威严，而陵墓建筑则是为了表现已逝帝王的尊严。我国的陵墓建筑已有 2000 多年的历史。商代以前，陵墓不垒坟，盛行深埋。春秋战国时期，随着高台建筑的增多，陵墓不仅筑土垒坟，而且植树，并设供人祭祀用的殿堂。秦始皇营建骊山墓，把陵墓建筑推向第一个高潮。受此影响，秦汉时期的陵墓大多规模巨大，皇陵都垒方形截锥体坟台，四面有门阙和陵墓。陵中设庙和寝两部分，仿照皇宫的前朝后寝布局。到了唐宋，陵墓风格有了较大的改变。首先是为了防盗和突出宏伟气势，依山为陵成为定制；其次是陵墓的神道加长，门阙及石像增多，陵区内多设陪葬墓。明代陵墓继承了唐宋依山为陵、陵区集中、神道深远的做法，但基本放弃了先前的正方形布局，陵墓形制更自由，同环境的结合更密切，地面建筑更加高大，其气势也更加壮阔。清陵大体沿袭明代的传统，不同的是各陵神道分立，后妃则另建陵墓。

在古代陵墓建筑方面，其中最有代表性的要数明十三陵（图 6-2-4）。明十三陵是指明代十三位皇帝在北京修建的庞大陵区，代表了封建帝陵的最高成就。其主要特色是成团布置的方式。十三陵所在的天寿山在北京市昌平区境内，山岭逶迤相连，呈向南敞开的马蹄形，马蹄最北端的山麓下即明成祖的长陵。以长陵为主体，其他十二陵错落东西之间，共用一条神道，构成一个统一的、规模宏大的陵园。整个陵区周长约 40 千米。十三座陵墓背山而筑，面向盆地，各陵除面积大小、建筑繁简不同外，在布局等方面基本一样。

十三陵中以地面建筑宏伟的长陵最著名。长陵的主体建筑分为三进院落。最南为陵门，进入此门就进入了面积不大的第一进院子，院子的尽头是祾恩门。祾恩门很像紫禁城的太和门。穿过祾恩门便进入第二进院子，迎面为祾恩殿，其形制类似紫禁城的太和殿，正面宽度比太和殿略大，但深度较浅，是我国现存规模第二的大殿。绕过祾恩殿便进入了第三进院子，院内一条甬道直通至一幢二层楼的建筑——方城明楼。此建筑上为明楼，下为方城。上层中间立有“大明成祖文皇帝之陵”大碑。明楼后是直径约 250 米的宝顶，即长陵的陵体。宝顶的地下便是安放棺椁的地宫。长陵内的建筑数量虽然不多，却很有特点。它前后有两个相连的高潮，即祾恩殿和方城明楼。前者木结构、体量横长，为殿堂；后者砖石结构，体量竖高，作城楼式。二者形成鲜明对比，给人印象深刻。陵区全部建筑用白台红墙朱柱黄瓦建构，再在庭院内外和宝顶上种植松柏，突出其皇家气派和追念之意。

图 6-2-4　明十三陵

四、民居建筑

中国传统民居深受宗法伦理思想与阴阳五行学说的影响。中国古代宗法伦理中的“礼”讲究的是父尊子卑、长幼有序、男女有别。表现在建筑布局上，就是父母居住的正屋要安排在整个组群的中轴线上，位置居中；子孙辈居住的厢房对称排列在正屋东西两旁；父辈与子孙辈的居室在建筑规模、室内装饰和陈设上也有等级之分。男女之别反映在居室布局上，就是男处外庭，女居内室。

中国地域广大，民族众多，不同的地理环境与民族风俗，使分布在各地的民居在遵循中国传统建筑基本规律的前提下，具有浓郁的地方特色和民族风情。

（一）北京四合院

所谓“四合”，“四”指东、西、南、北四面，“合”即四面房屋围在一起，形成一个“口”字形布局。北京的四合院之所以有名，在于其构成的独特之处，在中国传统住宅建筑中具有典型性和代表性。

北京正规四合院（图 6-2-5）一般处于东西向的胡同，坐北朝南，大门辟于宅院东南角，古人认为这是最吉利的“坎宅巽门”，可以带来财运。进门后迎面是一堵饰有精致砖雕的影壁，西边是一个小而窄的前院，院南的倒座房作为外客厅、书塾、账房或者杂物间。前院北端是宅院的二门，也称为

图 6-2-5　北京四合院

“垂花门”，它位于南北向中轴线上，是分隔内宅与外宅的分界门。垂花门内就是四合院的主庭院。庭院北边坐北朝南的是正房，大多三开间，两侧设有耳房。厢房对称地分布在庭院两侧，各三间。四合院还可以随着家族人口增长或生活需要“扩张”成多进院落，运用廊与墙来穿联、围隔。四合院内全部的房屋都按尊卑长幼的次序安排使用。

（二）福建土楼

福建土楼俗称“生土楼”，因大多数为福建客家人修建，故又称为“客家土楼”，是一种供聚族而居且具有防御性能的民居建筑（图 6-2-6）。它源于古代中原生土版筑建筑工艺技术，宋元时期即已出现，明清时期趋于鼎盛，延续至今。结构上以厚实的夯土墙承重，内部为木构架。常见的类型有圆楼、方楼、五凤楼（府第式）、宫殿式楼等。楼内生产、生活、防卫设施齐全，是中国传统民居建筑的独特类型。

图 6-2-6　福建土楼

田螺坑土楼群由一座方楼和四座圆楼组成，位于福建省漳州市南靖县书洋镇上坂村。从空中俯瞰，一座方楼雄踞中央，四座圆楼围绕四角，恍若一朵怒放的硕大梅花，点缀于绿野平畴之上，错落有致，美不胜收。楼与楼之间，鹅卵石阶曲折相连。每座楼皆为三层的石基土墙木结构，通廊式，底层是厨房，中层为谷仓，顶层是卧室，中间是共享的庭院，有一口清澈的水井。除方楼设四个楼梯上下外，四座圆楼皆设两个楼梯上下，一个大门出入。从第一座始建于清嘉庆年间至最后一座竣工于 1966 年，历经了约两百年，才造就了此般人间奇景。

文化典藏

1.《图像中国建筑史：关于中国建筑结构体系的发展及其形制的研究》，梁思成著，北京：生活·读书·新知三联书店，2009 年。

2.《林徽因讲建筑》，林徽因著，南昌：百花洲文艺出版社，2016 年。

文化视野

数字技术建设文化空间

今天，借助数字技术，古老的北京中轴线、西安城墙等在“虚实相生”中绽放夺目光彩；海量文化资源上“线”入“云”，让精彩文化生活“一键直达”“触手可及”；数字艺术、线上演播等文化新业态发展势头强劲，赋予了文化产业无限想象空间……神州大地上，数字文化建设蹄疾步稳，文化事业呈现勃勃生机。

不久前，中共中央、国务院印发了《数字中国建设整体布局规划》，要求推进数字技术与经济、政治、文化、社会、生态文明建设“五位一体”深度融合，提出“打造自信繁荣的数字文化”。当前，大数据、云计算、人工智能等技术加速发展，为文化创新发展提供了技术支撑和广阔舞台。我们要顺应数字产业化和产业数字化发展趋势，更好地促进数字技术和文化深度融合，以新技术、新手段、新模式激活文化资源，推动数字文化建设跃上新台阶。

打造自信繁荣的数字文化，有利于更好地满足人民精神文化生活新期待。近年来，从建立“全景故宫”“数字多宝阁”等展示平台，积极把博物馆搬上“云端”，到建设“数字敦煌”，为每一个洞窟、每一幅壁画、每一尊彩塑建立数字档案，让更多人便捷地领略莫高窟魅力；从电影《深海》应用“粒子水墨”技术，将传统水墨与3D结合起来，打造海底视效盛宴，到动画片《中国奇谭》通过计算机动画、“三渲二”等技术手法对植根于中国传统文化的故事进行全新解读……数字技术的应用，为历史文化遗产的保护传承提供了新路径，为优质内容的创作生产拓展了新空间，有力扩大了优质文化产品供给，推动着中华优秀传统文化的创造性转化、创新性发展。推进文化数字化发展，深入实施国家文化数字化战略，建设国家文化大数据体系，让文化资源从历史中“走出来”、于光影中“活起来”、在大众中“火起来”，一定能更好地丰富人民精神世界、增强人民精神力量。

打造自信繁荣的数字文化，有利于文化产业高质量发展。如今，以数字技术为支撑的文化新业态蓬勃发展，不断激活着人们的文化消费新体验。沉浸式展演为观众带来“身临其境”的视听体验，数字藏品构建起传递品牌价值的新通道，人工智能激活了文化产品创造新模式……数字文化深刻改变着文化产业的生产、传播和消费方式，是推动产业高质量发展的重要引擎。面向未来，坚持创新驱动，加快发展新型文化企业、文化业态、文化消费模式，定会为文化产业提质增效提供新动能，促进文化事业和文化产业繁荣发展。

文化兴则国运兴，文化强则民族强。打造自信繁荣的数字文化，不断增强文化的传播力、吸引力、感染力，以高品质数字文化产品丰富人民群众精神文化生活，我们一定能加快建设社会主义文化强国，不断推进文化自信自强，铸就中华文化新辉煌。

（资料来源：《人民日报》，2023年4月7日05版，有删改）

【活动描述】

中国传统建筑受当地风土人情的影响形成了各具特色的风格，每种风格都因适应当地的气候、人文而展现出不一样的风貌。请你参加以下活动，向同学们分享家乡的建筑文化。

【活动准备】

请你搜集家乡传统建筑的相关材料，挑选一处典型的建筑，向同学们介绍它的特色、用途、美感，以 PPT 或短视频的形式进行展示。

【活动过程】

（1）选定家乡的传统建筑，搜集相关资料，了解其风格及建造的原因，并填写以下表格。

活动主题：家乡传统建筑风韵展示			
建筑名称		地区	
建筑风格			
建造原因			
展示方案			

（2）根据搜集的材料，制作 PPT 或短视频，在班级内分享。

（3）分享后进行复盘，总结此次实践活动的收获与经验，并邀请其他同学为自己填写评价。

模块七　多彩生活

文化导航

我国是一个有着悠久历史的多民族文明大国，节日文化、礼仪文化、服饰文化等丰富多彩、底蕴深厚，不同民族、不同区域又各具特色，在一定程度上反映了一个民族的生产方式、生活习惯、思维类型和价值观念，是中华文明的重要组成部分。

目标指引

‖知识目标‖

1. 了解中国传统节日及其文化传统。
2. 了解中国的饮食文化及茶文化。
3. 了解中国传统体育活动的文化内涵。
4. 了解中国的服饰之美。

‖能力目标‖

1. 能够尊重不同地域的风俗习惯。
2. 能够根据各菜系特点识别八大菜系。
3. 具备体育锻炼的行动力。
4. 具备服饰欣赏的能力。

‖素养目标‖

1. 从中国人民多彩的生活中感受民族文化精神，提升民族认同感。
2. 树立正确的饮食观念。
3. 培养体育锻炼的意识与习惯。

文化脉络

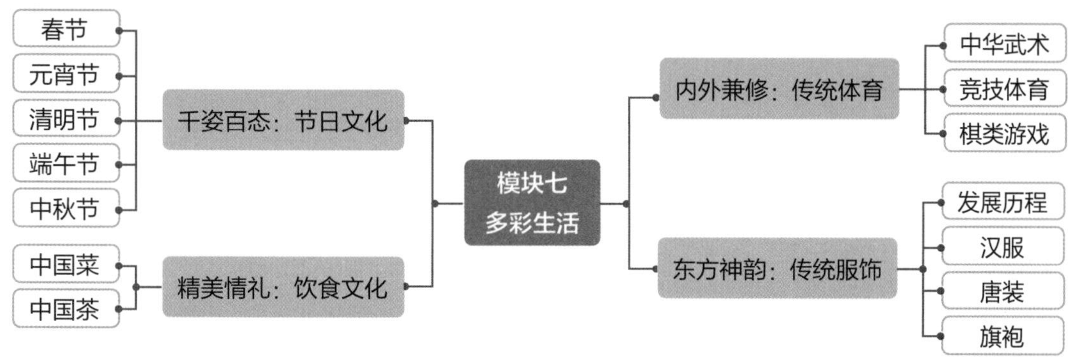

单元一

千姿百态：节日文化

微课视频：节日文化

中国的节日文化深厚且多样，它不仅反映了中华民族的历史、社会和文化特点，而且蕴含着丰富的文化和精神内涵，是中华民族亲和力、凝聚力的生动体现。中国的传统节日主要包括春节、元宵节、清明节、端午节、中秋节等，每个节日都有其独特的庆祝方式和习俗。

一、春节

中国农历年的岁首被称为春节，它既是中国人民最隆重的传统节日，也是象征着团结、兴旺，对未来寄托着希望的佳节。

（一）节日源起

农历正月初一是中国传统的农历新年，也称“新正”，今天我们称之为春节，古时候称“元旦”。“元”者，始也；“旦”者，晨也。正月初一为岁之元、月之元、时之元，所谓“三元”之日，故称之为“元旦日”或“元日”，意为新的一年由此开端。“元旦”成为古代官方的法定岁首是从汉武帝时期编写的《太初历》开始的。到宋代时，农历新年的节日面貌已基本定型，成为自腊月二十三（二十四）日至正月十五日元宵节、持续近一个月的综合性的盛大节日。辛亥革命后，公历一月一日被规定为“元旦”，农历正月初一遂改称为“春节”。

中国人称春节为“过年”。古代关于“年”的概念最初来自农业，古文有“年，谷熟也”的说法，以谷熟为一年。甲骨文中的“年”字是果实丰收的形象，金文中的“年”字也是谷穗成熟的样子。禾谷都是一岁一熟，引申过来，就把“年”作为岁名。这一名称正是传统节日来源于古代农业的典型反映。

民间还有关于“年”的古老传说。相传，远古时代有一种怪兽叫作“年”，长着血盆大口，凶残无比，每到腊月三十晚上就出来伤害人畜，毁坏家园。这时候人们都要熄灯灭火，躲避灾难。有一次，这个怪兽到了一家门口，恰巧这家人穿着大红衣裳，点着一堆竹子取暖，燃烧的青竹“啪啪”爆响，“年”因怕红、怕火、怕响，吓得掉头逃窜。此事很快传开，人们为了防御怪兽“年”的袭击，每到除夕，就穿着红衣服，围着篝火，燃爆青竹，以吓跑怪兽“年”。翌日清晨，大家互报平安，置办酒食以庆祝。这个习俗流传日久，就逐渐发展为后世“春节”的种种传统习俗。

（二）节日习俗

春节是中国最盛大的传统节日，节日习俗非常丰富，主要包括三个方面：一是祭祀，祭祀的对象有很多，最普遍的是祭祀灶神和自家的祖先；二是驱鬼，民间认为腊月二十四日诸神上天述职后，各种妖魔纷纷出动，行凶作恶，因此需要驱除邪魔；三是社交娱乐，春节期间联络人际关系的最重要手段就是拜年，参加各种各样的游艺娱乐活动，既能锻炼身体、展示才艺，又能增进交流、活跃节日气氛。

1. 祭灶

灶神负责管理各家灶火，是一家之主，古时候民间几乎家家户户设有灶神牌位。据说每年腊月二十四日，灶神都要升天向玉皇大帝汇报这一家人的善恶言行，玉帝再据此确定这一家人来年的吉凶祸福。因此，灶神的地位十分重要，在他升天之时，民间都要举行祭灶仪式。祭灶时间在历史上并不固定，宋代以后才集中在腊月二十三、二十四日，后来有“北方二十三，南方二十四”的说法。

祭灶常在黄昏时候举行。人们将灶神的神像和用秫秸扎成的灶神坐骑一起放入灶中烧掉，灶神便随着烟雾一起升天了。送灶之后，一家人便开始准备过年。除夕的时候，各家还要接灶神回来。

2. 祭祖

祭祀先祖是春节期间一项隆重的民俗活动。根据旧有的习俗，除夕到来，家族中的男丁们都要有组织地到墓地举行仪式祭拜祖先。在家里，家家户户都要把家谱、先祖像、牌位等供于家中上堂，安放供桌，摆好供品，祭拜列祖列宗。现在，人们一般不再举行祭祖仪式，而是在先辈的灵位前摆放鲜花以凭吊先人。不管形式如何变化，祭祖时人们都应该怀有严肃、崇敬的心态，追怀先辈们创业的艰难并感谢其养育之恩。

3. 放鞭炮

放爆竹、燃焰火的习俗在我国源远流长，已有两千多年的历史了。古人焚竹发出爆响声，名曰“爆竹”，其原意在于惊惮和驱逐恶鬼。火药发明后，人们用纸造的筒子代替竹子，在筒内装上硝，用麻茎编成串，称为“编炮”，因声音清脆如鞭响，也叫“鞭炮”。后来，人们用鞭炮“接财神”、“送灶王”、祭祖，甚至在其他节日或者庆典仪式上也放鞭炮。这时放爆竹的意义已不只是驱鬼了，而是转向“爆发”的象征，取吉利之意。

4. 贴春联

图 7-1-1　春联

春联（图 7-1-1），又称对联、对子，它起源于古代的“桃符”。桃符是用桃木做的两块大板，长六寸、宽三寸，上面分别写着传说中的降鬼之神“神荼”“郁垒”的名字。到了五代时期，人们开始在桃木板上题写联语。五代十国后蜀末代皇帝孟昶，在命翰林学士幸寅逊题写桃符板时，觉得其词句欠佳，便亲自书写一联：“新年纳余庆，佳节号长春。”据考证，这是我国第一副合格的春联，但这春联仍写在桃木板上，被称为“桃符对句”。到了宋代，民间新年悬挂桃符已经相当普遍。王安石《元日》诗中的“千门万户曈曈日，总把新桃换旧符”，就是当时盛况的真实写照。明代，桃符才正式改称春联，并写在红纸上。据说明太祖十分喜欢春联，除夕下旨贴春联并微服出巡观赏。帝王的提倡使春联日盛，此后贴春联便作为一种风俗，流传至今。

5. 贴“福”字

每逢新春佳节到来，随同贴春联一起，家家户户都要在门窗上贴大大小小的“福”字。有的“福”字还带有各式图案，或是寿星、寿桃，或是鲤鱼跳龙门，也有五谷丰登、龙凤呈祥等。民间至今还有把“福”字倒贴的习惯，为的是取“福到（倒）了”之意。

剪纸是我国传统的民间艺术形式之一，因为大多数是贴在窗户上，所以也叫“窗花”。它是一种用剪刀（刻刀）剪（刻）彩色纸而成的装饰性艺术品。剪纸的图案丰富多彩，有“福、禄、寿、喜、财”等字样，也有各种动物、花草（图 7-1-2）或人物图案，多为大红色，洋溢着喜庆和欢乐的节日气氛。

图 7-1-2　剪纸《鱼戏莲》

文化强国

剪纸艺术的丰富内涵

剪纸，是我国劳动人民在民俗生活中创造、流传、积累、享用的民间美术形式，历史悠久，内涵深厚，形式多样。近年来，在振兴传统工艺的热潮中，剪纸艺术蓬勃发展，越来越多的人喜欢上这门传统艺术。与此同时，剪纸艺术发展也面临着新的时代课题——如何以古人之规矩，开自己之生面？

从生活中汲取养分，是剪纸艺术茁壮成长的秘诀。剪纸来自民间，一纸一剪刀，真实记录着劳动人民的思想情感和理想愿望。如窗花、炕围花、墙花、礼品花、服饰花等，表达着劳动人民对生活的热爱与赞美。人们在创作剪纸时，不为凸显作品的贵重珍奇，也不为炫耀高超技艺，只是将其当作生活的一部分。这样的态度，赋予了民间剪纸天真质朴的艺术品格，这也成为其创新的根基。

以意构象、以象寓意，赋予了民间剪纸艺术独特魅力。作为情感表达的载体，中国传统民间剪纸是意象造型艺术，它既不同于写实的具象剪纸造型艺术，也区别于现代派的剪纸造型艺术。其独树一帜的语言特征，成为我国民间剪纸的重要“基因”。带着这种“基因”，剪纸艺术在大江南北形成了丰富多样的地域面貌，在题材、内容、风格等方面有了进一步拓展。如今，许多地方深入挖掘、利用本地民间剪纸特色资源，成立剪纸艺术合作社，不仅使这门传统工艺“活”了起来，还帮助百姓脱贫致富，带动了地方文化和经济发展，走出了一条非遗保护与传承的新路径。

随着时代发展，剪纸在审美领域得到广泛运用，走入当代生活。在包装设计、平面设计、服装设计等方面，有设计者充分运用剪纸元素，搭起剪纸艺术与现代生活之间的桥梁。地铁站、机场等公共空间中的剪纸艺术，以新面貌向人们展现着城乡文化。文创产品、生活用品、旅游纪念品上的剪纸艺术，则满足了人们将传统文化之美带回家的精神需求。充分用好新平台、新媒介，在保留传统基因的同时，不断更新剪纸艺术的内容与形式，有助于“剪”出一片更广阔的天地。

于传统中探索总结剪纸艺术规律、思想内涵，立足现代生活进行守正创新，应是剪纸创作者不断追求的方向和目标。

（资料来源:《人民日报》，2021 年 9 月 12 日 08 版，有删改）

6. 扫尘

春节扫尘的习俗由来已久，一般从腊月二十三小年（南方是腊月二十四）开始，人们便开始打扫环境，清洗器具、洒扫庭除、掸拂尘垢。按民间的说法，因为“尘”与“陈”谐音，春节扫尘就有了“除陈布新”的含义，其寓意是要把一切不好的东西统统扫出门去，腾出空间容纳祥瑞之气。这一习俗寄托了人们破旧立新的愿望和辞旧迎新的祈求。

7. 年夜饭

吃年夜饭是春节最重要的一个标志，是合家团圆的表现，有的地方会从酉时（17 点至 19 点）一直吃到午夜。年夜饭主食的种类很多，中国南北方各地各不相同，而且各有各的讲究，但大部分的北方地区都吃水饺，取团圆、富有、和谐之意。年夜饭，各家各户都会备上一桌丰盛的菜肴供一家人品尝，预示全家新一年的日子过得红红火火、幸福美好，祝福全家新年有个新气象，老人们健康，年轻人发达，孩子们进步。

过春节吃饺子是中国的传统习俗，早在汉朝时期就开始流传。“交子”即新年与旧年相交的时刻，寓意更岁交子、大吉大利。春节包饺子时还会包上一些硬币、花生、大枣，让全家人图个吉祥，一年有个好心情、好奔头。另外，因为传统饺子的形状像元宝，包饺子意味着包住福运，吃饺子象征着生活美好。

8. 守岁

除夕，一家老小围坐在一起吃团圆饭，通宵达旦叙旧话新，祝贺来年有个好开端，这一活动被称为“守岁”。据晋代周处的《风土记》记载：

除夕之夜，各相与赠送，称曰“馈岁”；酒食相邀，称曰“别岁”；长幼聚欢，祝颂完毕，称曰“分岁”；终夜不眠，以待天明，称曰“守岁”。

唐诗中对守岁习俗也有不少描写。如白居易《客中守岁》：“守岁尊无酒，思乡泪满巾。”到了宋朝，守岁之风遍及城乡。如北宋苏轼的“儿童强不睡，相守夜欢哗”就描述了守岁的情景。

9. 拜年

拜年是民间的传统习俗，是人们辞旧迎新的一种方式。“拜年”通常指的是在正月初一早上，家长带领小辈出门拜见尊长，以吉祥语向对方祝颂新年。主人家则以点心、糖果、红包（压岁钱）等款待。

春节是我国民间传统节日中最重要的节日，其礼仪的隆重程度、活动的丰富程度、文化内涵以及影响力，都是其他传统节日不能比拟的。春节是中华优秀传统文化的浓缩，蕴含着人们对大自然的感激和收获后的自豪与喜悦，充满着对幸福、美好生活的企盼和追求，体现着人们对中华优秀传统文化和先人功绩的认同，传递着家庭乃至人与人之间相互关爱的殷殷深情。

春节从历史中走来，虽经不断嬗变和演化，但它的主线和“基因”却一直未变，并将以强大的生命力代代传承并延续下去。

二、元宵节

每年农历的正月十五日，春节刚过，就迎来了中国的传统节日——元宵节。

（一）节日源起

正月是农历的元月，古人称夜为“宵”，所以称正月十五为元宵节。正月十五日是一年中第一个月圆之夜，也是一元复始、大地回春的夜晚，人们对此加以庆祝，也是庆贺新春的延续。元宵节又被称为“上元节”。

元宵节是中国的传统节日，早在2000多年前的西汉就有了。元宵节赏灯的习俗始于东汉明帝时期，明帝提倡佛教，听说佛教有正月十五日观佛舍利、点灯敬佛的做法，就效仿此做法，于正月十五的晚上在皇宫和寺庙里点灯敬佛，令士族庶民都挂灯。

汉文帝时，下令将正月十五定为元宵节。汉武帝时，“太一神”的祭祀活动被定在正月十五（太一：主宰宇宙一切的神）。司马迁创建“太初历”时，就已将元宵节确定为重大节日。另有一说是元宵节燃灯的习俗起源于道教的“三元说”：正月十五日为上元节，七月十五日为中元节，十月十五日为下元节。主管上、中、下三元的分别为天、地、人三官，天官喜乐，故上元节要燃灯。

（二）节日习俗

民间有“正月十五闹元宵”之说，除了吃汤圆的饮食习俗，元宵节的特色莫过于丰富多彩的游艺娱乐活动。元宵节的传统节目有挂灯笼、赏花灯、猜灯谜、耍龙灯、舞狮子、闹社火、踩高跷、划旱船、扭秧歌、打腰鼓等。经过几千年的发展，元宵佳节已经发展成为一个展示民间工艺、民间美术、民间体育的大舞台。

1. 张灯赏灯

元宵节的一大景观就是处处张灯结彩，人们赏灯游乐，故而称之为“灯节”（图7-1-3）。唐代在元宵前后三天取消戒严令，京城出现了繁华热闹的灯市。据《雍洛灵异小录》载：“灯明如昼，山棚高百余尺，神龙以后，复加俨饰，士女无不夜游，车马塞路。”到了宋代，由于最高统治者的热衷和参与，灯市规模空前盛大，灯节持续时间也由三夜增加到五夜。《水浒传》中的“元夜闹东京”就描绘了这种盛况。明代的灯节依然可与唐、宋两朝媲美。清代末期，都市灯火的规模逐渐缩小，但张灯结彩的习俗却一直盛行。

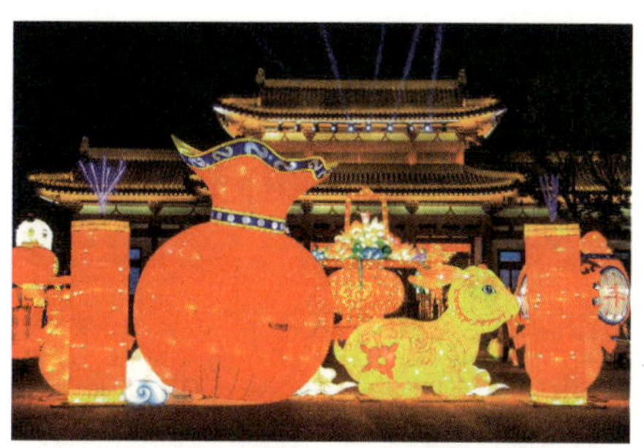

图7-1-3　张灯结彩

2. 制灯猜谜

灯谜是我国艺苑中一种独特的文学艺术形式。每到重大节日，尤其是元宵节期间，张灯结彩的同时都少不了猜灯谜这个游艺项目。

猜灯谜在我国有着悠久的历史。南宋时期，都城临安每年元宵节放灯，一些人把诗谜条系于五彩缤纷的花灯之上，供人猜测。这样，文义谜语也就成了“灯谜”。猜灯谜先是在官宦士大夫阶层兴起，后来渐渐普及民间。每逢灯节，制谜猜谜者人数众多，内容生动活泼，格式更是名目繁多，比较著名的谜格有秋千格、卷帘格、求凤格、徐妃格、谐音格等。

灯笼在我国有着悠久的历史，有的地方又称为“花灯”“彩灯”，是中国举世无双的精美艺术品。据记载，西汉以后历代都有制作彩灯的工艺。唐朝时，灯笼除了用于照明，还可以作为建筑的艺术装饰。彩灯艺术经过历代能工巧匠的共同创作，在式样上有带穗的挂灯、美观的座灯、秀丽的壁灯、精巧的提灯；在造型上有山水风景灯、花鸟虫鱼灯，还有众多的历史人物灯，讲述了许多人熟知的历史故事，如“木兰从军”“黛玉葬花”“嫦娥奔月”“八仙过海”等。

3. 耍龙舞狮

耍龙也叫“舞龙”“龙灯舞”，是民间传统舞蹈形式之一，每逢喜庆节日，尤其在春节元宵节期间，多地都有耍龙的习俗（图 7-1-4）。龙是中华民族的吉祥物，寄托了劳动人民的美好愿望。龙灯的形象各有特色，一般用竹、木、纸、布扎成龙头、龙尾和一节节龙身，节数不等，但均为单数。每节内燃蜡烛的称为“龙灯”，不燃蜡烛的称为“布龙”。

舞狮子，也叫“耍狮子”“狮子舞”，是一种流传很广、艺术性强的传统民间体育活动（图 7-1-5）。舞狮一般由两人合作扮一头大狮子（有的地方称太狮），一人扮一头小狮子（有的地方称少狮），另一人扮武士，手拿绣球作引导，并开拳踢打，以诱狮子起舞。狮子随着鼓点的缓急轻重摇头摆尾，做出各种姿态，妙趣横生。模仿动作有舔毛、擦脚、搔头、洗耳、朝拜、翻滚等；在技巧上有上楼台、过天桥、跨三山、出洞、下山、滚球、吐球、踩青等。

4. 吃元宵

正月十五吃元宵，元宵又称“汤圆”，以白糖、玫瑰、芝麻、豆沙、黄桂、核桃仁、果仁、枣泥等为馅，用糯米粉包成圆形，可荤可素，风味各异，可汤煮、油炸、蒸食，有团圆美满之意。“元宵”作为食品，在我国由来已久（图 7-1-6）。宋代，民间流行一种元宵节才吃的新奇食品，这种食品，最早叫“浮元子”，后称“元宵”，生意人还美其名曰“元宝”。陕西的汤圆不是包的，是在糯米粉中“滚”成的，蒸煮或油炸食用。

图 7-1-4　耍龙

图 7-1-5　舞狮

图 7-1-6　元宵

三、清明节

今天我们所称的“清明节”，其实是由古代“清明节”“寒食节”“上巳节”三个节日融合而来的。

（一）节日源起

清明节，又叫踏青节，时间在农历三月初一前后（公历 4 月 4—6 日）。其节期很长，通常是包括每年清明节的前十天或者后十天。清明本是二十四节气之一，在二十四个节气中，既是节气又是节日的只有清明。

“清明节”这一称呼起源很早，根据文献记载，至迟在秦汉以前就已经出现并固定。但是，清明作为节日，与纯粹的节气又有所不同。节气是我国物候变化、时令顺序的标志，而节日则包含着一定的风俗活动和某种纪念意义。之所以说清明节既是一个节气，也是一个节日，是因为清明节是我国最重要的祭祀节日，是祭祖和扫墓的日子。

寒食节，又称禁烟节、冷节。这个节日的主要节俗就是禁火，不许生火煮食，只能吃备好的熟食、冷食，故而得名。寒食节历来被认为是晋文公为纪念介子推设立的，但缺少证据，文献中关于寒食习俗的记载，最早出现在成书于两汉之际的《新论》中。寒食节的真正起源，是源于古代的钻木、求新火之制。古人因季节不同，用不同的树木钻火，有改季改火之俗。而每次改火之后，就要换取新火。新火未至，就禁止人们生火。元和二年（807 年）的寒食节，白居易在得到朝廷赏赐的新火之后，还写过一篇谢状，记载了改火赐火的习俗。在禁火之时，人们就准备一些冷食，以供食用，这样慢慢就成了固定的风俗了。以后，才与介子推的传说相联系，成了寒食节。由于寒食节与清明节日期相近，因此在唐代之后，寒食节便融合在清明节中了。后来，寒食节逐渐退出历史舞台，其冷食禁火的节日习俗让渡给清明节，直至今日。

上巳节也是一个古老的节日。最初，上巳节是每年三月上旬的第一个巳日。这个节日的出现时间很早，在春秋时期就已产生，是一个祭祀先人、禳除灾异的节日。秦汉以来，上巳节除了祭祀和禳灾以外，更是发展为全国性的大节。在曹魏之后，上巳节的日期逐渐固定在农历三月初三，并且由于魏晋以来玄学盛行，文人名士都纵情山水，三月上巳时值初春，正是草木生发的季节，因此上巳节又增添了踏青、游目骋怀、饮宴吟咏的节日内容。晋人成公绥的《洛禊赋》说“祓除鲜禊，同会洛滨。妖童媛女，嬉游河曲，或渔纤手，或濯素足。临清流，坐砂场，列罍尊，飞羽觞”，记载的就是当时人们在上巳节一边欣赏自然春色，一边做“曲水流觞”之戏的情景。

与寒食节一样，三月初的上巳节与清明节日期也十分接近，因此自唐代以来，清明和上巳也逐渐合流，上巳节招魂、祓禊、佩兰草、踏青、野游的习俗逐渐合并到清明节、寒食节当中。同时，在上巳节招魂之外，上巳节踏青禳灾的节日内涵也被带到了清明节，至唐代，寒食节、上巳节最终完成了与清明节的合流，近代清明节“祭祀先人、踏青赏春、催护新生”的节日内涵由此固定下来，流传至今。

（二）节日习俗

扫墓祭祖、寒食赐火、春游踏青、蹴鞠、放风筝等是清明节的节日习俗。

1. 扫墓祭祖

扫墓祭祖是清明节最主要的活动内容。早在上古时代，先民就有祭祀祖先的习俗，当时君王祭祀祖先都建有专用的宗庙进行“庙祭”。到了秦汉时期，又在陵墓旁设立寝殿，供君王到墓前“上饭”祭祀，称为“墓祀”。清明节扫墓祭祖实际上是这种传统的延续。我国人民一向有“饮水思源、慎终追远”的传统美德，通过祭祖扫墓来表达对逝者、先辈的尊敬和思念。

2. 寒食赐火

清明寒食赐火的习俗，即禁烟火、吃冷食。寒食禁火把冬季保留下来的火种熄灭了，到了清明，又要重新钻木取火。清明的火叫做“新火”，故有清明乞新火的习俗。这种风俗大约始于上古时代，一直沿至宋代，在唐时最盛。唐朝皇帝都要在这天举行隆重的“清明赐火”典礼，把新的火种赐给群臣。

3. 春游踏青

清明节春游踏青是我国民间长期保持的习俗。清明时逢阳春三月，春光明媚、艳阳高照、景色宜人，正是郊游的大好时光。《武林旧事》记载，宋代“清明前后十日，城中士女艳妆饰，金翠琛缡，接踵联肩，翩翩游赏，画船箫鼓，终日不绝”。唐代杜甫有“江边踏青罢，回首见旌旗”的著名诗句；宋人欧阳修也有《阮郎归》“南园春半踏青时，风和闻马嘶”的绝妙好词；北宋张择端的《清明上河图》则画有汴京城外汴河岸边清明时节游春踏青的情景。古代清明踏青之风盛行可见一斑。

4. 蹴鞠

清明时节除了踏青春游外，还有不少游戏项目，蹴鞠就是其中的一种。鞠就是皮球，以皮革为球皮，里面塞上毛发做成。蹴鞠起源很早，班固《汉书・艺文志》中记载：“蹴鞠者，传言黄帝所作。”汉代已经有了蹴鞠专著——《蹴鞠经》。唐宋时代，蹴鞠尤为盛行。在器材上，这时球内已由塞毛变为充气。在比赛形式上也有很大发展，如有二人对踢的“白打”、三人角踢的“官场”等。在比赛中已经开始使用球门，并有了专门的裁判员。

5. 放风筝

风筝，北方称“纸鸢”，南方称“纸鹞”（图 7-1-7）。早在春秋时代，著名工匠鲁班就曾制作木鸢，放上高空，三日不下。墨子也曾砍木制鸢。唐代以后，木鸢逐渐改为纸鸢。五代时，李邺在纸鸢头上装置竹笛、丝鞭，风吹竹笛发出的音响极像乐器“筝”的声音，于是

图 7-1-7　风筝

得名“风筝”。起初，风筝仅为王公贵族玩赏，宋代以后渐入民间。风筝是一种有益身心健康的娱乐玩具，清明节放风筝的习俗至今不衰。

文化漫谈

二十四节气

二十四节气是中国人通过观察太阳周年运动，认知一年中时令、气候、物候等方面变化规律所形成的知识体系和社会实践。二十四节气起源于黄河流域，是我国农历的重要组成部分。农历是我国传统历法，又有“夏历”“华历”等名称，是一种阴阳合历。

公元前104年制定的《太初历》，正式把二十四节气订于历法，明确了二十四节气的天文位置。太阳从黄经零度起，沿黄经每运行15°所经历的时日称为“一个节气”。每年运行360°，共经历24个节气，每月两个节气。其中，每月第一个节气为“节气”，即：立春、惊蛰、清明、立夏、芒种、小暑、立秋、白露、寒露、立冬、大雪和小寒；每月的第二个节气为“中气”，即：雨水、春分、谷雨、小满、夏至、大暑、处暑、秋分、霜降、小雪、冬至和大寒。“节气”和“中气”交替出现，各历时15天，现在已统称它们为“节气”。

二十四节气指导着传统农业生产和日常生活，是中国传统历法体系及其相关实践活动的重要组成部分。2016年11月，联合国教科文组织保护非物质文化遗产政府间委员会第十一届常会将中国申报的“二十四节气——中国人通过观察太阳周年运动而形成的时间知识体系及其实践”列入联合国教科文组织人类非物质文化遗产代表作名录。

四、端午节

端午节是中国古老的传统节日，过端午的习俗由来已久，约始于春秋战国之际，至今已有2000多年的历史。

（一）节日源起

关于端午节的起源大致有三种说法。

一说源于纪念屈原。南朝梁吴均在《续齐谐记》中记载粽子的起源，宗懔在《荆楚岁时记》中载龙舟竞渡的起源，均为纪念屈原，所以中华人民共和国成立后曾把端午节定名为

“诗人节”。

一说源于龙图腾崇拜。闻一多在《端午考》中有详细考证：第一，端午节这个古老的节日，在屈原去世以前就已经存在；第二，端午节吃粽子和赛龙舟这两个主要活动，都与龙相关。闻一多先生认为，端午节“是古代吴越民族（一个以龙为图腾的民族）举行图腾祭的节日，简言之，是一个龙的节日”。

一说源于古代恶日。汉代《史记》《风俗通义》《论衡》等书中都有“不举五月子”的记载。古代民间认为五月是“恶月”“毒月”，这个月的五日为“恶日”，会发生各种不好的事情。所以，这天人们要喝雄黄酒、贴符、插艾叶等，来驱除邪气，并且人们还避讳“端五”的说法，称之为“端午”。

以上三种说法流传最广、影响最大的是第一种。千百年来，屈原的爱国精神和动人诗篇已经深入人心，所以在民俗文化领域，人们把端午节的赛龙舟和吃粽子与纪念屈原联系在一起。2009 年 9 月 30 日，联合国教科文组织保护非物质文化遗产政府间委员会审议并批准将中国端午节列入人类非物质文化遗产代表作名录，这是中国首个入选世界非遗名录的节日。

（二）节日习俗

端午节的习俗包含着丰富的民间信仰和文化传统，其中主要有三大文化主题：一是根据物候与气候的经验。在夏季这一特殊季节中，开展祛邪、避恶、送瘟神、健体、强身的活动以调节生理、心理，应对一年中特殊节气的变化；二是传统的祭祀与信仰，包括对龙的图腾崇拜以及祭水神等信仰；三是纪念与缅怀屈原的忧患意识、爱国精神及其伟大的文学成就。

北魏贾思勰在《齐民要术》中明确指出：“五月芒种后，阳气始亏，阴匿将萌，暖气始盛，虫蠹并兴……是月也，阴阳争，血气散，夏至先后各十五日薄滋味，勿多食。”围绕这一自然现象和生命环境，古人创造了一整套的文化对策，即在端午节洒扫庭除，饮雄黄酒，悬白艾，挂菖蒲，系香包，驱虫除疫。

1. 佩香囊等饰物

由于夏至到来，气温陡升，虫虐恣肆，各种病菌衍生繁殖，妇女儿童以及体弱者容易染疾。人们为了挨过这段难熬的日子，便想出各种办法祛病驱邪。其中之一就是佩戴香囊以避毒疫（图 7-1-8）。民间将最容易伤害人的毒虫归为“五毒”，即蜈蚣、蝎子、壁虎、蛇、蟾蜍五种毒虫。但这里的“五毒”并不完全确定为这五种，它还是各种有毒的动物和昆虫的统称。端午节佩戴香囊，传说有避邪祛瘟之效，而且有点缀之风、美化之意。

图 7-1-8　香囊

山西、陕西民间流行一种风俗，在端午节这一天要让小孩穿着绣有“五毒”图案的背心，佩戴香囊，脚穿绣有“五毒”图案的鞋；用五色丝绒绣于布上，或制成衣服穿在身上，或挂在屋里，也有的用布帛做成“五毒”之形，佩戴以驱邪避凶。这些香囊的寓意也很多，除了防病健身，还增添了祝福之意。

2. 饮雄黄酒

雄黄是一种矿物质，橘黄色，也称鸡冠石，是一种常用的中药。《本草纲目》中有对雄黄的介绍：“味苦、平寒，杀精物，恶鬼，邪气，百虫毒。”据称雄黄能杀百毒、避百邪、制蛊毒，又因雄黄不溶于水而溶于酒，所以人们在百虫滋扰的盛夏季节，以雄黄粉、红花、甘草、大蒜泡酒制成雄黄酒来饮用。除此之外，人们还喜欢把菖蒲碾成粉末泡酒。人们饮雄黄酒或菖蒲酒，祛毒除疫。

3. 插艾叶和菖蒲

“清明插柳，端午插艾”的说法广泛存在于我国。端午节时家家户户清扫庭院，用菖蒲、艾条插于门楣，悬于堂中，并用菖蒲、艾叶、榴花、蒜头、龙船花制成人形或虎形，称为艾人、艾虎；制成花环、配饰，妇女们争相佩戴，以避邪驱瘴。根据《本草纲目》的记载，常用的具有医药价值的当属艾草和菖蒲。因为艾为菊科多年生草本植物，性温味苦，可入药祛寒湿，艾绒烧炙可治病；艾绳燃香，可以驱蚊蝇。菖蒲则为多年水生、石生草本植物，性芳香，可以提神、通窍，还可以净化空气，高一尺多，其形状犹如刀剑。

4. 吃粽子

早在晋代，端午节吃粽子就是我国家喻户晓的传统习俗。南朝梁人吴均在《续齐谐记》中记载曰：“屈原五月五日投汨罗江而死，楚人哀之，每至此日，竹筒贮米，投水祭之。……世人作粽，并带五色丝及楝叶，皆汨罗之遗风也。”明朝李时珍在《本草纲目》中对粽子的功能有所介绍：“今俗五月五日以为节俗，相馈送。或言为祭屈原，作此投江，以饲蛟龙也。”因此，端午节吃粽子祭祀屈原的习俗进入了老百姓的生活当中，粽子也由初夏的节令食品演变为端午节独特的食俗。

直到今天，仍有百姓家会自己包粽子，浸泡糯米、洗粽叶、包粽子，其花色品种繁杂，有桂圆粽、腊肉粽、水晶粽、莲蓉粽、蜜饯粽、板栗粽、麻辣粽、红枣粽、酸菜粽、豆沙粽等；粽子形状则以三角形、菱形、四角锥形、枕头形、小宝塔形、圆棒形等为主。事实上，早在古代，粽子曾有“百索粽”“九子粽”“大唐粽子”“艾香粽”“青蒿粽”“杨梅粽”等名号。如今，各地粽子风格各异，如北京粽、广东粽、闽南粽、上海粽、台湾粽、四川粽、苗族粽、侗族粽等争奇斗艳，人们还会选择在端午节这一天举行包粽子比赛，品类众多、百花齐放。

5. 龙舟竞渡

图 7-1-9　赛龙舟

龙舟竞渡是端午节最富节庆意味的一项集体竞技活动，有“龙船赛会”“赛龙舟”“划龙船”等多种形式（图 7-1-9）。民间的龙舟种类很多，主要有游玩龙舟、祭礼龙舟、竞渡龙舟三类。南方各地有“旱龙船”“彩龙船”等以龙船象形游戏娱乐为主的旱地龙舟形式，与北方秧歌舞蹈里的“跑旱船”有异曲同工之妙。江苏镇江一带的特技龙舟将杂技表演融入龙舟娱乐游戏，充分展现了一种水乡生活特有的节日风貌。

竞渡龙舟是一种特制的龙形或刻有龙纹的船只，大多以龙头龙尾装饰，一般都做得狭长窄小，专门用于水上龙舟游戏活动。但是，近代以来凡用于竞渡的船，无论有无龙饰，都统称“龙舟”。龙舟的构造大体相同，龙头多用整木雕成。龙舟竞渡活动在旧时除了禳灾避害、比拼速度外，更多的是以其特有的节日娱乐性和观赏性来赢得群众的热情参与。随着历史的发展与进步，龙舟竞渡逐渐成为民众喜闻乐见的、规模宏大的民俗游艺活动，充分体现着端午节民俗文化的广泛性、综合性、丰富性和多样性。

五、中秋节

中秋节是中华民族的传统节日之一，在每年的农历八月十五。因处于秋季之中和八月之中，所以称“中秋”，又叫八月节。

（一）节日源起

“中秋”一词最早见于《周礼》。根据我国古代历法，一年有四季，每季三个月，分别被称为孟月、仲月、季月，因此秋季的第二月叫仲秋，又因农历八月十五日在八月中旬，故称“中秋”。到唐代初年，中秋节才成为固定的节日。关于中秋节的起源，大致有三种说法：古代对月的崇拜、月下歌舞觅偶的习俗、古代秋报拜土地神的遗俗。

在我国，中秋祭月是一种十分古老的习俗。据史书记载，早在周朝，古代帝王就有春分祭日、夏至祭地、秋分祭月、冬至祭天的习俗。其祭祀的场所称为日坛、地坛、月坛、天坛，分设在东南西北四个方向。北京的月坛就是明清时期皇帝祭月的地方。

在古代有“秋暮夕月”的习俗。夕月，即祭拜月神。设大香案，摆上月饼、西瓜、苹果、红枣、李子、葡萄等祭品，其中月饼和西瓜是绝对不能少的，西瓜还要切成莲花状。在月下，将月亮神像放在月亮的方向，红烛高燃，全家人依次拜祭月亮，然后由当家主妇切开团圆月饼。

（二）节日习俗

1. 拜月赏月

中国自古就有中秋赏月的习俗。在唐代，中秋赏月颇为盛行，许多诗人的名篇中都有咏月的诗句。待到宋代时，形成了以赏月活动为中心的中秋民俗节日。与唐人不同，宋人赏月更多的是感物伤怀，常以阴晴圆缺喻人情世态。此外，中秋也是世俗欢愉的节日。《东京梦华录》中记载："中秋节前，诸店皆卖新酒……贵家结饰台榭，民间争占酒楼玩月……闾里儿童，连宵嬉戏，夜市骈阗，至于通晓。"每逢这一日，京城的所有店家、酒楼都要重新装饰门面，牌楼上扎绸挂彩，出售新鲜佳果和精制食品。夜市热闹非凡，百姓们多登上楼台，一些富户人家在自己的楼台亭阁上赏月，并摆上食品或安排家宴，子女团圆，共同赏月叙谈。明清以后，中秋节赏月风俗依旧，许多地方形成了烧斗香、树中秋、点塔灯、放天灯、走月亮、舞火龙等特殊风俗。

2. 吃月饼

月饼最初是用来祭奉月神的祭品，其最初只是像菱花饼一样的饼形食品。后来人们逐渐把中秋赏月与品尝月饼结合在一起，寓意家人团圆。

月饼最初是在家庭中制作的，清代的袁枚在《随园食单》中就记载了月饼的做法。到了近代，有了专门制作月饼的作坊，月饼的制作也越来越精细，馅料考究，外形美观，在月饼的外面还印有各种精美的图案。人们用月饼寄托思念故乡、思念亲人之情，祈盼丰收、幸福。现在，月饼还被用来当作礼品送亲赠友，联络感情。

文化典藏

1.《中国传统节日的仪式》，王昕朋著，北京：新华出版社，2020 年。
2.《中国民俗文化》，章沧授著，合肥：安徽大学出版社，2014 年。

| 单元二 |

精美情礼：饮食文化

微课视频：传统美食

“民以食为天”，古往今来，饮食问题始终是社会和人生的第一要事。在饮食问题上，人类与动物的根本区别是人类在满足生理需要之余，还把饮食作为整个生活方式的一个重要组成部分，并赋予其一定的文化形式和内涵，因此形成了人类特有的饮食文化。由于地理环境、物产气候和社会历史积淀的差异，不同民族形成了不同的饮食文化。中国传统饮食文化有着独特而丰富的内容，直观地反映着中华民族的生活状况、文化素养和创造才能。

一、中国菜

中国饮食文化有着悠久厚重的历史背景、风情万种的饮食风俗和雅俗共赏的文化品位，令世人叹为观止。而中国菜以其丰富多样的口味和独特的烹饪方法闻名于世。从麻辣的四川菜到鲜美的广东菜，从甜腻清香的江浙菜到醇厚的北京菜，中国菜以其独特的味道和风格，吸引了世界各地的食客。这种多样性的形成，与中国广阔的地域、多样的气候、丰富的食材和各民族的历史文化背景密不可分。在享受大自然赐予的丰富资源的同时，中国菜将中国饮食文化演绎得多姿多彩、尽善尽美，使美食成为一道道亮丽风景线。

（一）中国菜的特点

中国菜作为世界上最具影响力和多样性的烹饪体系之一，拥有悠久的历史和丰富的文化内涵。它以其独特的烹饪技艺、口味和食材选择，吸引了全世界各地饮食者的目光。其特点主要包括以下几个方面。

1. 食物选取

中国人的传统饮食习俗以植物性食料为主。主食以五谷为主，辅食以蔬菜，外加少量肉类。《黄帝内经》中说：“五谷为养、五果为助、五畜为益、五菜为充。”

五谷为养——五谷指稻、麦、黍、稷、菽五种粮食作物。

五果为助——五果指枣、李、栗、杏、桃等水果。

五畜为益——五畜指牛、犬、猪、羊、鸡，泛指各种肉类。

五蔬为充——五蔬指葵、韭、藿、薤、葱，泛指各种菜蔬。

2. 饮食方式

（1）分餐制。在原始社会，共同占有获取的财物，平均分配后食用，这就是最原始的分餐制。战国时期人们注重饮食制度，分餐进食，一般都是席地而坐，在人面前摆一张低矮的小食案，案上放着轻巧的食具，重而大的器具直接放在席子外的地上。汉朝时分餐方式更加明确，秦汉至隋唐时期随着案、几的出现，分餐开始向合餐转变；宋朝民间还很流行分餐，但是此时“合餐”处于蓄意待发的状态；在清代，延续至今的“合餐”新传统逐渐形成了，满汉全席也是在这一时期出现的。

（2）合餐制。从古物挖掘中发现，古代炊间和饮食的地方是统一的，炊间在住宅的中央，上有天窗出烟，下有篝火可以烹调食物。在火上做饭，吃饭者围火就食，现在流传下来的吃火锅就是一例。合餐制的长期流行与中国的封建宗法文化有一定的关系，是重视血缘亲族关系、重视家族和家庭观念在饮食上的反映。从合餐制衍化出了后来的筵席制，只是筵席制又加入了很多关于“礼”的内容，宾客的座位与上菜的次序以及所上菜的种类都有一定的讲究。

中国的饮食方式经历了由分到合、再由合到分的过程，无论“分”还是“合”，都是一定社会历史条件下的产物，是中国传统文化之树上的一朵奇葩。

3. 烹饪技巧

中国菜以煎、炒、烹、炸而成的热食、熟食为主。讲求色、香、味俱全，苦、辣、酸、甜、咸五味调和。

（1）煎。煎是先把锅烧热，用少量的油刷一下锅底，然后把加工成型（一般为扁形）的原料放入锅中，用少量的油将其煎制成熟的一种烹饪方法。

（2）炒。炒是最基本的烹饪技法，其原料一般是片、丝、丁、条、块状。炒时要用旺火，要热锅热油，所以底油多少随料而定。依照原料、火候、油温高低的不同，可分为生炒、滑炒、熟炒及干炒等。

（3）烹。烹分为两种：以鸡、鸭、鱼、虾等肉类为主料的烹和以蔬菜为主料的烹。以肉为主料的烹一般是把挂糊的或不挂糊的片、丝、块、段状的主料用旺火油先炸一遍，锅中留少许底油置于旺火上，将炸好的主料放入，然后加入单一的调味品，不用淀粉或加入多种调味品及淀粉兑成的芡汁，快速翻炒即成。以蔬菜为主料的烹，可把主料直接用来烹炒，也可把主料用开水烫后再烹炒。

（二）八大菜系

在中国饮食文化的发展过程中，逐渐形成了著名的八大菜系，分别是鲁菜、川菜、粤菜、闽菜、苏菜、浙菜、湘菜、徽菜。不同的菜系，源自不同的地理、人文环境，既与当地人的口味有关，也与当地的物产、气候紧密相关。

1. 鲁菜

鲁菜，又叫山东菜，历史悠久，影响广泛，是中国饮食文化的重要组成部分，讲究调味纯正，具有鲜、嫩、香、脆的特色，风味独特，以制作精细享誉海内外。鲁菜的特色是精于制汤、长于烹制海鲜及善用葱香调味。

汤有“清汤”“奶汤”之别。《齐民要术》中就有制作清汤的记载，清汤是味精产生之前的提鲜佐料，经过长期实践，现已演变为用肥鸡、肥鸭、猪肘子为主料，经沸煮、微煮、“清哨”，使汤清澈见底，味道鲜美。奶汤则呈乳白色。用“清汤”和“奶汤”制作的数十种菜，多被列为高级宴席的珍馐美味。

鲁菜烹制海鲜有独到之处。在山东，无论是参、翅、燕、贝，还是鳞、介、虾、蟹，经当地厨师妙手烹制，都可成为精彩鲜美的佳肴。以小海鲜烹制的“油爆双脆”“炸蛎黄”以及用海珍品制作的“蟹黄鱼翅”“扒原壳鲍鱼”“绣球干贝”（图 7-2-1）等，都是独具特色的海鲜珍品。

图 7-2-1　绣球干贝

鲁菜还善用葱香调味，在菜肴烹制过程中，不论是爆、炒、烧、溜，还是烹调汤汁，都以葱丝（或葱末）爆锅，就是蒸、扒、炸、烤等菜，也借助葱香提味，如“烤鸭”“锅烧肘子”“炸脂盖”等，均以葱段为佐料。

鲁菜的形成和发展与山东地区的文化历史、地理环境、经济条件和风俗习惯有关。山东古为齐鲁之邦，地处半岛，三面环海，腹地有丘陵平原，气候适宜，四季分明。海鲜水族、粮油畜牲、蔬菜果品、昆虫野味一应俱全，为烹饪提供了丰盛的物质条件。

2. 川菜

川菜取材广泛、调味多变。其菜式多样、口味清鲜醇浓并重，以善用麻辣著称，并以其别具一格的烹调方法和浓郁的地方风味，融汇了东南西北各方的特点，博采众家之长，善于吸收和创新，在我国烹饪史上占有重要地位，享誉中外。

川菜的特点是突出麻、辣、香、鲜，油大、味厚，重用“三椒”（辣椒、花椒、胡椒）和鲜姜。调味有干烧、鱼香、怪味、椒麻、红油、姜汁、糖醋、荔枝、蒜泥等复合味型，形成了川菜的特殊风味。

川菜烹调讲究烹饪技术，其制作工艺精细、操作要求严格。川菜烹调有四个特点：一是选料认真，二是刀工精细，三是搭配合理，四是烹调精心。川菜在“炒”的方面有其独到之处。川菜的很多菜式都采用“小炒”的方法，特点是时间短、火候急、汁水少、口味鲜嫩。

川菜是历史悠久、地方风味极为浓厚的菜系。它品种丰富、味道多变、适应性强，享有“一菜一格，百菜百味”之美誉，以味多味美及其独特的风格，赢得国内外人们的青睐。川菜的代表菜很多，有“干煸牛肉丝”“水煮牛肉”“宫保鸡丁”“酸菜鱼”“麻婆豆腐”（图 7-2-2）等。

图 7-2-2　麻婆豆腐

3. 粤菜

粤菜，又叫广东菜，以其特有的菜式和韵味独树一帜，在国内外享有盛誉。粤菜用料广泛选料精细、技艺精良、花色繁多、形态新颖、善于变化。粤菜系在烹调上以炒、爆为主，兼有烩、煎、烤，讲究鲜、嫩、爽、滑，清而不淡，鲜而不俗，脆嫩不生，油而不腻。曾有“五滋六味”之说。“五滋”即香、松、臭、肥、浓，“六味”是酸、甜、苦、辣、咸、鲜，同时注意色、香、味、形。经典的粤菜有“上汤焗龙虾”“脆皮烧鹅”“老火靓汤”“白切鸡”（图 7-2-3）等。

图 7-2-3　白切鸡

粤菜集南海、番禺、东莞、顺德、中山等地方风味的特色，兼有京、苏、扬、杭等外省菜以及西菜之长，融会贯通，自成一家。粤菜取百家之长，善于在模仿中创新，依食客喜好而烹制。粤菜烹调方法中的泡、扒、烤、川是从北方菜的爆、扒、烤、氽移植而来。而煎、炸的新法是吸取西菜同类方法并加以改进后形成的。但粤菜的移植，并不是生搬硬套，而是结合广东原料广博、质地鲜嫩的特点加以发展的。

4. 闽菜

闽菜又称福建菜，最早起源于福建闽侯县，在后来发展中形成福州、闽南、闽西三种流派，最著名的闽菜当属“佛跳墙”（图 7-2-4）。福州菜流行于闽东、闽中、闽北地区；闽南菜广传于厦门、泉州、漳州；闽西菜则盛行于闽西客家地区，极富乡土气息。

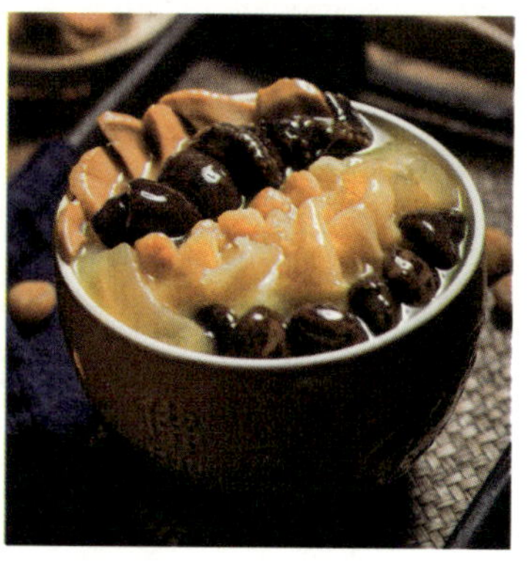

图 7-2-4　佛跳墙

福州菜包括泉州菜、厦门菜，清爽、鲜嫩、淡雅，偏于酸甜，汤菜居多。福州菜善于用红糟为作料，尤其讲究调汤，予人“百汤百味”和糟香袭鼻之感，如“茸汤广肚”“煎糟鳗鱼”“淡糟鲜竹蛏”等菜肴。

闽南菜传于漳州一带，其风味特点是鲜醇、香嫩、清淡，并且以讲究作料、善用香辣而著称，在使用沙茶、芥末、橘汁以及药物、佳果等方面均有独到之处，如“炒沙茶牛肉”“葱烧蹄筋”“嘉禾脆皮鸡”等菜肴。

闽西菜包括长汀及西南一带地方，鲜润、浓香、醇厚，以烹制山珍野味见长，略偏咸、油，善用生姜，在使用香辣佐料方面更为突出，如“炒鲜花菇”“蜂窝莲子”“金丝豆腐干”等。

闽菜的起源与发展离不开本地的自然资源。烹饪原料是烹饪的物质基础和烹饪质量的保证。在烹饪作用的发挥、烹饪效果的产生和烹饪目的的实现等诸环节中，烹饪原料都起着关键的作用。福建位于我国东南隅，依山傍海，终年气候温和，雨量充沛，四季如春。其山区地带林木参天，翠竹遍野，溪流江河纵横交错；沿海地区海岸线漫长，浅海滩辽阔。地理条件优越，山珍海味富饶，为闽菜提供了得天独厚的烹饪资源。

5. 苏菜

苏菜，又称江苏菜。由于苏菜和浙菜相近，因此和浙菜统称江浙菜系。江浙菜系包括以苏锡为核心的苏南菜、以扬州为核心的淮扬菜、以徐州为核心的徐海菜、以南京为核心的金陵菜。

苏南菜包括苏州、无锡一带的菜肴。苏南菜与淮扬菜有同有异，其虾蟹莼鲈、糕团、船点味冠全省，茶食小吃，尤优于苏菜系中其他地方风味。其菜肴注重造型，讲究美观，色调绚丽，白汁清炖，独具一格，兼有糟鲜红曲之味，食有奇香；口味偏甜，无锡尤甚。

淮扬菜系曾为宫廷菜，目前国宴中的大多数菜肴仍属于淮扬菜。因此，淮扬菜亦称国菜。淮扬菜的特点是选料严谨，注重刀工和火工，强调食材本味，突出主料，色调淡雅，造型新颖，咸甜适中，口味平和，故适应面较广。在烹调技艺上，淮扬菜多用炖、焖、煨、焐之法。其经典菜有“大煮干丝”“三套鸭”“蟹粉狮子头”（图 7-2-5）等。

图 7-2-5　蟹粉狮子头

徐海菜原近齐鲁风味，肉食五畜俱用，水产以海味取胜。菜肴色调浓重，口味偏咸，烹调技艺多用煮、煎、炸等。近年来，由于互相影响，三种地方风味菜均有发展和变化。淮扬菜由平和而变为略甜，苏南菜尤其是苏州菜口味由偏甜而转变为平和，徐海菜则咸味大减，色调亦趋淡雅，向淮扬菜看齐。

6. 浙菜

浙菜，又称浙江菜，具有比较明显的特色风格：注重本味，烹饪独到，选料讲究，制作精细。浙菜的菜品形态讲究，精巧细腻，清秀雅丽。浙江省位于我国东海之滨，其地山清水秀，物产丰富。

浙菜具有悠久的历史。浙菜品种丰富，菜式小巧玲珑，菜品鲜美滑嫩、脆软清爽，其特点是清、香、脆、嫩、爽、鲜，在中国众多的地方风味中占有重要的地位。浙菜主要由宁波、绍兴、杭州、温州四个流派组成，各自带有浓厚的地方特色。

宁波菜又叫“甬帮菜”，擅长烹制海鲜，鲜咸合一，以蒸烤、炖等技法为主，讲究鲜嫩软滑，原汁原味，色泽较浓。宁波菜的名菜有“冰糖甲鱼”“锅烧河鳗”“腐皮包黄鱼”等。

绍兴菜富有江南水乡风味，食材以鱼虾河鲜和鸡鸭家禽、豆类、笋类为主，讲究香酥绵糯、原汤原汁，轻油忌辣，汁浓味重。其常用鲜料配腌腊食品同蒸或炖，并多用绍酒烹制，故香味浓烈。著名菜肴有“糟熘虾仁”“干菜焖肉”“清蒸鳜鱼”等。

杭州菜以爆、炒、烩、炸为主，制作精细，品种多样，清鲜爽脆，淡雅典丽，是浙菜的主流。名菜如“西湖醋鱼”（图 7-2-6）、“东坡肉”“龙井虾仁”“油焖春笋”“西湖莼菜汤”等集中反映了杭州菜的风味特点。

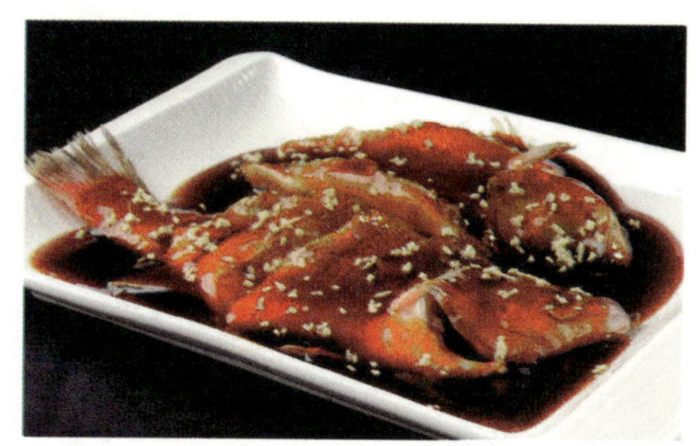

图 7-2-6　西湖醋鱼

温州古称“瓯”，地处浙南沿海，当地的语言、风俗和饮食方面，都自成一体，别具一格，素以“东瓯名镇”著称。温州菜也称“瓯菜”，以海鲜为主，口味清鲜，淡而不薄，烹调讲究“二轻一重”，即轻油、轻芡、重刀工。

7. 湘菜

潇湘风味以湖南菜为代表，简称“湘菜”。湖南地处我国中南地区，气候温暖，雨量充沛，自然条件优越。丰富的物产为饮食提供了精美的原料，随着历史的前进，及烹饪技术的不断交流，逐步形成了以湘江流域、洞庭湖区和湘西山区三种地方风味为主的湖南菜系。

湘江流域的菜以长沙、衡阳、湘潭为中心，是湖南菜系的主要代表。它制作精细，用料广泛，口味多变，品种繁多。其特点是油重色浓，在口味上注重酸辣、香鲜、软嫩。在制法上以煨、炖、腊、蒸、炒为主。著名代表菜有“海参盆蒸”“走油豆豉扣肉”“麻辣子鸡”“腊味合蒸”（图 7-2-7）等。

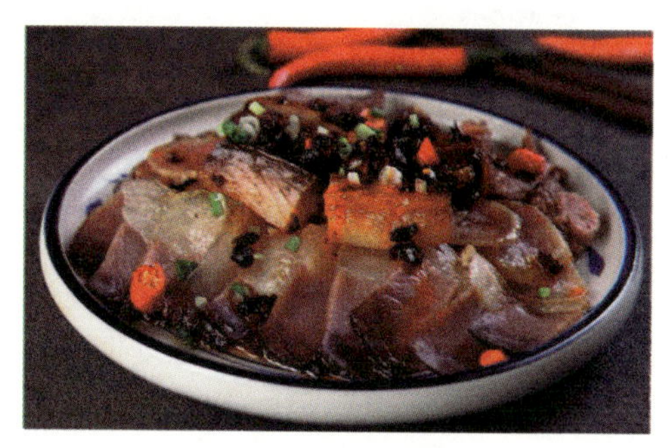

图 7-2-7　腊味合蒸

洞庭湖区的菜以烹制河鲜、家禽和家畜见

长，多用炖、烧、腌的制法，其特点是芡大油厚，咸辣香软。炖菜常用火锅上桌，民间则用蒸钵置泥炉上炖煮，俗称蒸钵炉子，人们往往边煮边吃边下料，滚热鲜嫩，津津有味。代表菜有“洞庭金龟”“网油叉烧洞庭鳜鱼”“蝴蝶飘海”“冰糖湘莲”等。

湘西菜擅长制作山珍野味、烟熏腊肉和各种腌肉，口味侧重咸香酸辣，常以柴炭作燃料，有浓厚的山乡风味。代表菜有“红烧寒菌”“板栗烧菜心”“湘西酸肉”“炒血鸭”等，皆为驰名湘西的佳肴。

8. 徽菜

徽菜是指徽州菜，它起源于黄山麓下的歙县（古徽州）。徽菜的形成与古徽州独特的地理环境、人文环境、饮食习俗密切相关。绿树丛荫、沟壑纵横、气候宜人的徽州自然环境，为徽菜提供了取之不尽、用之不竭的原料。徽菜的主要特点是烹调方法上擅长烧、炖、蒸，而爆、炒菜少，重油、重色、重火功。徽菜由沿江、沿淮和皖南三种地方风味构成。

沿江风味盛行于芜湖、安庆及巢湖地区，它以烹调河鲜、家禽见长，讲究刀工，注意形色，善用糖调味，擅长红烧、清蒸和烟熏技艺，其菜肴具有酥嫩、鲜醇、清爽、浓香的特色。代表菜有“生熏仔鸡”“八大锤”“毛峰熏鲥鱼”等。

沿淮风味主要盛行于蚌埠、宿州、阜阳等地。其风味特色是质朴、酥脆、咸鲜、爽口。在烹调上长于烧、炸、熘等技法，善用香菜、辣椒配色佐味。“奶汁肥王鱼”“香炸琵琶虾”“老蚌怀珠”等，都较好地反映了这一地区的风味特色。

皖南风味是徽菜的主要代表，其主要特点是擅长烧、炖，讲究火功，并习以火腿佐味，冰糖提鲜，善于保持原汁原味。不少菜肴都是用木炭火单炖、单煤，原锅上桌，不仅体现了徽味古朴典雅的风格而且香气四溢。其代表菜有“清炖马蹄鳖”“黄山炖鸽”“腌鲜鳜鱼”“虎皮毛豆腐”（图 7-2-8）等。

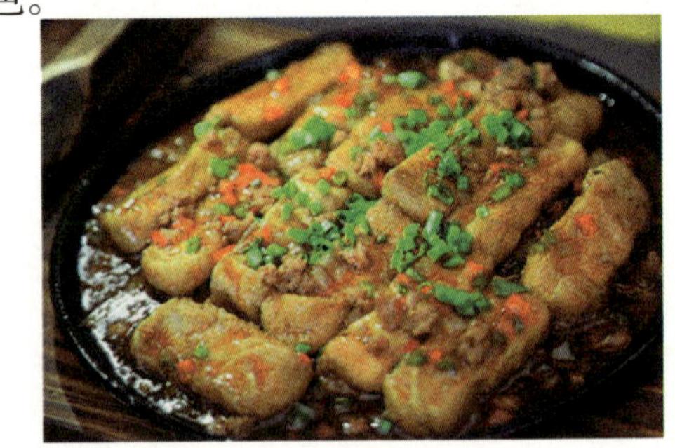

图 7-2-8　虎皮毛豆腐

文化强国

《舌尖上的中国》对饮食文化的传播

2012 年 5 月，我国第一部美食电视纪录片《舌尖上的中国》亮相中央电视台后，立即引起广泛而强烈的关注，从而有力地证明了“它不是文化领域的一个普通作品，而是一次成功的文化传播事件”。这部拍摄精美、制作精良、具有非凡专业品质和文化品位的美食纪录片，不但第一次让我们领略到博大精深的中华美食文化，更让我们经历了一次难忘的仪式洗礼。片中凸显着对普通人的人生价值和生活信仰的礼赞，以及对中华民族独特精神气质及生存智慧的讴歌，让人感受到美食背后强大的人文力量和对共同体价值的强烈认同。而它的成功正是以美食为切入视角，以仪式为载体，以人的世俗生活为表现对象，从而使我们的日常生活有了美的升华，有了诗意的浸染，它既深深地感动了我们，也打动了世界。

《舌尖上的中国》通过特有的影像语言将生活中普通人的日常饮食“仪式化”，以“仪式化”的镜像方式为我们展现了中国人的聪明才智和朴素的生活价值观，让观众从中体会到了中华饮食文化的精髓和悠久绵长，体会到了中国百姓对待自然、对待生活、对待家庭、对待他人的态度。它是一个文化仪式，调动起“世俗神话”的力量，“召唤”我们以非强制性、共享、互动的观看方式参与其中，从而让我们进入一个“仪式空间”，感受到一种“认同的力量”。更重要的是，它建构的价值共同体及彰显出的家国情怀、乡土情感，不仅有一种浓郁的人文关怀和强大的向心力与凝聚力，更为传播中华文明和传统文化探索出了一条可贵的成功之路，留给我们诸多借鉴和启示。

（资料来源：人民网，2013 年 11 月 14 日，有删改）

二、中国茶

中国茶文化源远流长，最早兴于巴蜀，后遍及全国，并传至日本、朝鲜等国家，是中国与世界其他国家沟通交流的重要载体。中国茶文化不仅包含着物质文化因素，同时也带有深厚的精神内涵，茶文化深刻影响着中国的诗词、绘画、书法、医学等领域的发展。

（一）中国名茶

中国各种各样的茶类品种，竞相争艳，犹如春天的百花园。

1. 绿茶

绿茶最讲究茶叶的外形和色泽，追求滋味清纯淡雅，故多采摘茶树的嫩芽制成。其中又以清明节前采摘的嫩芽制成的最珍贵，被称为明前茶。其次是谷雨节前采摘的嫩芽制成的，称为雨前茶。著名的传统绿茶品种主要有以下几种。

微课视频：茶与茶文化 1

西湖龙井（图 7-2-9）：产于浙江杭州西湖西南龙井村周围的狮峰山、梅家坞等地，故名西湖龙井，以狮峰龙井最佳。外形扁平光滑，形似碗钉，茶色翠绿，汤色碧绿明亮，香馥如兰，滋味甘醇鲜爽。

洞庭碧螺春：产于江苏苏州太湖洞庭山，卷曲成螺，满身批毫，银白隐翠，汤色碧绿清澈，香气浓郁，滋味鲜醇甘厚。

图 7-2-9　西湖龙井

太平猴魁：产于安徽黄山区（原为太平县）新明、龙门一带。太平县猴坑茶农王魁成精工制作的“魁尖”风格独特，质量超群。为区别其他尖茶，取产地猴坑的“猴”和茶农王魁成名中的“魁”字，定名为“太平猴魁”，外形是两叶抱芽，平扁挺直，自然舒展。其叶色苍绿明净，花香高爽，滋味甘醇。

2. 白茶

白茶属于轻微发酵茶，基本工艺过程是晾晒、干燥。干茶外表满披白色茸毛，色白隐绿，因未经揉捻，冲泡后茶叶完整而舒展，汤色浅淡，滋味甘醇。白茶主要产于福建省福鼎、建阳、政和、松溪等地，分为白茅茶（用大白茶芽或其他茸毛特多的品种制成）和白叶茶（用芽叶茸毛多的品种制成）两类。白茶的主要品类有银针白毫、白牡丹、贡眉等。

图 7-2-10　银针白毫

银针白毫（图 7-2-10）：产于福建福鼎、政和等县。芽头肥壮，挺直如针，色白似银，汤色浅杏黄，滋味清鲜爽口。

白牡丹：产于福建建阳、政和、松溪、福鼎等县，为叶状白芽茶。因绿叶中间夹有银白色毫芽，形似花朵，冲泡后绿叶托着嫩芽，宛若蓓蕾初开的白色牡丹而得名。汤色杏黄或橙黄，味鲜醇香。

3. 青茶

因外形色泽青褐，故称为青茶，又称乌龙茶，属于半发酵茶。其加工工艺是鲜叶采摘后经过晒青萎凋、反复数次摇青，使叶子进行部分发酵变红，然后经高温炒制、揉捻、干燥而成。冲泡后叶片上有红有绿，汤色黄红，有天然花香，滋味醇厚。乌龙茶大体分为闽北乌龙茶、闽南乌龙茶、广东乌龙茶和台湾乌龙茶四类。著名的乌龙茶品类有以下几种。

武夷岩茶：产于福建东北部的武夷山岩壑中，故名岩茶。香气馥郁胜似兰花，滋味浓醇清火，生津回甘。岩茶中之珍品有四大名丛：大红袍、铁罗汉、白鸡冠、水金龟。大红袍（图 7-2-11）居四大名丛之首，特别耐泡，有“十泡有余香”之称。

铁观音：原产于福建安溪县西坪乡，为闽南乌龙茶的代表品类。外形条索卷曲、壮结、沉重，呈青蒂绿腹蜻蜓头状。其色泽鲜润，砂绿显，红点明，叶表带白霜，汤色金黄，浓艳清澈，滋味醇厚甘鲜，入口回甘，香气馥郁持久，有“七泡有余香”之誉。

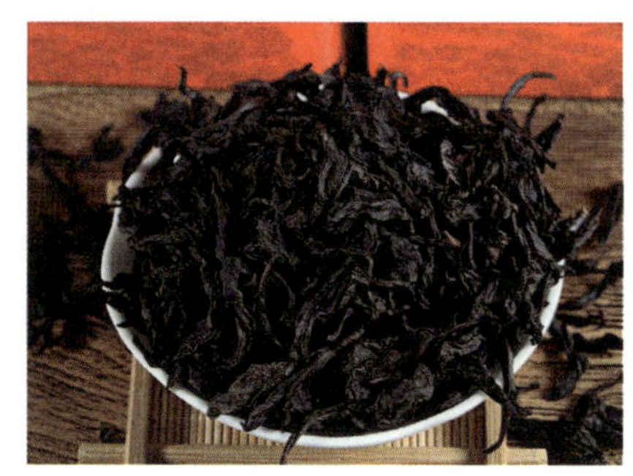

图 7-2-11　大红袍

冻顶乌龙：主产于台湾南投县鹿谷乡，为半球形包种茶，发酵程度中等（约 40%）。冻顶是山名，为凤凰山支脉，海拔约 700 米。该茶外形卷曲呈半球状，色泽墨绿油润，汤色黄绿，有花香略带焦糖香，滋味甘醇浓厚。

4. 黑茶

黑茶的原料粗老，制造过程中堆积发酵时间较长，成品茶色呈油黑或黑褐色。黑茶属于后发酵茶，是很多紧压茶的原料，制成各种砖茶供边疆少数民族消费，亦称边销茶，主产于湖南、湖北、广西、云南、四川等地。黑茶的制造工序为杀青、揉捻、渥堆、干燥。其外形粗大，色泽黑褐，粗老气味较重。黑茶中最著名的当数云南普洱茶，其次是广西六堡茶。

普洱茶（图 7-2-12）：产于云南省思茅、西双版纳、昆明、宜良等地区，因原产于云南普洱府而得名。普洱茶是用优良品种云南大叶种，采摘其鲜叶，经杀青后揉捻、晒干的晒青茶为原料，经过泼水堆积发酵的特殊工艺加工制成。其外形条索粗壮肥大，色泽乌润或褐红，滋味醇厚回甘，并具有独特的陈香。

图 7-2-12　普洱茶

六堡茶：原产于广西苍梧六堡镇的黑茶。采摘一芽二三叶，经摊青、低温杀青、揉捻、渥堆、干燥而成。六堡茶有特殊的槟榔香气，存放越久品质越佳。

5. 红茶

红茶属于全发酵茶，于 18 世纪后期始创于福建崇安县（今武夷山市）星村。红茶的基本特征是叶红汤红，其加工工艺是鲜叶采摘后不用高温杀青，而是经过萎凋、揉捻、发酵，待叶子变红后再进行干燥。红茶又分小种红茶、工夫红茶。小种红茶的特点是经过松柴烟熏具有特殊的松烟香味，产于崇安县、建阳、光泽三市县高地茶园者，统称“正山小种”。工夫红茶亦称条红茶，创制于崇安，因制工精细而得名，由小种红茶演变而来，经萎凋、揉捻、发酵、烘焙制成，主要品类有祁红、滇红、宜红等。

祁红（图 7-2-13）：即祁门红茶，产于安徽祁门、贵池、石台、黟县的条形红茶，以祁门的历口、闪里、平里一带所产品质最优，故统称“祁红”。其外形条索紧结苗秀，汤色红艳，香气清鲜持久，滋味浓醇鲜爽，浓郁的玫瑰香是祁红特有的品质风格。

滇红：即云南工夫红茶，产于云南澜沧江沿岸的临沧、保山、思茅、西双版纳、德宏、红河等地，采摘云南大叶种一芽二叶开展、一芽三叶初展和同叶质嫩度的单叶，初制经萎凋、揉捻、干燥，精制分本身、长身、圆身、轻身四条加工路线，经筛分、拼合而成。其外形条索紧直肥硕，色泽油润，金毫显露，苗峰秀丽，汤色红艳透明，滋味醇厚回甜，香气馥郁持久。

图 7-2-13　祁红

宜红：即宜昌红茶，产于湖北宜昌、恩施等地的条形工夫红茶。其外形条索紧细有毫，色泽乌润，汤色红亮，香气甜纯高长，滋味醇厚鲜爽。

（二）茶文化

中国茶叶品类繁多，特别讲究色、香、味、形，因此需要有一系列能充分发挥各类茶叶特点的器具，这就使得中国的茶具异彩纷呈，无论是造型还是质地，都有它的独到之处。中国茶具是中国茶文化中不可分割的重要组成部分。

我国最早关于饮茶器具的记载，是汉宣帝时期王褒《僮约》中的“烹荼尽具”。句中的“荼”是古代的“茶”字，“尽”是“净”的通假字。意思是说烹茶用的茶具要冲洗干净。从这句话里可以看到在公元前 200 年我们的祖先就开始使用茶具了。

在唐代以前我国的先民已经使用了茶壶和茶碗，只是制作粗糙，个头较大，甚至与酒具没有什么区别，经常是混起来使用的。在唐代用于盛茶的碗，叫“茶椀（碗）”，茶碗的个头较之前略小了。当时一般家庭使用的茶具是陶质的，而皇亲贵戚、豪门贵族则用金、银、铜和玉质茶具。

微课视频：茶与茶文化 2

唐和五代时期，随着饮茶的兴盛，茶具的发展也很快。陆羽在《茶经·四之器》中就介绍“熟盂以贮熟水，或瓷或沙”，还有各地出产的瓷碗、风炉、炭挝、火筴、纸囊、碾、漉水囊、瓢等 28 种茶具。这么多的烹茶器具可谓丰富多彩，说明当时的茶具已有相当的规模。

宋金时期由于摒弃了唐代的煎茶法，改用点茶法，茶具较之唐代大大减少。宋代的饮茶器具，从式样上看沿袭唐代，但是比唐代更加精细和讲究美观。唐宋以后，随着陶瓷业的迅猛发展，相继出现了定州白窑、柴窑、汝州窑等官窑生产的陶瓷器具，铜和陶瓷茶具逐渐代替古老的金、银、玉质茶具。尤其是陶瓷茶具盛茶能保持香气，价格又低，很受大众喜爱。

元代饮茶是用沸水直接冲泡散茶，不需要用茶碾将茶饼碾碎，茶具越来越精简，但基本式样还是承袭了唐宋的茶具。

明代饮茶沿袭了元代直接用沸水冲泡的方式，这就使得唐宋时代的炙茶、碾茶、罗茶等器具成了多余之物，与之相适应的是一些新的茶具品种脱颖而出，形成了沿袭至今的茶具式样。明代茶具讲究制法、规格，注重质地，特别是茶壶、茶盏的形式和色彩相较于前几代都有了很大变化。在这个时期，瓷质茶具替代了陶质茶具，在色泽、造型、品种、式样等方面，都进入了精工细作的时期。

到了清代，饮茶时仍然沿用明代的直接冲泡法。因此，清代的茶具只限于茶盏、茶壶等。在康熙、雍正、乾隆时期，盛行的盖碗，多由江西景德镇生产。当年的茶具除了青花瓷、五彩瓷外，人们还创制了粉彩、珐琅彩茶具。江苏宜兴的紫砂陶茶具也有新的发展。此外，自清代开始，福州的脱胎漆茶具、四川的竹编茶具也逐渐流行，标志着茶具有了新的水平和新的面貌。

文化典藏

1.《食之五味》，孟诜等撰，北京：中华书局，2020 年。

2.《至味中国：饮食文化记忆》，王仁湘著，郑州：河南科学技术出版社，2022 年。

单元三

内外兼修：传统体育

中国传统体育文化是以儒家“天人合一”为哲学基础，以保健性、表演性为基本模式，以崇尚礼让、宽厚、平和为价值取向的体育活动。中国传统体育文化根植于“天人合一”、阴阳、八卦、五行等理论，强调人体自身的统一性及其与自然界的和谐。中国传统体育文化通过锻炼身体来以外达内，由表及里，由身体有形的活动来促成无形精神的升华，实现理想人格的塑造。

一、中华武术

中华武术是以中华传统文化为理论基础，以徒手和器械的攻防动作为主要锻炼内容，兼有功法运动、套路运动、格斗运动三种运动形式的体育项目。武术是中华民族优秀的民间文化，纵观世界武技武道的发展过程，每个国家都有自己的民族武技，但都没有像中华武术这样源远流长。

（一）太极拳

太极拳是我国国家级非物质文化遗产，是以中国传统儒、道哲学中的太极和阴阳辨证理念为核心思想，集颐养性情、强身健体、技击对抗等多种功能为一体，结合易学的阴阳五行之变化、中医经络学、古代的导引术和吐纳术形成的一种内外兼修、柔和、缓慢、轻灵、刚柔并济的中国传统拳术。

文化漫谈

五禽戏

五禽戏（图 7-3-1）是我国古代一种体育锻炼的导引术，创始人是东汉末年的名医华佗。五禽戏是通过模仿动物界的虎、鹿、熊、猿、鸟五种动物的动作而创设的。其名称及功效据《后汉书·方术列传·华佗传》记载："吾有一术，名五禽之戏：一曰虎，二曰鹿，三曰熊，四曰猿，五曰鸟。亦以除疾，兼利蹄足，以当导引。体有不快，起作一禽之戏，怡而汗出，因以著粉，身体轻便而欲食。普施行之，年九十余，耳目聪明，齿牙完坚。"

图 7-3-1　五禽戏

1. 太极拳的发展历程

因太极拳的拳法变幻无穷，遂用中国古代的"阴阳""太极"这一哲学理论来解释拳理而命名。"太极"一词源出《周易·系辞》："易有太极，是生两仪。""太"就是大的意思，"极"就是开始或顶点的意思。宋朝周敦颐在《太极图说》中第一句话就是"无极而太极"，并非说太极从无极产生，而是"太极本无极"之意。太极图是我国古代人的一种最原始的世界观，拳术和太极说的结合，逐步形成了太极拳术。

关于太极拳的缘起，据考于明末清初逐渐形成。太极拳由河南温县陈家沟陈王廷创编，并将此技艺传授给其子孙或弟子。太极拳在长期的演练中，逐渐演变成了不同的流派，如杨式（杨露禅）、吴式（吴鉴泉）、武式（武禹襄）、孙式（孙禄堂）。

中华人民共和国成立后，太极拳运动得到蓬勃发展。从 20 世纪 50 年代开始，国家体委组织专家陆续编写出版了 24 式、88 式、48 式太极拳，又将传统的陈、杨、吴、武、孙式太极拳整理出版。太极拳在国外也得到了广泛的传播，受到各国人民的喜爱。1989 年，中国武术研究院编写了适应竞赛的陈、杨、吴、孙式太极拳和综合太极拳的套路，更好地向世界各国推广太极拳。

太极拳是基于阴阳循环、天人合一的中国传统哲学思想和养生观念，以中正圆活为运动特征的传统体育实践，注重意念修炼与呼吸调整，以五步、八法为核心动作，以套路、功法、推手为运动形式。太极拳习练者通过对动静、快慢、虚实的把控，达到修身养性、强身健体的目的。

2. 太极拳的技法特点

（1）虚灵顶劲，宛如头顶悬有一物。在练习拳法时，我们强调头部的端正、顶部的平稳、项部的挺直，以及脸颊的收敛。头顶的百会穴需轻轻上顶，同时保持其平稳，这种虚灵顶劲的姿态能激发内在的精神力量，使我们的动作更显沉稳、扎实。

（2）气沉丹田，意味着身体姿势的端正，胸部的舒张，腹部的充实。我们需要将意识集中在丹田，引导呼吸，使气息缓缓下沉至腹部脐下，实现身心的和谐统一。

（3）含胸拔背。含胸，即胸部略向内收，使胸部感觉舒宽，这既有助于降低重心，又能增强肺脏和横膈的活动。拔背，则是在胸部内含的同时，背部肌肉向下放松，产生一定的张力和弹力，使皮肤紧绷，形成稳定的背部支撑。

（4）松腰敛臀。含胸时必须松腰，这不仅有助于气息的下沉和下肢的稳定，更是对全身动作的连贯性和完整性起到至关重要的作用。在含胸拔背、松腰的基础上，臀部稍作内收，形成敛臀，进一步增强身体的稳定性。

（5）沉肩坠肘。这要求我们在放松肩部的同时，使肩部下沉，肘部下坠。这种姿势使两臂产生一种沉重的内劲感觉，即上肢的内在力量。这种力量能使我们的劲力顺畅地贯通到上肢手臂。

（6）舒指坐腕。这要求我们手掌自然伸展，腕关节向手背、虎口一侧自然弯曲。手掌的动作是整体动作的重要组成部分，许多掌法都与全身动作紧密相连。舒指坐腕，实际上是将全身的劲力通过脚、腿、腰的传递，最终形于手指，实现整体动作的协调一致。

（7）尾闾中正。这是太极拳运动中的重要原则。尾闾的中正关系到身躯和动作姿势的“中正安舒”和“支撑八面”。在太极拳运动中，我们非常重视尾闾是否保持中正，无论什么动作姿势，都必须保持尾闾与脊椎的中正状态。更重要的是，尾闾中正对于保持下盘的稳固具有重要影响。

（8）内宜鼓荡，外示安逸。鼓荡是对内在精神状态的描绘，意味着精神振奋。内宜鼓荡要求我们保持内在的精神振奋，但这种振奋是沉着的，外在表现为安逸的状态。这种内外兼修的状态，使我们在练习太极拳时既能保持内心的平静，又能展现出太极拳的动感和韵律。

（9）运动如抽丝，迈步如猫行，是太极拳运动的独特风格。太极拳的运动要像抽丝一样，既缓慢又均匀，既稳定又安静。迈步时要像猫一样轻盈，提步、落步都要有轻灵的感觉。这种静谧的特点使太极拳独具魅力，它要求我们在练习时保持内心的平静，排除杂念，使精神完全集中在运动上。心静才能“用意不用力”，使运动像抽丝一样安静。同时，太极拳讲究速度均匀，要求保持适当的等速运动，像抽丝一样均匀地抽拉。其步法也必须相应地像猫迈步那样轻灵。

（二）形意拳

1. 形意拳的起源

形意拳，又称行意拳，中国传统拳术之一。虽然起源说法不一，但被广泛认可的创始人是明末清初山西蒲州人（今山西省永济市）姬际可。形意拳创立之初叫心意六合拳，即心与意合、意与气合、气与力合、肩与胯合、肘与膝合、手与足合。现行流传的形意拳为道光年间河北深州人李洛能在心意拳的基础上改革创立而成，形意拳讲究内意与外形的高度统一。后世尊称李洛能为形意拳祖师。

清初，形意拳在山西、河南、河北得到广泛的传播，近百年来名手辈出。1914 年，形意拳家郝恩光东渡日本，教授留日学生，遂把形意拳介绍到国外。中华人民共和国成立以后，形意拳被列为全国武术表演和比赛项目，在全国各地都有开展。此外，在东南亚地区以及日本、美国也有形意拳传习，并有专门团体和刊物，使其扬名四海。

2. 形意拳的动作特点

（1）简洁朴实，其动作大多直来直往，一屈一伸，节奏鲜明，朴实无华。

（2）动作严密紧凑，“出手如钢锉，落手如钩竿”“两肘不离肋，两手不离心”。发拳时，拧裹钻翻，与身法、步法紧密相合，周身上下像拧绳一样，毫不松懈。

（3）沉着稳健，身正，步稳，“迈步如行犁，落脚如生根”，要求宽胸实腹，气沉丹田，刚而不僵，柔而不软，劲力舒展沉实。

（4）快速完整，形意拳要求“六合”，动作强调上法上身，手脚齐到，一发即至，一寸为先。拳谚有“起如风，落如箭，打倒还嫌慢”之说。

形意拳讲究“三节”“八要”。“三节”是“梢节起，中节随，根节催”。从全身讲，头与上肢为梢节，躯干为中节，下肢为根节；上肢以手为梢节，肘为中节，肩为根节；下肢则分为胯、膝、足三节。做到“三节”的要求，就能保证周身完整一体，内外合一。“八要”是顶（头要上顶，掌要前顶，舌尖上顶）、扣（肩要扣，手背、足背要扣，牙齿要扣）、圆（胸要圆，背要圆，虎口要圆）、敏（心要敏，眼要敏，手要敏）、抱（丹田抱，心意抱，两肋抱）、垂（肩下垂，肘下垂，气下垂）、曲（臂要曲，腿要曲，腕要曲）、挺（颈要挺，脊要挺，膝要挺）。这样，就可保证身体各部姿势正确舒展。

3. 形意拳的战术特点

形意拳强调敢打必胜、勇往直前的战斗意识。拳谚有“遇敌有主，临危不惧”。在战术思想上，主张快速突然，以我为主，交手时先发制人，“乘其无备而攻之，出其不意而击之”“有意莫带形，带形必不赢”。在攻防技术上，提倡近打快攻，抢占有利位置，“进即闪，闪即进，不必远求”。形意拳主张头、肩、肘、手、胯、膝、脚七法并用，处处可发，并且要求虚实结合，知己知人，相机而行，不可拘使成法，做到“拳无拳，意无意，无意之中是真意”，方算上乘功夫。形意拳的技击理论有 6 项原则，即工（巧妙）、顺（自然）、勇（果断）、疾（快速、突然）、狠（不容情）、真（使对方难以逃脱），称为“六方之妙”。这 6 项原则对培养攻防意识，训练技击技术具有指导作用。

二、竞技体育

（一）蹴鞠

蹴鞠是中国最早的体育运动之一，又称蹋鞠、蹴球、蹴圆等。据《史记》记载，战国齐宣王时，蹴鞠这项活动就已经在齐国流行。蹴，意为踢；鞠，意为球。

1. 蹴鞠的起源与发展

最早人们进行蹴鞠这项活动，主要是为了军事训练之用。汉代不仅皇帝喜欢，贵族及普通百姓也十分热衷蹴鞠。当时的球用兽皮缝制，里面填充兽毛。到唐代，马球兴起，蹴鞠逐渐向娱乐化的方向发展。这一时期蹴鞠用球的制作更加精细，球皮由两片改为八片缝制，其内填放充了气的动物膀胱，使得球形更圆且富有弹性。宋代，蹴鞠运动进一步发展，不仅踢球技法有所进步，还出现了以踢球为职业的人及专门的行业团体。据记载，北宋时期在皇宫进行蹴鞠表演的人有苏述、孟宣、张俊、李正等；在民间踢球的人有黄如意、范老儿、小孙、张明、蔡润等。这些踢球的艺人组成行业团体，名为齐云社，又称圆社，专门负责组织蹴鞠比赛及宣传推广。宋代以后，蹴鞠逐渐走向世俗化，与风尘娱乐等结合起来。

2. 蹴鞠的方法

（1）直接对抗。有球门的蹴鞠比赛又可分为双球门的直接竞赛和单球门的间接比赛。双球门的直接竞赛是汉代蹴鞠的主要方式，且被用于军事练兵。进行直接对抗比赛时，设鞠城即球场，周围有短墙，比赛双方都有像座小房子似的球门。场上队员各 12 名，双方进行身体直接接触的对抗，就像打仗一样，踢鞠入对方球门多者胜。

（2）间接对抗。在鞠城，球门两厢对应，两边队员相对进攻，进球为胜。由双球门竞赛演变而来的单球门间接比赛是唐宋时期蹴鞠的主要方式，主要用于竞赛表演。进行间接对抗比赛时中间隔着球门，球门中间有两尺多的“风流眼”，双方各在一侧，在球不落地的情况下，能使之穿过风流眼多者胜。

（3）白打。无球门的散踢方式称作白打，历时最久，开展得最为广泛，有 1 人到 10 人场户等多种形式。白打则主要是比赛花样和技巧，亦称比赛“解数”，每一套解数都有多种踢球动作，如拐、蹑、搭、蹬、捻等。古人还给一些动作取了名字，如转乾坤、燕归巢、斜插花、风摆荷、佛顶珠、旱地拾鱼、金佛推磨、双肩背月、拐子流星等。

（二）冰嬉

冰嬉（图 7-3-2）亦称“冰戏”，是古代娱乐和健身相结合的体育项目。冰嬉不是一项单一的冰上运动，它还包含我国传统冰雪体育项目的文化价值和文化内涵。

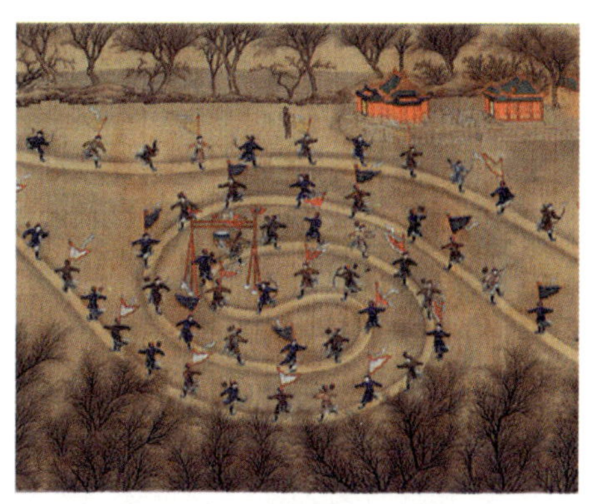

图 7-3-2 《冰嬉图》(局部)

1. 冰嬉的产生

冰嬉为盛行于清代的冰上运动，清代《日下旧闻考·宫室·西苑一》中记载：“冬月则陈冰嬉，习劳行赏，以简武事而修国俗云。”冰嬉作为皇家冬季一项重要消遣活动，具有一定的制度性及骑射尚武的政治意义。在民间，冰嬉运动以冰床活动为主，由金、元、明传承下来，活动地点主要集中在冬季的河沟湖泊的冰面上，活动形式表现为人们自发性的冰上运动。在宫廷冰嬉花样的影响下，北京的民间也有各种各样的花样滑冰。富察敦崇所著的《燕京岁时记》中记载：“技之乔者如蜻蜓点水，紫燕穿波，殊可观也。”虽然没有写出具体动作，但是可以推测练习滑冰的人相当多。

2. 冰嬉的类型

（1）抢等。抢等相当于现代的速度滑冰比赛，按到达皇帝乘坐的冰床前面（即终点）的先后次序，确定为头等、二等和三等，按等次的不同接受皇帝不同的赏赐，称为抢等。奖励数额虽有差别，但凡参加者都有奖励，可谓皆大欢喜。

（2）走队。走队与现代的花样滑冰有类似之处，但其难度有所不同。走队多为数百人集体在冰上盘旋、执旗或执弓矢射高球或低球的集体表演。走队中的精彩内容之一当属冰上射球。冰上射球可谓冰嬉中场面最为壮观、规模最为宏大的活动。冰面上预先设定盘旋曲折的循行路线，设立旗门，门上悬挂一“天球”、门下放置一“地球”。参加走队的约有数百人，分为手执旗者和手执弓者，均着马褂背插小旗，按八旗各色依次前行，一名执旗者为先导，二名执弓矢者随其后，以此排列。滑行有序，执弓者转龙滑行至旗门前后时，或引弓射球，或躬身施射，或回首疾射，英姿勃勃，射中者接受赏赐，再沿盘旋曲折的路线回到队伍中，继续走队，构成了冰嬉中最为壮观的场景。

（3）抢球。冰嬉所抢之球形状类似现在的足球，用熊皮或猪皮缝制的圆月形绵软物，或以猪膀胱灌鼓为囊。根据《清文献通考》的记载，抢球在两队之间进行，为易辨别，两队分穿红色与黄色马褂，分别排成列，相对而立，中间间隔一定距离，由御前侍卫在发球地点将球猛踢至两队中间，两队用上肢抢球，与现代的橄榄球类似。开赛前两队队员分别列于两侧，由裁判发球，球至场地中时，队员们群起扑球争逐，得球者想方设法突破对方队员的包围与夺抢，待机投向旗门，比赛以球投入对方旗门多者为胜。

文化强国

创新演绎当代“冰嬉图”

中国冰雪运动历史悠久，在古代诗词和绘画中，曾涌现不少以冰雪运动为题材的作品。其中，尤以反映冰嬉盛景的《冰嬉图》为大众所熟知。

以北京冬奥会、冬残奥会为契机，传统冰嬉文化通过多元形态焕发活力，冰嬉主题的美术作品、景观设计、文娱表演、数字动画、文创产品等层出不穷，塑造着新的文化景观，讲述着新时代的中国故事。比如，在“生命之光·2022第九届中国北京国际美术双年展”上，青年画家任慧慧的版画《高歌冬奥·冰雪情》，既借鉴了清代《冰嬉图》的卷轴式构图，又创新了内容和形式。作品上半部分以传统冰嬉活动为主要内容，下半部分则选取北京冬奥会主要场馆和体育项目，展示现代冰雪运动场景。作品以不规则的折页图形打破了传统图式规则，在今古相照中演绎跨越时空的文化对话。

数字化技术的进步为冰嬉文化提供了全方位传播的可能。多媒体平台交互、线上线下互动、注重参与体验的传播模式等，为观众带来更加丰富的感官体验。无论是故宫博物院“宫里过大年”数字沉浸体验展中的“冰嬉乐园”项目、“数字故宫”小程序中的“冰嬉图竞技场”游戏，还是冬奥期间北京北海公园举办的“百年冰嬉盛典”展览，都以大量的数字动画、投影交互、3D打印等新手段让《冰嬉图》“活起来”。为使观众能在展览中既领略原作魅力，又刷新数字体验，各个项目团队都进行了艰辛探索。

尽管数字技术的运用使作品颇具感染力，但保留古代绘画艺术的魅力同样重要。为尽量留存古画的审美韵味，团队摒弃了普通动画常用的写实造型风格和投影效果，转而追求一种手绘之美和平面化的渲染方式，使作品保持了传统中国画原本的绘画性。在新技术与新观念的引领下，当代“冰嬉图”以创新性、形式美和丰厚的文化意蕴，为观众带来与众不同的文化体验。

（资料来源:《人民日报》，2022年2月27日08版，有删改）

三、棋类游戏

（一）围棋

被人们形象地比喻为黑白世界的围棋，是我国古代人民非常喜爱的一项娱乐活动，同时也是人类历史上最悠久的一种棋艺。

围棋，在我国古代被称为弈，在整个古代棋类中可以说是棋之鼻祖，相传已有4000多年的历史。据《世本》所言，围棋为尧创造。春秋战国时期，围棋已在社会上广泛流传了。

秦灭六国一统天下，有关围棋的活动鲜有记载。《西京杂记》卷二中曾有西汉初年“杜陵杜夫子善弈棋，为天下第一人”的记述，但这类记载亦是寥如星辰，表明当时围棋的发展仍比较缓慢。到东汉初年，社会上还是“博行于世而弈独绝”的状况。直至东汉中晚期，围棋活动才又渐渐盛行。1952年，考古工作者于河北望都一号东汉墓中发现了一件石质围棋盘，此棋局呈正方形，盘下有四足，局面纵横各17道，为汉魏时期围棋盘的形制提供了实物资料。

我国围棋之制在历史上曾发生过两次重要变化，主要是东汉石质围棋盘（河北省望都出土）在于局道的增多。魏晋前后，是第一次发生重要变化的时期。魏邯郸等的《艺经》上说，魏晋及其以前的“棋局纵横各十七道，合二百八十九道，白、黑棋子各一百五十枚”。这与前面所介绍的河北望都发现的东汉围棋局的局制完全相同。但是，在甘肃敦煌莫高窟石室发现的南北朝时期的《棋经》却载明当时的围棋棋局是“三百六十一道，仿周天之度数”。表明这时已流行19道的围棋了。这与现在的棋局形制完全相同，反映出当时的围棋已初步具备现行围棋定制。但从总体上分析，这时的围棋是17道、19道局制同时流行，还没有完全定型。

清人绘《汉宫春晓图》中反映汉代宫中女子下围棋的场面。由于南北朝时期玄学的兴起，导致文人学士以尚清谈为荣，因而弈风亦更盛，下围棋被称为“手谈”。上层统治者也无不雅好弈棋，他们以棋设官，建立“棋品”制度，对有一定水平的“棋士”授予与棋艺相当的“品格”(等级)。当时的棋艺分为九品，《南史・柳恽传》载“梁武帝好弈，使恽品定棋谱，登格者三百七十八人”，可见棋弈活动之普遍。上述这些变化，极大地促进了围棋技术的提高，为后来围棋在中国的进一步发展和向国外的传播奠定了基础。

隋唐至宋元时期，可以视为围棋之制在历史上发生的第二次重大变化时期。由于帝王们的喜爱以及其他种种原因，围棋得到了长足的发展，对弈之风遍及全国。弈棋、弹琴、写诗、绘画被人们引为风雅之事，成为男女老少皆宜的娱乐项目。在新疆吐鲁番阿斯塔那第187号唐墓中出土的《仕女弈棋图》绢画就是当时贵族妇女对弈围棋情形的形象描绘。

当时的棋局已以19道作为主要形制，围棋子已由过去的方形改为圆形。1959年河南安阳隋代张盛墓出土的瓷质围棋盘，唐代赠送日本孝武天皇、现藏日本奈良正仓院的紫檀木画围棋盘皆为纵横各 19 道。中国体育博物馆藏唐代石质黑白圆形围棋子等，都反映了这一时期围棋的变化和发展。

唐代“棋待诏”制度的实行，是中国围棋发展史上的一个新标志。所谓棋待诏，就是唐翰林院中专门陪同皇帝下棋的专业棋手。唐代著名的棋待诏有唐玄宗时的王积薪、唐德宗时的王叔文、唐宣宗时的顾师言及唐僖宗时的滑能等。由于棋待诏制度的实行，扩大了围棋的影响，也提高了棋手的社会地位。这种制度从唐初至南宋延续了 500 余年，对中国围棋的发展起了很大的推动作用。从唐代开始，昌盛的围棋随着中外文化的交流，逐渐越出国门。首先是日本，遣唐使团将围棋带回，围棋很快在日本流传。除了日本，朝鲜半岛上的百济、高丽、新罗也同中国有往来。特别是新罗，多次向唐派遣使者进行学习交流，而围棋的交流更是常见之事。

宋元以迄明清，棋艺水平迅速提高，再加上流派纷起，竞赛频繁，使得围棋更进一步得到了普及。随着围棋活动的兴盛，一些民间棋艺家编撰的围棋谱也大量涌现，如《适情录》《棋经十三篇》《三才图会》棋谱《仙机武库》及《弈史》《弈问》等 20 余种明版本围棋谱，都是现存的颇有价值的著述，从中可以窥见当时围棋技艺及理论高度发展的情况。

清康熙末年到嘉庆初年，棋坛涌现出了一大批名家。其中梁魏今、程兰如、范西屏、施襄夏四人被称为“四大家”。四人中，梁魏今之棋风奇巧多变，使其后的施襄夏和范西屏受益良多。施襄夏著有《弈理指归》，范西屏作有《桃花泉弈谱》和《弈潜斋集谱》。这几部著述至今仍是围棋理论的重要著作。

（二）象棋

象棋，古称“象戏”，是一项具有悠久历史的棋类游艺活动。它的起源至今无从考证，自古以来众说纷纭，莫衷一是。但从象棋的局制和规则来考察的话，中国象棋的起源应与兵家有着密切的关系。春秋战国时期，战争连年不断，人们仿照军队的编制、布阵遣将的方法等创制了一种新的棋游戏，这当是象棋的最初形式。我们看象棋中的将（帅）、车、马、士、卒（兵）这几个子，显然是先秦时代的遗制。战国以前，中原作战主要以战车为主，而且整个春秋战国时期的军队中有甲士、徒卒（或徒兵）的编制，而象棋中的某些子正是形象地仿此而作。

与围棋相比较，象棋是一种雅俗共赏且普及更广的棋类活动。它从创始以来虽为广大群众所喜好，但古代帝王及文人学士对此多轻视而认为“不足道”，因此古代典籍中关于象棋的记述甚少。在魏晋南北朝时期，民间曾流行一种“象戏”的棋类活动。其流行和推广，为象棋的最终定型奠定了基础。

隋唐时期，隋文帝不赞成象戏，但唐代开国后，太宗李世民却加以提倡，并出现了新的突破。唐肃宗时的丞相牛僧孺在其所著的《玄怪录》一书中记述了一个有关“宝应象棋”的“鬼话”，在宝应象棋里就出现了王、军师、马、象、车、兵六种棋子，这与现在流行的象棋已经非常相似了。

经过一系列的变化调整，在“宝应象棋”的基础上，至北宋时出现了与今日体制、规则相同的象棋。根据宋人尹洙撰《象棋》及其他有关文献的记述推断，北宋流行的象棋主要有纵 9 路、横 9 路，有将、士、象、马、车、炮、卒等 32 枚棋子，棋盘尚无河界。这种象棋至南宋时，增加了河界。此后，这种形式的象棋在民间广为流传，并一直沿用下来。

宋代中后期的象棋，已完全发展成为现代象棋的棋制。如明王圻、王思义所编著的《三才图会》中载录的宋代象棋的“二龙出海势”图局，已和现在的象棋完全一样了。

继南宋之后，象棋在明代又有了大的发展。尤其是明代中期以后，由于经济文化的发展，象棋也进入了一个新的阶段。此时名棋手辈出，象棋的棋艺著作也得到了繁荣发展，出现了许多棋谱。现存的繁荣发展，出现了许多棋谱。现存的明代残局象棋谱有《梦人神机》《金鹏变法象棋谱》和《适情雅趣》等 5 种。其中《适情雅趣》中除了收入《金鹏十八变》的全局着数以外，还保存有精妙残局杀势 551 局，是我国象棋谱中收入残局棋谱局数最多、规模最大、内容最丰富的一部巨著，反映了徐芝对象棋深入探索的成果。

清代的象棋进一步平民化，普及面广。同时，在象棋界，名手众多，棋派林立。仅乾隆中叶，就出现了毗陵、吴中、武林、洪都、江夏、莽陵、顺天、大同、中州九大棋派，前六派首领合称“江东八俊”，后三派首领合称“河北三杰”。而被时人誉为“棋中圣手”的毗陵派周廷梅，更是技压群雄，传说他经过重庆奉节，观看诸葛亮“八阵图”遗址时，悟出了棋理，从此无敌于天下。

清代的象棋谱，就其数量而言虽稍逊于明代，但也多是精湛之作。其中康熙年间的国手王再越，在明代棋谱《桔中秘》成就的基础上，撰就了《梅花谱》，使象棋开局从斗炮的习惯模式中脱颖而出，进入了当头炮对屏风马的新领域。再如流传下来的《韬略元机》《百局象棋谱》《竹香斋象棋谱》及《心武残编》，被称为清代四大著名残排局谱，《吴兆龙象棋谱》和《石杨遗局》是清代具有代表性的对局集。这些象棋谱对于近代和当代象棋的发展及棋艺水平的提高起到了不可磨灭的重要作用。

文化典藏

1.《体育非物质文化遗产概论》，国家体育总局科教司组编、杨国庆主编，北京：高等教育出版社，2021 年。

2.《中华民族传统体育大观》，石生泰、王扎西主编，北京：人民体育出版社，2015 年。

单元四

东方神韵：传统服饰

中国自古就有“衣冠上国，礼仪之邦”的美誉。唐朝的大学者孔颖达在《左传·定公十年》条下疏曰：“中国有礼仪之大，故称华夏；有章服之美，谓之华。”服饰是用来御寒和装饰的，它是人类生活的要素，是人类文明的一个重要标志。服饰作为一种文化，反映出一定时代人们的社会心理、精神风貌。

一、发展历程

中国传统服装有两种基本形式：上衣下裳和衣裳连属。上衣下裳即上身有衣下身有裳，《释名·释衣服》曰：“凡服上曰衣。衣，依也，人所依以芘寒暑也。下曰裳，裳，障也。所以自障蔽也。”相传这种服饰起源于黄帝时代。衣裳连属古称“深衣”，它的用途很广，《礼记·深衣篇》云：“可以为文，可以为武，可以摈相，可以治军旅。”

原始时代的服饰形式，由于资料缺乏，还不能做出详细的描述。夏商周时期中原地区的服饰是上衣下裳，束发右衽（衣襟）。春秋战国之际衣裳连属的深衣广泛流行。由于与少数民族的交往，窄袖短衣、长裤的胡服开始出现。汉代主要通行深衣，并且裤子也开始流行，裤古称“绔”。当时的裤多为开裆，不分长幼男女均服之，外罩为裳或深衣。东汉时候，上层的袍服转入制度化。平民和贵族衣服的区别主要在于衣服的长短上，由于从事劳动，平民的衣服都比较短，色彩和图案也较朴素。

魏晋南北朝时期胡服成为社会上普遍流行的服饰，另外，胡服中窄袖紧身、圆领、开衩等样式也被中原人民吸收到自己的服饰中来。隋唐时代人民的服饰经过了融合变迁，形成了圆领袍、裹幞头（古代男子用的一种头巾）、穿长靴的形式。女子的服饰主要是上衫下裙。宋代的服饰大体沿袭唐制，但《东京梦华录》载：“士农工商，诸行百业，衣装各有本色，不敢越外。”这与当时的社会思潮有关系。元代服饰值得一提的是质料上的变化，在此以前，中国衣服的材料以丝、麻、皮、毛为主，元代由于棉花种植得到推广，棉纺技术提高，棉布成为衣料中的普遍品种。明代沿袭旧制。

清代是中国服饰史上的一个重要转变时期，满洲贵族入主中原后，制定了服装形制，男子剃发梳辫，着长衫。马褂最初为满洲贵族的马上装束，在康熙朝以后，日益普及，一般民众多着此服。

二、汉服

汉服，全称是“汉民族传统服饰”，又称汉衣冠、华服。从黄帝即位到公元 17 世纪中叶(明末清初)这近四千年中，汉服以“华夏—汉”文化为背景和主导思想，以华夏礼仪为中心，结合自然演化过程中形成的独特的汉民族风貌性格，使汉服与其他民族的传统服装和配饰相区别，在汉民族的主要居住区得到发展。汉服是世界上历史最悠久的民族服饰之一。

（一）汉服的起源

据古籍史书中记载，远在三皇五帝时期，先民们以鸟兽毛皮为衣，进而用麻作布。后来黄帝的正妃嫘祖植桑养蚕，教导人民织布做衣。所以，黄帝时代服饰制度日渐形成，夏商之后，冠服制度逐步建立；西周时期，周礼制度形成，对衣冠礼制有明确的规定，冠服制度逐渐被归入礼制范畴内，成为表现礼仪文化的方式之一，而汉服至此也日臻完善。

（二）汉服的特点

汉服具备独特的形式，其基本特征为交领右衽、褒衣广袖、系带隐扣，其基本结构如图 7-4-1 所示。

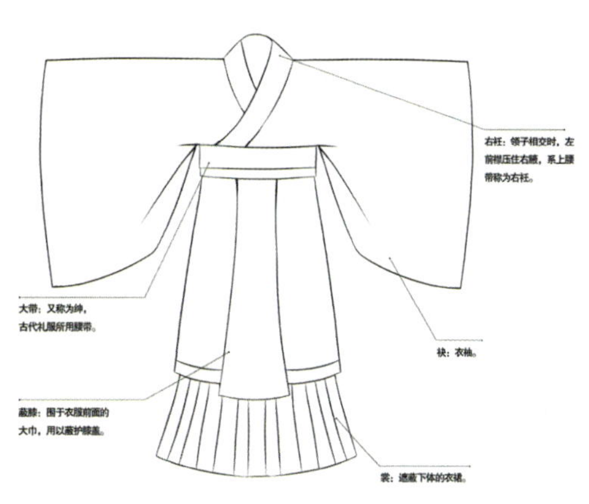

图 7-4-1　汉服结构

1. 交领右衽

汉服中左侧的衣襟与右侧的衣襟交叉于胸前的时候，就自然形成了领口的交叉，所以形象地叫作“交领”；交领的两直线相交于衣中线左右代表传统文化的对称学，显出独特的中正气韵，代表做人要不偏不倚，如果说汉服表现天人合一的话，交领即代表天圆地方中的地，地即人道，即方与正。而袖子，则是圆袂，即代表天圆地方中的天圆。这种天圆地方学在汉服上的表现也是中国古代文化的一个体现。

汉服的领型最典型的是“交领右衽”，就是衣领直接与衣襟相连，衣襟在胸前相交叉，左侧的衣襟压住右侧的衣襟，在外观上表现为“y”字形，形成整体服装向右倾斜的效果。衽，本义衣襟。左前襟掩向右腋系带，将右襟掩覆于内，称右衽，反之称左衽。这就是汉服在历代变革款式上一直保持不变的“交领右衽”传统，也和中国历来的“以右为尊”的思想密不可分，这些特点都明显有别于其他民族的服饰。

另外一种作为“交领”补充的是“直领”和“盘领”。直领就是领子从胸前直接平行垂直下来，而不在胸前交叉，有的在胸部有系带，有的则直接敞开而没有系带。这种直领的衣服，一般穿在交领汉服外面，像罩衫、半臂、褙子等日常外衣款式中经常运用。盘领是男装中比较多见的一个款式，领型为盘子状的圆形，也是右衽的，在右侧肩部有系带，在汉唐官服中采用，日常服中也有盘领款式。

2. 褒衣广袖

汉服自古礼服褒衣博带、常服短衣宽袖。与同时期西方的服装对比，汉服在人性方面具有不可争辩的优异性。当西方人用胸甲和裙撑束缚女性身体发展时，宽大的汉服已经实现了放任身体随意舒展的特性。

汉服的袖子又称“袂”，其造型在整个世界民族服装史中都是比较独特的。袖子，其实都是圆袂，代表天圆地方中的天圆。袖宽且长是汉服中礼服袖型的一个显著特点，但是，并非所有的汉服都是这样。汉服的礼服一般是宽袖，显示出雍容大度、典雅、庄重、飘逸灵动的风采。一直以来，汉服袖子的标准样式就是圆袂收祛，先秦到汉朝所反映的实物无一例外都是如此。一直以来，除了唐以后在常服中有敞口的小袖外，汉服袖的主流依然是圆袂收祛。

“袖宽且长”是汉服礼服袖型的主要特点，但不是唯一的款式特点，汉服的小袖、短袖也比较多见。主要有这几种用法：参与日常体力劳动的庶民服装、军士将领的戎服、取其紧袖保暖的冬季服装等。有时候历史上各朝代的经济文化和审美关注不同，在袖型上也有不同的表现，比如：汉唐时期贵族礼服多用宽广大袖，宋明时期的常服褙子多用小袖。

3. 系带隐扣

汉服中的隐扣，其实包括有扣和无扣两种情况。一般情况下，汉服是不用扣子的，即使有用扣子的，也是把扣子隐藏起来，而不显露在外面。一般就是用带子打个结来系住衣服。同时，在腰间还有大带和长带。所有的带子都是用制作衣服时的布料做成。一件衣服的带子有两对，实用性的，左侧腋下的一根带子与右衣襟的带子是一对打结相系，右侧腋下的带子与左衣襟的带子是一对相系，将两对带子分别打结系住完成穿衣过程。

另外一种是腰间的大带和长带子，它不仅有实用性，而且有装饰性，另外还有象征性意义，象征着权力。

（三）汉服的分类

汉服的样式从形制上看，主要分为衣裳、深衣、袍服和襦裙四大类。

1. 衣裳制

上衣下裳是汉服的起源，即上衣和下裳分开穿。上衣指上面的衣服，下裳指下裙，因为是围合式，也叫围裳。后世称服装为“衣裳”，就是从这儿而来。平民百姓也穿上衣下裳，但为劳作方便，一般上身着短衣，下着长裤。皇帝的冕服就是这种形制，后世男子最高级别的礼服一直是上衣下裳制。

2. 深衣制

深衣制，即上衣下裳相连，分为曲裾和直裾两种。曲裾深衣是将后片的衣襟加长形成三角，加长后的衣襟穿时绕至背后，再用腰带系紧。而曲裾和直裾的区别就在于裾上，曲裾深衣是把裾绕在身上，称为“曲”；直裾深衣是把裾垂直于地面的，称为“直”。深衣是应用最为广泛的样式，是高官贵族的常服，平民百姓的礼服。

3. 袍服制

即上下通裁，就是中间没有缝合线，一体裁剪而成。分为长衣（直裰、直身）以及长衣（袍、衫）、阑衫、褙子（由袄子、大袖衣、旋袄演变而来）。袍服通常衬有白色内衣，一般作为百官及士人的常服。

4. 襦裙制

即短衣长裙，腰间以绳带系扎，衣在内，裙在外。这个形制包括短襦、半臂、大袖衫，是历代女子最喜爱的穿着形式。

三、唐装

在 2001 年的上海 APEC 会议上，中国作为东道主请前来参会的亚洲及太平洋经济体的领导人穿“唐装”（图 7-4-2），并由之掀起祥和喜庆的“唐装”新潮，这不仅是传统与现代的融合，而且是流行规律的必然，更是中国在国际大家庭中地位与风度的体现。

图 7-4-2　唐装

（一）唐装的由来与发展

唐装，其实并非指“唐代服装”。唐装的前身是清朝的传统旗装，旗装的特点在于其宽松、舒适的剪裁，以及独特的马蹄袖和对襟设计。随着时代的变迁和发展，旗装在形式上逐渐融入了更多的汉族服饰元素。特别是在清朝末期和民国时期，汉满服饰开始融合，形成了一种新的服饰风格，即“唐装”。这一时期的唐装，既保留了旗装的某些特点，如马蹄袖和对襟设计，又融入了汉族服饰的元素，如立领和盘扣等。

到了20世纪初，随着中国社会的变革和西方文化的进一步影响，唐装开始逐渐演变成一种更加简洁、实用的服饰。同时，唐装也逐渐成了中国文化的象征之一，被广泛应用于各种正式场合和节日庆典。

（二）传统唐装的特点和改良

传统唐装的剪裁注重身体的曲线，宽松适度，既展现了东方女性的婉约之美，又体现了穿着的舒适度。色彩上，传统唐装多采用柔和的色调，如米白、淡蓝、粉红等，给人一种温婉而雅致的感觉。而在图案设计上，传统唐装则常常运用各种吉祥图案，如牡丹、龙凤、蝙蝠等，寓意着吉祥、富贵和幸福。

然而，随着时代的变迁和审美观念的更新，传统唐装也在不断地进行现代改良。在剪裁上，现代唐装更加注重贴合身形，展现出女性的曲线美。同时，也融入了更多的时尚元素，如不对称设计、露肩设计等，使得唐装更加符合现代女性的审美需求。

在色彩和图案上，现代唐装也进行了大胆的创新。除了传统的柔和色调，现代唐装还尝试运用更为鲜艳、跳跃的色彩，如红色、黄色、绿色等，使得唐装更加活泼、时尚。而在图案设计上，现代唐装则更加注重个性化和创意性，常常运用抽象、几何等现代艺术元素，展现出独特的艺术魅力。

此外，现代唐装在材质和配饰上也进行了创新。传统的唐装多采用丝绸、麻布等天然材质，而现代唐装则加入了更多的合成纤维，使得衣物更加轻便、易打理。在配饰上，现代唐装也更加注重与时尚元素的结合，如搭配流苏、珠子等装饰品，使得整体造型更加华丽、精致。

（三）时尚唐装的类型和风格

唐装的前身是清代的马褂，从边开衩、滚金边、立领等一些细微处都可以找到绸缎马褂的痕迹。随着时代发展，当前时尚唐装分为如下几种类型。

（1）日常休闲唐装：这种唐装的设计较为简约，采用轻便的面料，适合日常穿着。它没有过多的华丽装饰，更注重实用性和舒适度，是现代都市人追求的一种休闲风格。

（2）传统正式唐装：这类唐装则更注重传统文化的体现。它通常采用绸缎等高端面料，注重细节和手工刺绣，展现出浓厚的东方韵味。在重要场合，如婚礼、庆典等，穿着这种唐装能够彰显出尊贵和庄重的气质。

（3）创新融合唐装：这类唐装是设计师们将传统与现代元素相结合的产物。它可能采用现代的面料和设计理念，但在细节上仍然保留了唐装的传统元素，如立领、盘扣等。这种唐装既有传统文化的韵味，又充满了现代感，深受年轻一代的喜爱。

如今时尚的唐装已经在保留中国传统特色的基础上，融入了各种不同的元素。相对于以前的款式已经有了些改变，改变了以往古板的样式。针织衫、外套、裤子的款式层出不穷，成了传统和现代的结合品，既吸取了传统服装富有文化韵味的款式，又吸取了西式服装立体剪裁的优势。

四、旗袍

旗袍被誉为中国的“国服”，历经了数百年的社会发展变迁，书写了光辉璀璨的篇章。作为中国悠久服饰文化中必不可少的一部分，旗袍充分展现了中国女性的曲线和精神面貌。旗袍，不仅仅是一种民族服饰，更是中华民族文明的象征、东方韵味之美的标志（图 7-4-3 和图 7-4-4）。

图 7-4-3　旗袍 1

图 7-4-4　旗袍 2

（一）旗袍的发展历程

旗袍的历史可追溯至春秋战国时期的深衣。深衣，一种将衣、裳巧妙分开的剪裁艺术，以精湛的上下缝合技巧将衣裳浑然一体地包裹身体。清朝满族人身着的长袍被称为旗装，逐渐演化成了今日我们所称的旗袍。而在清朝的 200 多年间，满汉文化的交融为满族服饰注入了新的活力，左衽被右衽所取代，更在汉族服饰文化的熏陶下，融入了丰富多彩的图案，极大提升了袍衫的美观度。

近代旗袍的变迁与社会发展紧密相连。洋务运动倡导“中学为体，西学为用”，使得大量西洋服装样式和制作技术涌入中国，为旗袍的中西融合打开了大门。20 世纪 20 年代，在中国传统的平面剪裁方式上涌现出了新风尚，掀起了一股改良的“文明新装”潮流。30 年代，旗袍迎来了黄金发展期，电影、招贴画等产业的蓬勃发展进一步推动了旗袍的进化，众多西洋服装与面料的引入使旗袍进入了立体造型的新时代。到了 40 年代，旗袍的造型更趋简洁和现代，款式多变，甚至被誉为当时最美、最时尚的婚礼服。

进入当代，旗袍作为传统文化服饰的代表，在展现东方韵味的同时，其造型款式也愈发符合现代审美和生活需求。结合当代女性的穿着场合，旗袍的创新设计在保持其独特魅力的同时，不断融入新的元素。更有设计师以旗袍为创作灵感，结合现代制作技术，推出了兼具东西方韵味的时装旗袍，为世界时装界注入了独特的东方风情。

（二）旗袍的特色

1. 旗袍的造型美

服装造型是服装的重要基础，其主要由点、线、面组成。对于旗袍的造型美而言，主要可从外轮廓、领子、衣襟、盘扣等方面展开分析。其中，旗袍外轮廓是旗袍的外部形状，其可展现中国女性举止典雅、性情温和的美；领子作为旗袍的视觉中心，其转变是旗袍整体造型中转变最为微妙的一环，可展现出中国女性脖颈部的美；衣襟在旗袍中发生着平淡的转变，盘扣与衣襟一样可发挥点缀的作用，其细腻、别致的特点更能够展现旗袍的独特韵味。

2. 旗袍的色彩美

色彩在服装中发挥着至关重要的作用。旗袍的色彩展现了中华民族的多样风情，既有如同中国工笔画一般的五彩缤纷、色彩斑斓，又有如同中国画白描手法一般的端庄雅致、含蓄内敛，还有如同中国江南女子一般的清雅秀丽、朴素纯粹。各式各样的色彩展现出旗袍丰富的精神内涵，这些亮丽、璀璨的色彩可使人们对旗袍产生鲜明绚丽的视觉感受。

3. 旗袍的图案纹样美

旗袍上的图案纹样题材涉及面十分广泛，风格千变万化，并且蕴藏了诸多美好的寓意，反映了中国人民对美好生活的憧憬。旗袍上的图案纹样美主要集中于袖子、领子、下摆等位置，极具中国风味的装饰特色。旗袍上常见的图案纹样包括山水、动物、植物、吉祥文字等，不同图案纹样蕴含着不尽相同的寓意，呈现出浓厚的中国民族特色。

文化强国

服饰文化绽放新光彩

近年来，国潮服饰成为时尚聚光灯的焦点。壬寅虎年央视春晚上，神舟十三号航天员身穿具有鲜明中国元素的服装在太空迎接农历新年；2022 年北京冬奥会上运动健儿的国潮服饰成为亮点；网络平台上，传统服饰文化频道聚集的用户数以千万计……国潮服饰对中华优秀服饰文化进行创造性转化、创新性发展，通过文化表达、设计赋能、科技支撑，带动服装界的流行新风潮，提升中国服饰国际影响力。

一、应运而生丰富多彩

服饰往往折射出一个时代的风尚，历史上大规模的服饰变化大多与文化思潮紧密相连。近年来，伴随文化自信日益增强，重视中华优秀传统文化的传承创新已形成广泛共识。正是在这样的时代背景下，国潮服饰应运而生。国潮服饰以人们对中华美学的内在需求为出发点，以当代国际流行风尚为基础，用具有中国特色的文化元素构建视觉系统，回应并进一步影响着人们的审美。

二、立足时代主题鲜明

国潮服饰是中华服饰文化在当代中国的活态传承，饱含时代记忆、文化基因、社会生活等内容，呼应着人们日益增强的文化自信与文化自觉意识，以及创造更美好生活的热情，具有鲜明的主题。文化基因主题注重深入挖掘民族文化宝库，再以时尚形式加以当代展现。社会生活主题则往往体现出设计者对当代生活的文化审视和艺术表达。

三、萃取古今深入表达

国潮服饰潮起东方，是文化传承创新在服饰领域的生动体现，也是中国传统服饰和国际中式服饰的迭代升级。国潮服饰萃取的文化要素贯穿古今，既有传统要素的转化，也有当代元素的融入。同时，国潮服饰的创新发展离不开科技支撑。云锦、蜀锦和蜡染、扎染等古代织造印染技术，作为非物质文化遗产传承至今，并在科技助力下焕发新貌；今天的新材料、新技术、新理念更是直接让国潮服饰有了新的可能。

与此同时，国潮服饰设计也面临新的课题。比如，如何超越符号拼贴，让国潮服饰设计与人们现代生活的联系更加自然、深入，等等。积极应对挑战，还要回到文化的“根”上。设计师要深入包括服饰文化在内的中华优秀传统文化中去，以当代视野提炼中华美学精神和设计理念，以国际通行的设计语言加以呈现。与此同时，设计者要深入当代生活，深刻理解时代精神，在构建当代中国服饰文化符号的同时，注重对服饰文化背后精神内核的生动表达。

（资料来源：《人民日报》，2022 年 2 月 27 日 08 版，有删改）

文化典藏

1.《中国古代服饰研究》，沈从文编著，上海：上海书店出版社，2011 年。
2.《华夏衣冠：中国古代服饰文化》，孙机著，上海：上海古籍出版社，2016 年。

文化视野

优秀民俗文化助力乡村治理

民俗是社会群体在现实生活中逐渐形成的相对稳定的生活方式。千百年来，中华民族孕育了多姿多彩的民俗文化，历经代代传承而生生不息。丰富的民俗文化，反映着中华民族独特的精神传统和人文品格。

乡村是维护和推动社会稳定发展的重要基础，根植于乡土的民俗文化已经深深嵌入乡村社会生活的方方面面。通过基层党组织、民间社会组织等多方面的关联互动，民俗文化可以发挥出助力现代乡村治理的独特功能。

以广东省清远市连南瑶族自治县为例。在传统社会中，以血缘关系聚居的当地瑶族群众采用“刀耕火种”的生产方式，加之依山而建的木质结构居所，极易发生火灾。历史上，为了保护家园，瑶族群众纷纷自发组织开展灭火行动，这一习俗延续至今。今天，现代化的生产方式替代了“刀耕火种”，但瑶族群众居住空间的特性仍使得火灾隐患较大，成为乡村治理的一个难题。为此，瑶族群众发起成立民间志愿消防队，吸纳更多瑶族同胞共同开展火灾扑救。他们还联合当地消防部门组建了说瑶话、唱瑶歌的“瑶族乡村消防宣传队”，将灭火场景等内容，用歌舞、剪纸、刺绣等民俗文化体现出来，走乡入户传播消防常识。

可见，民俗文化能够在凝聚人心、稳定社会等方面发挥积极作用。这是因为，在乡村中，与民俗文化有关的各类活动仪式，往往具有公共事务属性，便于村民集体在参与公共事务中开展社会服务。发掘好、运用好民俗文化的积极因素，有助于提升乡村群众主动参与公共事务的意识，强化人们在乡村治理中的主体意识和主人翁精神，进而在各项活动中自觉承担起乡村治理的责任。

在民俗文化中发掘乡村治理的现代化资源，需要对其进行创造性转化、创新性发展。民俗文化发挥治理效能的过程，也是对乡村群众的情感和行为进行引导的过程。充分发挥优秀民俗文化在凝聚人心、教化群众、淳化民风中的重要作用，要求我们守护好民俗文化，深刻理解民俗文化蕴含的人文精神、道德规范，并结合时代要求继承创新，让民俗文化在传承中焕发出勃勃生机。

“文化是一个国家、一个民族的灵魂”，不断激发中华优秀传统文化的生命力，推动其创造性转化、创新性发展，才能真正体现优秀传统文化的当代价值，彰显传统文化凝心聚力的引领作用。

（资料来源：《人民日报》，2021 年 10 月 15 日 05 版，有删改）

【活动描述】

中国传统节日，作为中华文化之精髓，深刻体现了民族文化的特质与内涵，承载着深沉的民族情感。无论地域、年龄，还是社会身份不同，人们在庆祝这些共同节日的过程中，均能体会到民族情感与人文情怀的共鸣与融合。请你通过以下活动探寻不同地区的节日习俗。

【活动准备】

请全班自行结成 2 ～ 8 人的小组，每组选定一个中国传统节日。通过搜集资料，了解全国各地有关该节日的习俗，并向同学们分享。

【活动过程】

（1）选择该节日的代表性地区及习俗，搜集有关资料，准备展示方案，并填写以下表格。

活动主题：节日民俗文化展示			
节日		地区	
节日民俗	地区一：		
	地区二：		
各地民俗文化的差异及原因			
展示方案			

（2）在班级内展示，向同学们分享不同地区的节日民俗文化。

（3）展示后进行复盘，总结此次实践活动的收获与经验，并邀请其他同学为自己填写评价。

参考文献

[1] 贾先奎，葛黎明，徐晶．中国优秀传统文化概论[M]．北京：首都师范大学出版社，2020．

[2] 王霁．中华传统文化[M]．2版．北京：高等教育出版社，2023．

[3] 楼宇烈．中国的品格[M]．成都：四川人民出版社，2015．

[4] 吴杰明．中华优秀传统文化干部读本[M]．上海：上海人民出版社，2020．

[5] 张绍元，李晓慧．文化自信：中华优秀传统文化核心思想理念读本[M]．北京：中国言实出版社，2017．

[6] 陈其泰．中华优秀传统文化何以通向马克思主义[M]．北京：研究出版社，2022．

[7] 唐明燕．中华优秀传统文化的核心理念[M]．北京：中华书局，2021．

[8] 柏芸．中国古代农具[M]．北京：中国商业出版社，2015．

[9] 陈新岗，王思萍，张森．精耕细作：中国传统农耕文化[M]．济南：山东大学出版社，2017．

[10] 王新婷，金鸣娟，姚晚霞．中国传统文化概论[M]．2版．北京：中国林业出版社，2004．

[11] 黄世瑞．中国古代科学技术史纲：农学卷[M]．沈阳：辽宁教育出版社，1999．

[12] 彭崇胜．中医药与中华传统文化[M]．上海：上海交通大学出版社，2017．

[13] 吕明．针灸推拿学[M]．北京：中国医药科技出版社，2019．

[14] 陈邦贤．中国医学史[M]．郑州：河南人民出版社，2017．

[15] 吕思勉．中国文化常识[M]．郑州：河南电子音像出版社，2021．

[16] 孙丽华．中华匠艺：传统工艺美术鉴赏[M]．北京：高等教育出版社，2021．

[17] 韩潇，董俊焱，史晓丽．岁时节令[M]．济南：济南出版社，2021．

[18] 高巍．中国传统节日的文化研究及其实践应用[M]．北京：北京燕山出版社，2015．

[19] 赵洪恩．中国传统文化通论[M]．修订本．北京：人民出版社，2016．

[20] 于千．简读中国饮食[M]．合肥：黄山书社，2009．

[21] 陈建杉，梁繁荣，和中浚，等．中国古代针灸推拿的代表器具[J]．成都中医药大学学报，2009，32（1）：95-96．

[22] 王林云，吴金鹏，刘理想，等．早期中医医疗器具探源[J]．中医文献杂志，2015，33（4）：48-51．

[23] 谢乾丰．略论中国古代冶金技术文化[J]．前沿，2008（9）：187-191．

[24] 蔡永胜．浅谈木雕艺术的文化内涵和历史传承[J]．天工，2019（11）：44-45．